中國石窟

克孜尔石窟

二

新疆维吾尔自治区文物管理委员会
拜城县克孜尔千佛洞文物保管所 编
北 京 大 学 考 古 系

文 物 出 版 社

目　次

图版目录

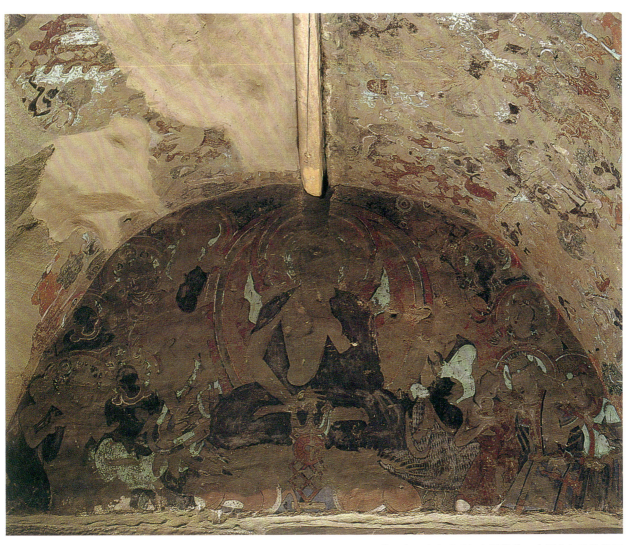

1　第69窟　主室前壁门上圆拱壁　鹿野苑初转法轮图

2 第69窟 主室前壁门上圆拱壁 供养人特写

4 第69窟 主室东壁 供养人特写

5　第69窟　主室东壁　供养人像

8 第69窟 主室券顶西侧壁 菱形格本生画睒子本生特写

9　第69窟　主室券顶西侧壁　菱形格因缘画沙弥守戒自杀缘特写

12　第69窟　主室券顶西侧壁　菱形格因缘画溺水比丘舍身持戒缘特写

13　第69窟　西甬道外侧壁　听法菩萨像特写

14　第69窟　后甬道后壁　涅槃像身光特写

15 第69窟 后甬道后壁 举哀弟子像特写

17 第77窟 东甬道券顶外侧壁 菱形格壁画伎乐局部

18 第77窟 东甬道外侧壁 伎乐局部

19 第77窟 东甬道外侧壁 菩萨及伎乐局部

20　第77窟　东甬道券顶外侧壁　菱形格壁画特写

21 第77窟　东甬道券顶内侧壁　菱形格壁画特写

22 第77窟　东甬道券顶内侧壁　菱形格壁画特写

24　第77窟　西甬道外侧壁　伎乐局部

25　第77窟　西甬道券顶外侧壁　菱形格壁画特写

26 第77窟 西甬道券顶外侧壁 菱形格壁画局部

27 第77窟 西甬道券顶内侧壁 菱形格壁画特写

28 第77窟 西甬道券顶内侧壁 菱形格壁画特写

31 第77窟 后室券顶 伎乐特写（2）   32 第77窟 后室券顶 伎乐特写（3）

33　第77窟　后室券顶　伎乐特写（4）　　　　　　　34　第77窟　后室券顶　伎乐特写（5）

35　第77窟　后室券顶　伎乐特写（6）　　　　　36　第77窟　后室券顶　伎乐特写（7）

37 第77窟　后室券顶　伎乐特写（8）

38 第77窟　后室券顶　伎乐特写（9）

39 第77窟　后室券顶　伎乐特写（10）

40 第77窟　后室券顶　伎乐特写（11）

41　第77窟　后室券顶　伎乐特写（12）

42　第77窟　后室后壁　壁画局部

44 第80窟　主室正壁龛上圆拱壁左侧　壁画局部

45 第80窟　主室正壁龛左侧　菩萨像特写

46　第80窟　主室正壁龛上圆拱壁右侧　壁画局部

47　第80窟　主室正壁龛右侧　菩萨像特写

48　第80窟　主室南壁全景

49　第80窟　主室南壁　因缘佛传图局部

50　第80窟　主室南壁　因缘佛传图局部

56 第80窟　主室券顶南侧壁　菱形格因缘及本生画局部

58　第80窟　主室券顶南侧壁　菱形格因缘画猕猴奉蜜缘特写

59 第80窟 主室券顶南侧壁 菱形格因缘及本生画特写

60 第80窟 主室券顶南侧壁 菱形格壁画特写

63　第80窟　主室券顶北侧壁　菱形格壁画局部

65 第80窟 后甬道内景

66　第80窟　后甬道北端壁　菩萨像

67 第81窟 东壁 须达拏太子本生画特写

68 第81窟 东壁 须达拏太子本生画特写

73　第85窟　主室券顶及东壁　壁画局部

74　第85窟　主室券顶北侧壁　菱形格壁画局部

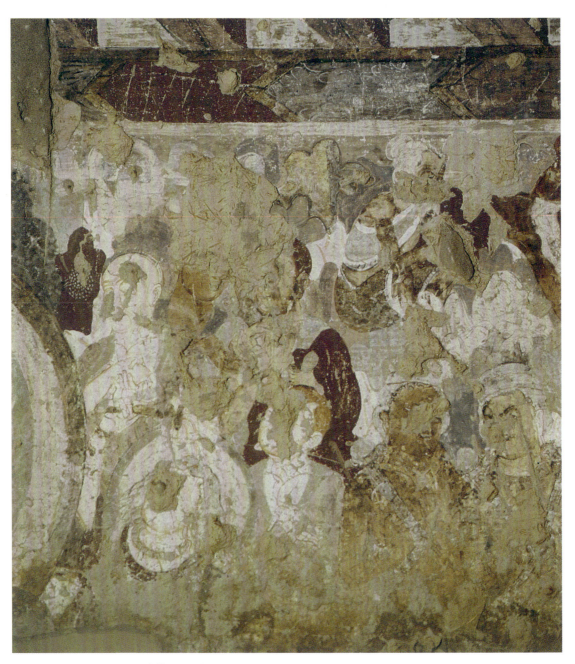

75 第92窟　主室西壁　因缘佛传图局部

76　第92窟　主室西壁　因缘佛传图局部

77　第92窟　主室券顶南侧壁　菱形格壁画特写

78　第92窟　主室券顶南侧壁　菱形格壁画特写

79　第92窟　主室券顶南侧壁　菱形格壁画特写

80　第97窟　主室正壁龕上圓拱壁　壁画全景

81　第98窟　主室南壁　因缘佛传图局部

82　第98窟　主室南壁　因缘佛传图特写

85 第99窟 主室正壁左侧 菩萨像特写

86 第99窟 主室正壁右侧 菩萨像特写

87 第99窟 主室西北隅 窟顶局部

88 第100窟 主室内景

89 第100窟　主室南壁　因缘佛传图特写

90 第100窟　主室北壁　因缘佛传图特写

92　第101窟　主室南壁　因缘佛传图特写

93　第101窟　主室南壁　因缘佛传图特写

95 第101窟 主室券顶南侧壁 菱形格因缘画局部

97　第101窟　主室券顶北侧壁　菱形格因缘画局部

98 第104窟 主室南壁 因缘佛传图特写

105 第107窟A 后甬道后壁 涅槃图局部

106 第110窟 北壁 佛传图娱乐太子特写

107 第110窟 西壁 佛传图树下静观特写

108 第110窟 西壁 佛传图四门出游特写

109 第110窟 西壁 佛传图出家前后特写

110 第110窟 西壁 佛传图出家决定特写

111 第110窟 西壁 佛传图踰城出家特写

112 第110窟 西壁 佛传图牧女奉糜特写

113 第110窟 东壁 佛传图龙女供养特写

114 第110窟 东壁 佛传图吉祥施座特写

115　第110窟　东壁　佛传图降魔成道特写

116　第110窟　东壁　佛传图四天王奉钵特写

118 第110窟 券顶西侧壁 菱形格壁画局部

119　谷内区第114——116窟外景

121 第114窟　主室前壁门上圆拱壁　壁画全景

122 第114窟　主室东壁　因缘佛传图

125 第114窟 主室西壁 因缘佛传图局部

126 第114窟 主室西壁 因缘佛传图局部

129 第114窟 主室券顶东侧壁 菱形格本生画昙摩钳太子本生特写

130　第114窟　主室券顶东侧壁　菱形格本生画局部

131　第114窟　主室券顶东侧壁　菱形格本生画叔伯二人杀龙济国本生特写

133　第114窟　主室券顶东侧壁　菱形格本生画局部

134 第114窟 主室券顶西侧壁 菱形格本生画全景

135　第114窟　主室券顶西侧壁　菱形格本生画龟王本生特写

136 第114窟　主室券顶西侧壁　菱形格本生画鹿王救兔本生特写

137　第114窟　主室券顶西侧壁　菱形格本生画一切施王本生特写

138　第114窟　主室券顶西侧壁　菱形格本生画跋摩竭提施乳本生特写

141 第114窟 主室券顶西侧壁 菱形格本生画羼提婆梨本生特写

142　第114窟　主室券顶西侧壁　菱形格本生画快目王施眼本生特写

143　第114窟　主室券顶西侧壁　菱形格本生画局部

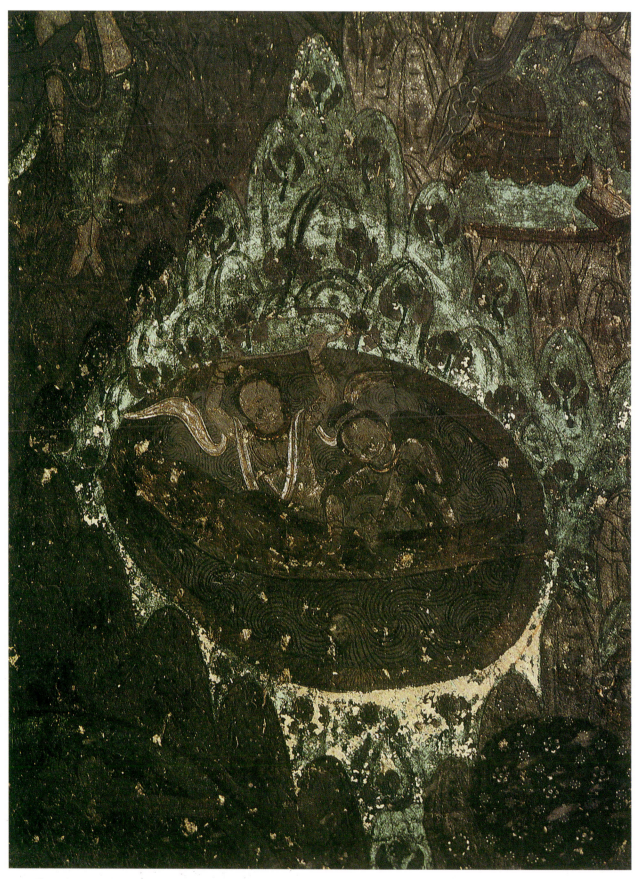

144　第114窟　主室券顶西侧壁　菱形格本生画设头罗犍宁王本生特写

145 第114窟 主室券顶西侧壁 菱形格本生画勒那阇耶本生特写

146　第114窟　主室券顶西侧壁　菱形格本生画摩诃萨埵本生特写

147 第114窟 后甬道后壁 壁画局部

148 第114窟 后甬道后壁 壁画局部

149　第118窟　北壁　因缘佛传图

150　第118窟　券顶北侧壁　菱形格壁画全景

151　第118窟　券顶北侧壁　菱形格壁画局部

157　第123窟　主室北壁　比丘像特写

158　第123窟　南甬道外侧壁　立佛像局部

159 第123窟 南甬道外侧壁 立佛像特写

163 第135窟 穹窿顶残部

164　第135窟　穹窿顶　伎乐特写

166 第135窟　穹窿顶　伎乐特写

167 第135窟　穹窿顶　伎乐特写

168　第135窟　穹窿顶下皮　菩萨像特写

169　第163窟　主室券顶东侧壁　菱形格壁画全景

170　第163窟　主室券顶东侧壁　菱形格因缘梵志燃灯供养特写

171 第163窟　主室券顶东侧壁　菱形格本生画特写

172 第163窟　主室券顶东侧壁　菱形格因缘画特写

174　第163窟　东甬道内侧壁　八王争舍利特写

175 第163窟　西甬道内侧壁　顶塔夜叉特写

◀ **176** 第163窟 后甬道及西端壁内景

论 文

克孜尔中心柱窟主室券顶与后室的壁画

马世长

一 引言

新疆维吾尔自治区库车、拜城一带，古称龟兹。龟兹佛教曾盛极一时，故遗存的佛教遗迹十分丰富。仅石窟遗址，就有库车的库木吐喇、森木赛姆、克孜尔尕哈、玛扎巴哈、苏巴什，拜城的克孜尔、台台尔、温巴什和新和的吐火拉克埃肯等九处。在新疆境内，这里是石窟遗址最集中的地区之一（插图一）。在上述诸石窟中，克孜尔石窟是规模最大的一处；在全国石窟中，也是重要的石窟群之一。

克孜尔石窟现存洞窟，已编号的有236个，分布在明屋达格山的山麓或断崖峭壁上。南北走向的苏格特沟，将明屋达格山分隔成东西两部分，使洞窟自然形成几个区。克孜尔石窟的洞窟编号从西端开始。苏格特沟以西的谷西区，为1—81窟（此外还有新发现的新1窟）*；苏格特沟以内的谷内区，为82—135窟；苏格特沟以东的谷东区，为136—200窟；谷东区东端的东北处为后山区，编号是201—219和220—229窟。其余诸窟，则零星地分布在谷东区以东的崖面上（详见第三卷《克孜尔石窟总叙》一文）。

根据洞窟形制和使用性质的不同。克孜尔石窟大体上又可以分为僧人生活用窟和进行礼拜等宗教活动用窟两大类。前一类以僧人起居生活用窟为主，窟内一般设有炕、灶和储物小室。此外，还包括若干不画壁画的方形窟及专作储藏物品用的洞窟等。后一类包括中心柱窟、方形窟和大像窟，窟内均绘有壁画或塑有塑像。为佛教徒进行礼拜等宗教活动的场所。据统计，前类洞窟约占洞窟总数的三分之二，数量较多；后类洞窟约80个

*　近年在谷西区、新疆同志配合克孜尔石窟加固工程，新清理出若干洞窟。请参考《1989年克孜尔千佛洞洞窟前清理简报》，刊《新疆文物》1991年3月。

一　库车附近石窟分布图

左右,约占洞窟总数的三分之一,数量较少。在有壁画、塑像的洞窟中,又以中心柱窟的数量最多,约计51窟。中心柱窟在克孜尔石窟中,绵延时间最长,保存的壁画数量最多,内容也最为丰富。十分明显,中心柱窟是一种重要的洞窟,它引起研究者的普遍兴趣是理所当然的。

一般来说,所谓中心柱窟,在窟形及结构上有如下的一些特点:

洞窟的平面多作长方形,在洞窟的中央或后部有一连结地面与窟顶的方形柱,柱的下部有简化的基座,柱身上部四面凿龛,龛内置佛或菩萨之类造像。柱体四周形成通道,其顶部大多为平顶。这种方形柱体,即中心柱;凿出中心柱体的洞窟,通常就称为中心柱窟。

中心柱在形制上,是对塔的模仿;而在宗教意义上,则为塔的象征。

《根本说一切有部毗奈耶药事》卷三:

"尔时世尊,以神变力持佛发、爪,与邬波斯迦。彼得发、爪,便立窣堵波。时彼逝多林天神,便以百枝伞插窣堵波中,白言:'世尊,我常供养此塔。'作是言已,便依塔住。时诸人等号为宅神塔,或呼为薄拘罗树中心柱。"可见,塔有时也称为中心柱。

中国的中心柱窟,在形制上渊源于印度的支提窟,但又有它本身的特点。印度支提窟,平面为狭长的马蹄形,后部凿出圆形覆钵式塔。塔的四周形成通道。窟内左右及后部凿有列柱。而中国中心柱窟的柱体,则多为方柱形,并且其顶端连于窟顶,形制已与印度支提窟不尽相同。然而,就其窟内立塔或凿有中心柱可供僧徒绕行礼拜这一特点而言,在形制上属于同一类,乃是毫无疑问的。

克孜尔石窟的中心柱窟,在形制上又有它自身的特点,这些特点主要是:

主室平面近于方形或长方形,主室后壁正中凿龛。在主室后壁左、右两侧的下部,向内凿出与主室侧壁方向一致的甬道,左、右甬道内端连通,形成与主室后壁平行的后甬道。有的洞窟将后甬道加高,形成后室。左、右甬道与后室,构成可供绕行礼拜的通道。甬道和后室的顶部,多为拱券形。

从后室和甬道的高度看,都明显地低于主室,这与内地的中心柱窟不同。主室、甬道及后室顶部多作拱券形,也为内地石窟所少见。而上述这些特点在龟兹地区石窟中则是屡见不鲜的。由于甬道较低,顶部又多为券形,似乎很难说甬道与主室包围的岩体是个中心柱,所以有人对这种窟形能否称为中心柱窟,表示怀疑。

诚然,克孜尔中心柱窟与内地中心柱窟以及印度支提窟,在形制上存在着某些差异,而这些差异,正反映了中心柱窟的地方特色。同时,我们还应该看到,在窟内都有可供绕行礼拜的通道,则是它们共同的特征。在满足信徒进行右绕礼拜的宗教活动上,它们并没有什么本质的区别。

其次,在龟兹地区石窟的中心柱窟中,还可以见到十分接近于内地中心柱窟形制的例证。如森木赛姆第26窟,主室平面为长方形,中央偏后有

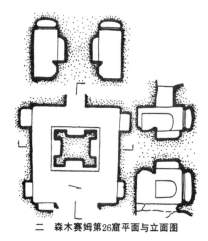

二 森木赛姆第26窟平面与立面图

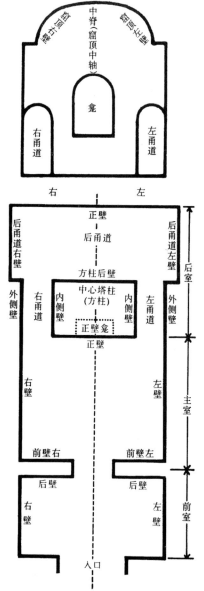

176

一方形柱体,柱体下部有叠涩束腰基座,柱身上部四面各凿一龛。就中心柱而言,与内地中心柱窟的中心柱极为相似,但甬道顶为券形,是龟兹石窟所习见的(插图二)。克孜尔石窟第99窟,柱体上部四面凿龛,与森木赛姆第26窟相近。以上两例,同属一种窟形,即同属於具有龟兹特点的中心柱窟。

再其次,克孜尔石窟依附的崖体,大多是松散的沙岩,营建石窟不能不考虑这一点。为了防止石窟倒塌,采取甬道和后室的高度低於主室的做法,并把窟顶及甬道顶多处理成拱券的形式,从建筑的角度上讲,营建这种形式的中心柱窟,考虑岩体结构的特点,恐怕也是一个原因。因此,我们将这类形制的洞窟,称为中心柱窟,似无不妥。

克孜尔中心柱窟,保存有前室的为数甚少。因而谈及中心柱窟,一般侧重於保存较好的主室和后室。就窟内壁画而言,则以主室为纵券形顶的中心柱窟保存最多**,题材内容也比较丰富,自然成为人们研究克孜尔壁画时注意的重点。笔者在本文中正是选择中心柱窟主室券顶和后室两个部位的壁画为考察对象,通过典型窟例对壁画的布局和题材作一系统介绍。本文使用的资料均采用笔者四次在克孜尔石窟调查的记录,窟中被切割盗走的壁画,则参考已发表的材料予以补充。关于克孜尔石窟壁画的题材内容,特别是佛传和佛本生故事,一些学者曾作过部分考证和研究,本文采用前人成果之处,不一一注出,笔者的一些订正和补充也不另作说明。因缘故事画,由於画面情节简单,前人多忽略未加注意。笔者在调查中通过对画面情节的辨识,并参照汉文佛典,对其中的几十种画面内容作了初步考证。本文涉及的只是克孜尔中心柱窟的部分内容,文中所述也仅是个人在调查中的初步认识和一管之见。错误和疏漏之处,祈请读者批评、指正。

为了叙述方便,兹先将中心柱窟内各部位的名称,以示意图表示如左,供读者阅读本文时参考:

二 中心柱窟主室券顶壁画

中心柱窟主室纵券形窟顶的壁面,可分为中脊和侧壁两部分,中脊,是指券顶隆起最高处的一条带状部位。中脊左、右两侧的壁面,是为侧壁。中脊和侧壁所画壁画内容不同,故分别介绍如下:

(一) 中脊壁画

除个别洞窟外,中脊处均画有壁画。壁画内容主要是天象和因缘故事两大类,馀者归入其它项内。

1 天象

这类画面,因画出日、月或日天、月天等形象,故称之为天象***。由於

三 第171窟券顶天象图

窟顶残损,天象图的画面大多不完整。天象图内容组合完好的有以下诸窟:8、34、38、97、98、126、171等窟。天象图的内容为日天、月天、风神、蛇形龙、立佛、金翅鸟。其排列顺序如以下诸例(数码为窟号,顺序为由窟门至主室后壁)。

8:月天、风神、立佛、金翅鸟、立佛、日天。

34:日天、风神、金翅鸟、立佛、蛇形龙、月天。

38:日天、风神、立佛、金翅鸟、风神、立佛、月天。

97:日天、立佛、立佛、立佛、立佛、月天。

98:日天、立佛、立佛、月天。

126:日天、风神、立佛、蛇形龙、月天。

171:日天、风神、立佛、金翅鸟、立佛、月天(插图三)。

从以上组合可以看出,日天、月天分居於中脊的两端,金翅鸟则位於中脊中部,第34窟的天象,包括日天、月天、风神、蛇形龙、立佛、金翅鸟六项内容,是组合最完整的一例。而97、98窟仅有日天、月天、立佛三项,在内容的组合上,显然已经简化。

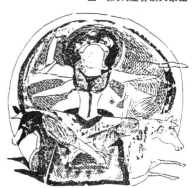

四 第17窟券顶日天

日天的形象有两种。一是人形日天,坐於马拉的车上,或是坐於双轮车式座上。二是圆形太阳。

人形日天,头戴宝冠,身着甲。右手握拳上举,左手置於左腰或左腿上。双腿下垂,斜交坐於车上。身后有圆形项光和背光。车两侧各驾一马,背向奔驰。这种日天仅见於7和17窟(插图四)。

五 第34窟券顶日天

乘双轮车式座的日天,是前者简化形式,日天形象与前者相似。座的两侧以双轮代替驾车的马。这种日天见於34、58、126、163、171等窟。其中34窟的日天形象比较别致,身穿袈裟,双腿作结跏趺坐(插图五)。

用圆形太阳象徵日天,多在圆内画出辐射状的光芒。画这种日天的洞窟较多,在圆形太阳的四周,有的画出四只天鹅,如38窟(插图六)。

六 第38窟券顶日天

月天形象也为两种。前一种与日天形象相同。但在克孜尔现存天象图中,不见乘马车的月天。

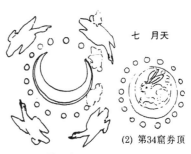

七 月天

(1) 第38窟券顶　(2) 第34窟券顶

画成月亮形状的月天,又有弯月和圆月两种形式。在圆月或弯月的四周,有的加画四只天鹅或16个圆形墨点,如38窟。在圆月中,有的画出小兔,如34窟(插图七)。

风神,均为半身赤裸,双乳下垂的人形,双手执一向上飘起的长巾状风袋,置身於云气中(插图八)。

蛇形龙,均作屈体昂头、四蛇头并列的形式,周围画出云气(插图九)。

立佛,穿通肩或右袒袈裟,一手执禅杖,一手托钵。一般不画背光,在

八 第38窟券顶风神

一二　第178窟券顶须摩提女因缘

九　第34窟券顶蛇形龙

一〇　第38窟券顶立佛

(1) 第171窟券顶

(2) 第38窟券顶

一一　金翅鸟　　(3) 第34窟券顶

【注1】　莫高窟第257窟须摩提女因缘故事画，请参见《中国石窟·敦煌莫高窟》第1卷有关图版。(日)平凡社1980年版、(中)文物出版社1982年版。

身体两侧画出火焰状的光焰(插图一〇)。

金翅鸟，有人头鹰身、双头双身鹰形和鹰形三种。作双头双身连体爪鹰形者居多，双鹰咀中各衔蛇形龙数条。这种形象见于8、38、80、172等窟。人头鹰身金翅鸟的形象为人头戴宝冠，鹰咀衔蛇形龙，见于100、171窟。鹰形金翅鸟，作飞鹰状，口衔蛇形龙，仅见于34窟(插图一一)。

2　因缘故事

中脊画因缘故事的洞窟有四个：178、198、205和224窟。其内容均为须摩提女因缘。这一题材在国内石窟中，除克孜尔石窟外，仅见敦煌莫高窟257窟一例。

克孜尔上述四窟的须摩提女因缘故事画，都有不同程度的残损，178窟券顶中脊画面全部被德国人割走(插图一二)。224窟的画面保存较好。现存画面自南向北依次是：须摩提女登楼焚香请佛；乾荼携鼎、提瓶飞过；均头沙弥乘花树飞过；罗云乘孔雀飞过；伏毗迦叶乘龙飞过；大迦旃延乘白鸽飞过；阿那律乘狮子飞过；目连乘白象飞过；离越乘虎飞过；须菩提乘琉璃山飞过；大迦叶乘马飞过(以下残去)(插图一三)。

莫高窟257窟的须摩提女因缘故事画，画面为横幅长卷式，情节连续，首尾完整。据考证，画面情节顺序与昙摩难提译《增一阿含经》卷二十二须陀品中的故事内容完全吻合。该窟画面中的梵志在满财长者家赴宴、修跋梵志赞誉释迦及弟子神德、须摩提女卧床等三个场面【注1】，在克孜尔上述四窟都不见。克孜尔石窟中的画面顺序也不一致，与《增一阿含经》经文对照，也都不合。估计有两种可能：一是画工作画时，并未严格遵照经文顺序；二是克孜尔的须摩提女故事画，根据当地流行的其它胡本经文画出，其内容与汉译本不同。

现将莫高窟、克孜尔诸窟须摩提女因缘故事诸弟子出现的画面顺序列表如下，以资对照。

第205窟　第224窟→

一三　第224窟券顶须摩提女因缘

人物	特征	莫高窟	克孜尔石窟			
		257窟	224窟	205窟	198窟	178窟
乾荼	大釜	1	1	1		1
均头沙弥	花树	2	2			?
般特	青牛	3				
罗云	孔雀	4	3			
迦延那	金翅鸟	5				4
优毗迦叶	七头龙	6	4	3		7
须菩提	琉璃山	7	9	2	3	
大迦旃延	白鸽	8	5		2	3
离越	虎	9	8			?
阿那律	狮子	10	6			6
大迦叶	马	11	10			
目连	白象	12	7		1	5

(数字为各窟画面顺序)

一四　第196窟券顶飞天

一五　中心柱窟四种菱形格式样

第一种如第38窟

第二种如第171窟

第三种如第195窟

第四种如第69窟

3　其它

中脊处除画天象和因缘故事外,还有画飞鸟的,196窟是仅有的一例。此窟券顶正中没有留出中脊壁画位置,在两侧壁菱形格之间的空隙处,画出飞鸟一列,现存十只。中脊北端画一黑色圆圈,可能是日天(或月天?)。如是,则飞鸟行列具有象征天象含意。这是天象图更为简化的变异形式。此窟券顶两侧壁顶端菱形格中,各画翱翔的伎乐飞天一列,似乎也含有表示顶部为天空之意(插图一四)。219窟券顶上部,也画有同一类型的飞天,但该窟中脊处完全空出,既不画飞鸟,也不画天象。

(二)　券顶侧壁壁画

壁画内容主要是本生故事和因缘故事两类,此外还有塔中坐佛、千佛等。本生和因缘故事均画在以山峦为背景的菱形格内,故名之为菱格本生或菱格因缘。菱格边缘由向上耸起的山峦围成。山峦峰顶变形为尖圆形、长圆形、圆形和平顶形四种不同形式(插图一五)。

尖圆形峰顶,顶部略尖,呈瓣状。最宽处位于山峰中部,菱格每侧为4至7个。这类菱格较多,见于38、205、224等窟。

长圆形峰顶,呈舌状,最宽处在山峰下部,见于163、171等窟。

圆形峰顶,顶部作圆弧状。此类菱格较少,见于195、199等窟。

平顶形峰顶,顶部平直。二山之间的连结处下凹成圆弧状。菱格边缘颇似现代邮票边齿。这种菱格形式,仅见于69窟和175窟。

1　菱格本生

壁画内容是表现佛在前生诸世时种种善行的故事。仅在菱格内画出本生故事中最具有特徵的一个情节。画面并不出现佛的形象。菱格本生故事画,在克孜尔石窟中,见于7、13、17、38、69、114、178、198等八窟。画面保存较好,内容较多的是17、38、114、178等四窟。

现分别说明如下:

第17窟

【注2】 为了叙述方便，菱形格画面均编号排列。没有编号的，或没有具体情节，或画面已残损。叙述时，按编号的顺序进行，先介绍画面，然后参照有关汉文佛典以考定其内容(见於多种经者，仅引一种，馀者概从略)。画面情节不明或难以考定的，暂缺。

一六 第17窟券顶右①

一七 第17窟券顶右②

一八 第17窟券顶右③

一九 第17窟券顶右⑥

此窟德人称为菩萨天井窟(Höhle mit dem Bodhisattragewölbe)。券顶侧壁保存较好，右侧壁北侧上端及左侧壁北侧残去部分画面。

(1)右(西)侧壁

菱格画面的排列，编号如示意图【注2】。

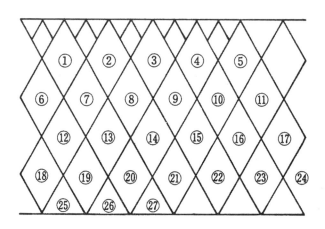

① 树下坐一婆罗门，其前为一蛇、二鸟、一鹿(插图一六)。此为四兽问道。精尽力比丘在山中求道，"时有四禽依附左右，常得安稳。一者鸽、二者鸟、三者毒蛇、四者鹿。是四禽者昼行求食，暮则来还"(参见《法句譬喻经》卷三)。

② 一大龟从海水中跃出，其背上坐三人(插图一七)。此为龟王本生。五百商人入海遇罗刹，船不得前行，"有一大龟，背广一里，心生悲愍，来向船所，负载众人，即得渡海"(参见《杂宝藏经》卷三)。

③ 一人坐於高座上，右手指右眼，左手把持一眼，其前立一婆罗门(插图一八)。此为快目王施眼。一盲婆罗门向快目王乞眼，"王即授刀，敕语令剜。剜得一眼，著王掌中。王便立誓，我以此眼，以用布施"(参见《贤愚经》卷六)。

④ 一人坐於高座上，前跪一人双手上举，似在坐者脸前取物。待考。

⑤ 存一奔兽头部。

⑥ 左下方卧一猴，右立一人双手举石，欲击猴头(插图一九)。此为穷陷人背恩。一穷陷人进山陷於谷中，不能自出。猕猴见之，"遂入幽谷，使人负已，攀草上山置之平地。""猕猴出入疲极，就闲卧息。人曰：处谷饥馑，今出亦然，将何异哉。心念当杀猕猴噉之，以济吾命不亦可乎。以石推首，血流丹地。猴卧惊起，眩倒缘树，心无恚意"(参见《六度集经》卷五)。

⑦ 一女人怀抱小儿跪於一塔前，旁立一女，赤裸上身双乳外露，以右手置於胸前(插图二〇)。此为跋摩竭提施乳，一妇女产儿，饥饿无食，欲自食其子以用济命。跋摩竭提夫人见而问之："更得馀肉食之可不？ 答言：果得济命不问好丑也。於是夫人即便取刀自割其乳。便自愿言，今我以乳持用布施，济此危厄"(参见《菩萨本行经》卷上)。

⑧　一人立於水中,双手执器掏取海水,旁跪一人助之(插图二一)。此为大施抒海。大施商主入海取宝,得一宝珠,复被海龙夺去。大施欲抒大海,索取宝珠。"即行海边,得一龟甲,两手提持,方欲抒海。""菩萨下器.一切诸天尽以天衣同舁水中"(参见《贤愚经》卷八)。

⑨　一人坐於高座上,前立一人双手缚於背后。旁立一人扬臂讲说(插图二二)。此为一切施王舍身。一切施王舍身於婆罗门,王言:"汝若於我必宣怜愍,我自束缚随汝后,行诣彼怨家。婆罗门言:敬如王命当随意作。说是语已,王即自缚,共婆罗门相随至城。其王旧臣及诸人民,当见王时悉生惊怪"(参见《菩萨本缘经》卷上)。

⑩　一人抱一小儿,其前跪二人,双手合十(插图二三)。此似为端正王本生。端正王见二母,共争一儿。"语二母言:今唯一儿,二母召之,所汝二人,各挽一手,谁能得者,即是其儿。非其母者,於儿无慈,尽力顿牵,不恐伤损。所生母者,於儿慈深,随从爱护,不忍摐挽。王鉴真伪"(参见《贤愚经》卷十一)。

⑪　残存一双头龙,龙上残存马腿(插图二四)。此为马壁龙王。五百商人入海求宝,龙欲害之。"复有一龙王名曰马壁,是大菩萨以本愿故生於龙中,起慈悲心,救诸商人令得安稳过於大海"(参见《经律异相》卷二十四)。

⑫　一人坐於高座上,后另立一人。右上方一鹰逐鸽。右立一人,割坐者腿肉(插图二五)。此为尸毗王本生。"毗首羯摩自化为鸽,帝释作鹰急追鸽后,临欲捉食。时鸽惶怖,飞趣大王,入王腋下,归命於王。鹰寻后至,立於殿前。语大王言:今此鸽者,是我之食,来在王边,宜速还我,我饥甚急。"尸毗王"即取利刀,自割股肉,持用与鹰,贸此鸽命"(参见《贤愚经》卷一)。

⑬　中立一人,全身半裸,双手合掌於胸前,跣双足,立於一折帛式座上。身后光焰升腾。左侧跪一婆罗门,左手托举一钵,右手置於立者腰部。右侧跪一婆罗门,左手托一钵,右手上举,手中执一物於立者臂部作置入状(插图二六)。此似为虔阇尼婆梨本生。虔阇尼婆梨王欲求妙法,婆罗门劳度差谓王曰:"能於身上剜燃千灯用供养者,乃与汝说。"国人知王欲剜其身燃灯,竭力劝止。"王意不改,语婆罗门,今可剜身而燃千灯。寻为剜

二〇　第17窟券顶右⑦

二一　第17窟券顶右⑧

二二　第17窟券顶右⑨

二三　第17窟券顶右⑩

二六　第17窟券顶右⑬

二四　第114窟券顶右　马壁龙王本生

第17窟券顶右⑪

二五　第17窟券顶右⑫

二七　第17窟券顶右⑭

第38窟券顶

二八　第17窟券顶右⑮

二九　第17窟券顶右⑯

三〇　第17窟券顶右⑰

之,各著脂炷"。婆罗门说偈后,便即燃灯(参见《贤愚经》卷一)。

⑭　一双头龙,屈身成圆形。内坐三人,扬臂,俯首,作哀伤状。一龙头口内吞食一人(插图二七)。此为叔伯杀龙济国。"彼国信妖,蛟龙处之,吞其黎庶,哀号无救。"伯谓叔曰:"尔化为象,吾为师子,二命不殒,斯国不济也。""象造龙所,师子登之。龙即奋势霆耀雷震,师子踊吼,龙之威灵,师子赫势,普地为震,三命绝矣"(参见《六度集经》卷六)。第38窟券顶上的同一本生画中,画出师子登於象上,与龙搏斗。此画已被割走。

⑮　左立一人,双臂前伸,双手断落坠地。中跪一猎师,引弓欲射右侧洞中一熊(插图二八)。此为樵人背恩。樵人入山伐柴,遇雨至一山洞中,见熊惊怖。熊供其美果等食。七日后熊见雨停,"即与美果,发遣令去。"樵人遇一猎师,诱其说出熊在何处。樵人"即起贪心,遂便却回,视彼熊处行至窟边,遥指熊处"。猎师杀熊分肉"时采樵人以手取肉,当取肉时两手俱落"(参见《根本说一切有部毗奈耶破僧事》卷十五)。

⑯　一人骑马渡河,河中飘浮莲花(插图二九)。此为智马本生。梵授王访得智马。诸小国具逆来犯。"时王乘马严兵誓众共彼斗战。王恃威力独处先锋。遂被贼军以槊中马,肠胃皆出受诸楚痛。众苦难堪形命无几。仍作是念,王遭困厄,我若不救是所不应。""此城外有大浴池,名曰妙梵,近王宫阙。於其池中有四莲花,青黄赤白悉皆遍满。於是智马不顾身命,腾跃池中践叶上,负王渡难直入宫中。时王才下,马便命绝"(参见《根本说一切有部毗奈耶杂事》卷三十八)。

⑰　图中为一圆形水池,池内水中映出一怪物头。池外三只猴,各持一管伸向井内,作吸水状(插图三〇)。在克孜尔第114窟同一故事画中,井中立一怪物,以手牵拉一猴臂。此故事内容在汉文佛典中似未见。据千泻龙祥氏的研究,定为猴王本生,故事内容可与画面相合【注3】。

⑱　庐中坐二老人。下方一人於河边持瓶取水,其旁立一骑马人以箭射之(插图三一)。此为睒子本生。睒子至孝,於山中奉养二盲父母。"二亲时渴,睒行汲水。迦夷国王入山田猎,弯弓发矢,射山麋鹿,误中睒胸,矢毒流失,其痛难言"(参见《六度集经》卷五)。

⑲　一人以发绕树,双手合十。前立婆罗门举刀欲砍杀,后跪一人托盘(插图三二)。此为月光王施头。婆罗门向月光王乞头,"时王用语,求一壮树,枝叶郁茂,坚固欲系,向树长跪,以发系树。""时婆罗门便从地起,还更取刀便砍王头"(参见《贤愚经》卷六)。

⑳　一人立於莲池中,双手上举,背后火焰升腾。左右各立一人以手扶持(插图三三)。此为昙摩钳本生。太子昙摩钳乐闻正法,天帝释化婆罗门语之曰:"汝今若能作大火坑,令深十丈,满中炽火,自投於中以供养者,吾乃与法。""尔时帝释并梵天王,各捉一手而复难之。"太子投於火坑,"即时火坑变成花池,太子於中坐莲花台"(参见《贤愚经》卷一)。

㉑　中坐一人,头顶圆形铁轮。左、右各立一鬼怪(插图三四)。此为弥

182

兰本生。弥兰商主入海,次第入银城、金城、水精城、琉璃城,后至一铁城。"周城一匝有鬼开门,弥兰入城即见其鬼,鬼名俱引。铁轮炯然走其头上。守罪人鬼,取彼头轮,著弥兰头上,脑流身燋,"弥兰流泪曰:"何当离斯患乎? 其年之数如子来久,子免斯殃矣"(参见《六度集经》卷四)。

㉒　一人在前行走,后一婆罗门举剑欲杀之。待考。

㉓　一象仰卧於地,一人以短刀割象腹。待考。

㉔　地上一卵形物,其上有眼、口,状如人面。四周围绕七鸟,欲啄之(插图三五)。此似为无头众生。"无头众生,两边生目,胸前生口,身常流血。诸虫唼食,痛彻骨髓"(参见《杂阿含经》卷十九)。

㉕　一人坐於地上,其前火中有一鸽。此为鸽王本生(插图三六)。鸽王於雪山中,见一迷途人饥饿,"即飞求火,为其聚薪燃之。又复以身投火,施此饥人"(参见《大智度论》卷十一)。

㉖　十一条蛇,盘曲在地(插图三七)。此似为毒蛇本生。"诸毒蛇本生之时,皆由瞋恚,嫉妒倍盛,故生此中,受斯恶形"(参见《贤愚经》卷八)。

(二)　左(东)侧壁

菱形格壁画排列,编号如示意图所示。

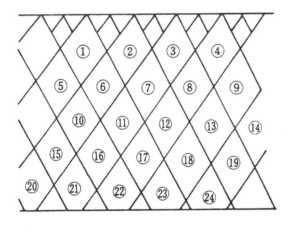

①　左侧残,右为一婆罗门以手牵二小儿,后立一人(插图三八)。此为须大拏本生。据称婆罗门向太子乞二儿,"太子即反持两儿手,使婆罗门自缚之。击令相连总持绳头。两儿不肯随去,以捶鞭之血出流地。太子见之泪下堕地"(参见《太子须大拏经》)。

三一　第17窟券顶右⑱

三二　第17窟券顶右⑲

三三　第17窟券顶右⑳

【注3】　据千泻龙祥《本生经类の思想史的研究》附篇本生经类照合表,故事见於巴利文本生经 Mahāvastu Vol. Ⅲ PP. 28～30和 Jātaka (Fausböll's Edition)第20及58。参见樋口隆康《西域巡礼》壁画解说。故事大意为:池中的魔怪常将来饮水的动物拉入井中吃掉。猴王率诸猴到池边喝水,以芦管吸池水饮之,使魔怪无法抓到。可参看现代译文:郭良鋆、黄宝生译《佛本生故事选》之《芦苇饮本生》。

三四　第17窟券顶右㉑

三五　第17窟券顶右㉔

三六　第17窟券顶右㉕

三七　第17窟券顶右㉖

三八　第17窟券顶左①

三九　第17窟券顶左②

四〇　第17窟券顶左③

四一　第17窟券顶左⑥

四二　第17窟券顶左⑧

②　一猎人身披袈裟,引弓射象(插图三九)。此为象王本生。梵摩达王募猎师猎取象牙。"即时猎师,诈披袈裟,挟弓毒箭,往至象所。""猎师於是遂便得近,以毒箭射"(参见《杂宝藏经》卷二)。

③　双翅飞行罗刹,抱持一人凌空飞去。下方水池中二女人张惶失措(插图四〇)。此为驳足王本生。驳足王恒吃人肉,变为飞行罗刹。"飞行搏人,担以为食。"须陀素王将诸采女於园中洗浴,"时罗刹王,飞空来取,担到山中"(参见《贤愚经》卷十一)。

④　一人骑於一兽上,双手抱兽头。兽从一河跃过。待考。

⑤　一人坐於高座上,脚下垂。前踞卧一兽咬其一足。旁侧跪一人。待考。

⑥　一人燃双臂,高举於头上前行,二商人和一驮物骆驼随於后(插图四一)。此为萨薄燃臂引路。五百商人出外,共行於旷野山谷中,黑暗迷途。"是时萨薄,即以白氎自缠两臂,酥油灌之,然用当炬。将诸商人,经於七日乃越此暗。时诸贾客感戴其德"(参见《贤愚经》卷六)。

⑦　一人双手合十,立於水中,身后火焰升腾,左右各跪一人。双手合十,二人头上各伸出四只蛇形龙头。画面与昙摩钳本生近似,待考。

⑧　棺中仰卧一人,棺旁立二人解捆棺之绳索(插图四二)。此似为慕魄太子本生。太子慕魄十三岁不语,谓其不祥,欲作深坑以养之。时太子至坑所,"悉取衣被璎珞著之到坑。问曰:作坑何施? 其仆对曰:国王有子名曰慕魄,暗哑聋痴年十三岁不能言语,王问婆罗门,婆罗门师白言:"当生埋之。尔乃安吉全国荣宗利后子孙。以用是故,我等作坑欲埋慕魄。慕魄即曰:我则是太子慕魄也。人即惊悚衣毛为竖"(参见《太子慕魄经》,安世高译本)。

⑨　一夜叉坐高座上,双手执小儿,入口咬食(插图四三)。此为修楼婆王本生。修楼婆王欲闻正法。毗沙门王化一夜叉谓王曰:"学法事难,云何直尔欲得闻知? 王叉手曰:一切所须不敢有逆。夜叉报曰:若以大王可爱妻子与我食者,乃与汝法。尔时大王以所爱夫人及儿中胜者供养夜叉。夜叉得已,於高座上众会之中取而食之"(参见《贤愚经》卷一)。

⑩　一人坐於高座上,旁立一人托盘。左侧卧一人,其旁跪一人,似作从卧人身上取物状。待考。

⑪　座上坐一人,双手断落於地,前跪一女人,旁立一人作举刀欲砍状(插图四四)。此为羼提婆梨本生。羼提婆梨仙人於山中修忍辱。迦梨王率采女入此山游观。采女就仙人听法。王怒,而语仙人曰:"修设何事? 仙人答曰:修行忍辱。王即拔剑而语之言,若当忍辱,我欲试汝,知能忍不,即割其两手。而问仙人,犹言忍辱。复断其两脚。复问之言,故言忍辱。次截其耳鼻,颜色不变,犹称忍辱"(参见《贤愚经》卷二)。

⑫　一人乘於象上,象狂奔,骑者以双手抱树,以免坠地(插图四五)。此为光明王本生。光明王乘象出城游戏。只见怒象狂奔,"遂至深林,时王

冠服,悉皆堕落,坏衣破身,出血牵发。王时眩晕,自惟必死,极怀恐怖。即问象师,吾宁当有馀命不耶。散阇白王:林中诸树,有可捉者,愿王搏捉,乃可得全。王搏树枝,象去王住。下树坐地,自视无复衣冠,身体破伤,生大苦脑"(参见《贤愚经》卷三)。

⑬ 一大鱼卧於地,二人以刀斧砍取鱼肉(插图四六)。此为设头罗犍宁王本生。设头罗犍宁王"因立誓言,今此国人,饥羸无食。我舍此身,愿为大鱼,以我身肉,充济一切。即上树端,自投於地,即时命终,於大河中,为化生鱼。""尔时国中,有木工五人,各赍斤斧,往至河边,规斫材木。彼鱼见己,即作人语而告之曰:汝等若饥,欲须食者,来取我肉。""五人欢喜,寻各斫取,食饱赍归"(参见《贤愚经》卷八)。

⑭ 一女人骑坐於一人肩背上(插图四七)。此为独角仙人本生。独角仙人得五神通,因上山时遇大雨伤其足,故而咒令不雨。不雨故谷果不生,人民穷乏,国王忧之,遂募媱女破独角仙人神通。媱女诱仙人,使其失神通,天降大雨。媱女与仙人返城。媱女卧地不行,仙人言:"汝不能行者,骑我项上,我当担汝"(参见《大智度论卷十七)。

⑮ 一人裸身正坐,以手抚腿。左右立二夜叉,手中托钵(插图四八)。此为慈力王施血。五夜叉"饥渴顿乏,求活无路"。乞慈力士施血。"王闻是语,甚怀哀伤。即自放脉,刺身五处。时五夜叉,各自持器,来承血饮。饮血饱满,咸赖王恩,欣喜无量"(参见《贤愚经》卷二)。

⑯ 上方一人飞身降下。地上横卧一人,旁立一大虎、二小虎,咬食身肉(插图四九)。此为萨埵舍身饲虎。王子三人共游林间,"见有一虎适乳二子。饥馑逼切,欲还食之。"其王小子摩诃萨埵欲以身饲虎,"至於虎所,投身虎前。饿虎口噤,不能得食。尔时太子,自取利木,刺身出血,虎得舐之,其口乃开,即啖身肉"(参见《贤愚经》卷一)。

⑰ 中坐一人,右立一人,以双手挖取其人眼。旁立一婆罗门。画面与快目王施眼近似,但具体细部略异。待考。

⑱ 中坐一人,左右各一婆罗门。右跪之人,手执一钉状物,置于坐者膝部,右手上扬,作敲击状。疑为毗楞竭梨王身钉千钉。毗楞竭梨王心好正法。劳度差谓王曰:"若能於汝身上,斫千铁钉,乃与汝法。"王语婆罗门:"唯愿大师,垂恩先说,然后下钉。"劳度差说偈已毕,"即於身上,斫千铁

四三 第17窟券顶左⑨

四四 第17窟券顶左⑪

四五 第17窟券顶左⑫

四六 第17窟券顶左⑬

四七 第17窟券顶左⑭

四八 第17窟券顶左⑮

四九 第17窟券顶左⑯

钉"(参见《贤愚经》卷一)。

⑲　一猴王以身架於二树之间为桥,跨河两岸,岸边树上一猴,猴王身上二猴挽臂前行(插图五〇)。此为猴王以身渡众猴。猕猴王率五百猴入国王园中食果,被围不得出。猴王令众猴续藤,"以其一端缚大树枝,猴王自系腰登树投身,攀彼树枝,藤短身垂,救其众曰:疾缘藤度,众以过毕,两腋俱绝,堕水岸边"(参见《六度集经》卷六)。

五〇　第17窟券顶左⑲

⑳　此处已残。原为三人坐一大龟背上,从海中出。此为龟王本生,与西侧壁②同。

㉑　中间一人坐,左跪一人托钵,右坐一人(画面右侧残损)。待考。

㉒　一裸体人结跏端坐。身上骨骼外露。头上顶三只小鸟(插图五一)。此为常怀慈心顶鸟不动。菩萨"於彼端坐思惟不动,鸟巢顶上,觉知鸟在顶上乳,恒怀恐怖惧卵堕落,身不移动。是时便观察便舍身而行彼处不动。""是时鸟已生翅,已生翅未能飞,终不舍去"(参见《僧伽罗刹所集经》卷上)。

五一　第17窟券顶左㉒

㉓　菱格大部残去。一婆罗门前,一兔於火中焚身(插图五二)。此为兔王本生。山中一仙人,与兔共亲善。语兔言:"我今欲入聚落乞食。"兔言莫去,当与汝食。於是兔便自拾薪聚,又语仙人:"必受我食。""即大然火,投身入中"。"时彼仙人,生大苦脑,即取食之"(参见《杂宝藏经》卷二)。

五二　第17窟券顶左㉓

㉔　左卧一狮,右跪一猴。上方一鹰抱持一小猴(插图五三)。此为狮王本生。山中二猕猴生二子,委付狮王看护小猴。"时山中有一鹫鸟王,厥名利见。师子王睡,即便攫取猕猴二子,处崄而住。师子王即寤,即向鹫言:我今固请,见为放之,莫令失信,生我惭愧"(参见《大集经》卷十一)。

38窟

德人称为乐队窟(Höhle mit dem Musikerchor)。

此窟券顶侧壁壁画,将本生与因缘故事混合画出。排列形式为一列本生,一列因缘。,现将本生部分说明於后【注4】。

(1)　右(西)侧壁

编号序列如示意图(不包括因缘故事)。

五三　第17窟券顶左㉔

【注4】　说明已见於前述者,只列名称,不再赘述;画面与前述不同者,补充说明之。凡壁画已被割走,编号下加横线标明。

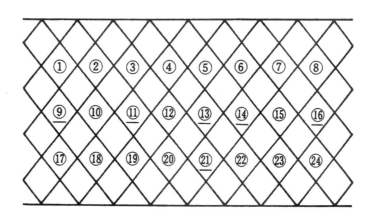

① 一人侧坐,旁跪一人双手持钵。待考。

② 慕魄太子本生。

③ 大施抒海。

④ 弥兰本生。画面为一人端坐於城内,旁立二鬼,以绳索其颈(插图五四)。

⑤ 一人侧坐,旁坐一人,二人作讲说状,待考。

⑥ 一切施王舍身。

⑦ 一人从树上跳下,下立一夜叉(插图五五)。此为舍身闻偈。一婆罗门欲听罗刹说偈,誓曰:"汝但其足说是半偈,我当以身奉施供养。"罗刹说偈已,婆罗门"即自上高树,自投树下"(参见《经律异相》卷八)。

⑧ 树下一比丘禅坐,前有一水池,待考。

⑨ 一人从座上跳下,下有五条蛇,待考。

⑩ 一人坐树下剥兽皮,旁蹲踞一兽(插图五六)。此为锯陀兽本生。梵达摩王梦见一兽,身毛金色。召猎师捕此兽。诸猎师募一人入山求之。其人山中遇难,为锯陀兽救活。锯陀闻其所求,语其人曰:"今以身皮,济彼众命,心怀欢喜,如有所获。但剥取皮,莫便绝命。""尔时猎师,即徐剥皮"(参见《贤愚经》卷三)。

⑪ 一人骑马、扬剑欲砍杀,右下跪卧一鹿(插图五七)。此为九色鹿本生。九色鹿於水中救一溺人,溺人背恩向国王告密,率人入山捕鹿。鹿睡不觉,王军至矣。鹿惊起"即趣王车前,时王军人便挽弓欲射。鹿语王人,且莫射我。""鹿即长跪重问王言:谁道我在此耶,王便指示车边癞面人是。鹿闻王言,眼中泪出不能自止"(参见《佛说九色鹿经》,支谦译本)。

⑫ 狮王本生。

⑬ 设头罗犍宁本生。

⑭ 樵人背恩。

⑮ 左立一人,其前跪卧一鹿,右下一大鼎,鼎下火焰四起(插图五八)。此为鹿王本生。鹿王见鹿群死伤,乃乞王不猎。"颐自相选日供太官"。一应行供官母鹿将临产,鹿王遂以身代之。"明日遁众,身诣太官"(参见《六度集经》卷三)。

⑯ 象王本生。

⑰ 一人坐於高座,上扬一臂。旁立一人以钉钉其身(插图五九)。此为毗楞竭梨王身钉千钉。

⑱ 一人托钵坐於高座上,旁坐二人,一人於坐者腿部用刀割取身肉。待考。

⑲ 虔阇尼婆梨王身燃千灯。

⑳ 一人侧身坐於高座,前有一鼎。旁跪一人,於坐者背部作刺取物状。待考。

㉑ 月光王施头。

五四　第38窟券顶右④

五五　第38窟券顶右⑦

五六　第38窟券顶右⑩

五七　第38窟券顶右⑪

五八　第38窟券顶右⑮

五九　第38窟券顶右⑰

六〇　第38窟券顶右㉒

六一　第38窟券顶左④

㉒　一人坐於高座上,左跪一人,手举一卷状物(插图六〇)。此似为龙王求经。一国王园监於龙王处求得美果。龙王求索入关斋法。王一臣奉父言教,"得经二卷,一是十二因缘经,二是入关斋文。大臣即持,奉上於王。王得欢喜,不能自胜,便以此经,著金盘上,自送与龙"(参见《贤愚经》卷一)。

㉓　一人坐於高座上,左下一兽咬食其足,旁跪一人,双手捧钵。待考。

㉔　一婆罗门坐於树下苦修,顶鸟不动。

(2)　左(东)侧壁

菱格编号如示意图。

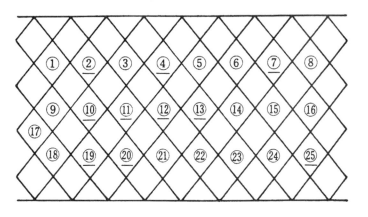

①　修楼婆王本生。

②　昙摩钳本生。

③　萨埵舍身饲虎。

④　树下跪一女人,怀抱一小儿。旁立一人挥剑欲砍杀之(插图六一)。此似为萨和檀王本生。萨和檀王乐於布施。一婆罗门乞王与夫人为奴婢。夫人复被卖於长者为婢。"是婢者所属大家夫人甚妒,晨夜令作初不懈息。其后数日时婢挽娠所生男儿,夫人恚言,汝为婢使那得此儿,促取杀之。随大家教,即杀其儿,持行埋之往到奴所"(参见《六度集经》卷二)。

⑤　驳足王本生。

⑥　右立一人,裸体,双手合十。背后有火焰。左下一人立於水中,双手合十,头顶上有三蛇头。待考。

⑦　一女人肩担小儿前行,小儿回身反顾。后立一人双手持剑,欲砍杀前行女人(插图六二)。此为须阇提本生。特叉尸利国大臣罗睺反逆。太子婆罗提致与其妻抱小儿须阇提外逃。途中食尽,太子"欲杀其妇,而欲自济并用活儿。令妇在前担儿而行,於后拔刀欲杀其妇。时儿回顾,见父拔刀欲杀其母,儿便叉手晓父王言:唯愿大王宁杀我身,勿害我母。殷勤谏父,救其母命"(参见《贤愚经》卷一)。

⑧　光明王本生。

⑨　一鹿跨腿跃河,背上负一小兔(插图六三)。此为鹿王救兔。"乃往

古昔,此有大林,火炎中野,飞走穷窜,前有驶流之陁,后困猛火之难,莫不沈溺,丧弃身命。其鹿恻隐,身据横流,穿皮断骨,自强拯溺。蹇兔后至,忍疲苦而济之,筋力既竭,溺水而死"(参见《大唐西域记》卷六)。

⑩ 树上一熊,怀抱一人。树下一兽仰头看树(插图六四)。此为熊救樵人。一樵人入山采樵,"遂逢大虫惊怕却走。上一大树,不觉树上有熊,见已复怕不敢更上。""熊见悲愍自来执抱,於其树上选安稳处,熊抱而坐。""熊报樵人,我今抱汝疲乏暂睡,少时汝自警觉并守护我。""虫见熊睡,报樵人曰:汝能几时树上而住,应可掷熊树下我食即去,免害於汝当得还家。"樵人即起恶念,"便即掷熊而下"(参见《根本说一切有部毗奈耶破僧事》卷十五)。

⑪ 龟王本生。

⑫ 兔王本生。

⑬ 叔、伯杀龙济国。

⑭ 水中立一人,捧盘持物。上方飞落一人,持巾接取。待考。

⑮ 房舍门前一人合十跪迎,右跪一鹿(插图六五)。疑为鹿王本生。母鹿出外求食,为猎师捕获。鹿挂记所生二幼子,乞求猎师允其暂还,安置二子。此后即"旋来就死,不违信誓。"猎者令母鹿归去。母鹿将二子至好水草处,即返猎师处(参见《经律异相》卷四十七)。

⑯ 猴王以身渡众猴。

⑰ 树下一兽,咬食一比丘(插图六六)。此似为童子道人本生。童子道人见妊身虎,恐其产子时饥饿日久,自食其子以存身命。"童子道人,即提利刀,刺臂流血,如是七处,血入虎口,因以饮之。自投虎前,以身饲虎"(参见《经律异相》卷十)。

⑱ 地上一方形坛,三面各置一羊头。中间跪一人,双手合十。旁跪一人。以物刺另一人眼。右坐一人,左手托钵(插图六七)。此为和默王本生。王母患病,婆罗门言:"当於城外平治净处,郊祠四山日月星宿。当得百头畜牲种种各异类及一少儿杀以祠天。王自躬身将母至彼跪拜请命。然后乃差。王即供辨如其所言,驱人象马牛羊百头,随道悲鸣震动天地,从东门出当就祭坛杀以祠天"(参见《法句譬喻经》卷一)。

⑲ 尸毗王割肉贸鸽。画面为尸毗王登身上秤盘中,四肢骨骼外露(插图六八)。

⑳ 须大拏本生。

㉑ 萨薄燃臂当炬。

㉒ 慈力王施血。

㉓ 快目王施眼。

㉔ 羼提婆梨本生。

六二　第38窟券顶左⑦

六三　第38窟券顶左⑨

六四　第38窟券顶左⑩

六五　第38窟券顶左⑮

六六　第38窟券顶左⑰

六七　第38窟券顶左⑱

六八　第38窟券顶左⑲

六九　第114窟券顶右①

190

㉕　跋摩竭提割乳济人。

第114窟

德人称转轮藏窟(Höhle mit dem Gebetmühle)

券顶西侧壁大部完好。东侧壁壁画被割去近一半。壁面被烟薰黑,画面较难辨识。

(1)　右(西)侧壁

菱格位置如示意图。

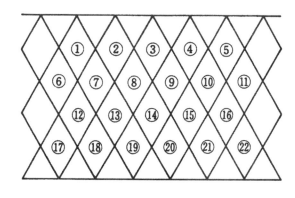

①　上部略残,龟王本生(插图六九)。

②　上部残去,存一跪鹿。鹿王本生。

③　圆形绿色池水中,立一裸体夜叉,旁一猴以管伸入池中,夜叉以手牵另一猴一臂。此为猴王本生。夜叉从水池中露出水面,为其它图像所不见。

④　一人从树上跳下,一罗刹凌空接住。此为舍身闻偈。

⑤　一人坐於高座上,一足被兽咬食。

⑥　熊救樵人。画面为树上一人举双手,将熊掷於树下,下蹲一兽。

⑦　一切施王舍身。

⑧　智马本生。

⑨　象背上立一猴,猴肩上站一鸟(插图七〇)。此为象、猴、鹦本生。象、猴、鹦同依一尼拘律树,共忆往事以定长幼。"鹦生年多,象以猕猴置其头上,猕猴以鹦置其肩上,共游人间"(参见《十诵律》卷六)。

⑩　设头罗犍宁本生。

⑪　鸽王本生。

⑫　马壁龙王渡贾人出海。

⑬　火中立一裸身人,双手合十,右坐一婆罗门持钵。此为虔尼婆梨本生。

⑭　萨薄燃臂当炬。

⑮　海水中飘浮一人,右手持刀作刎颈状。另四人扶持此人游於水中。右上一人抱持一木板(插图七一)。此为勒那阇耶本生。商王勒那阇耶

与五百贾人入海,"卒遇暴风,破碎其船,众人呼救,无所归依。""中有五人共白萨薄:依汝来此,今当没死,危险垂至,愿见救渡。萨薄答曰:吾闻大海不宿死尸。汝等今者,悉各捉我,我为汝故,当自杀身,以济尔厄。""作是语已,以刀自割。命断之后,海神起风,吹至彼岸,得渡大海"(参见《贤愚经》卷十)。

⑯　萨埵舍身饲虎。

⑰　鹿王救兔(插图七二)。

七〇　第114窟券顶右⑨

⑱　跋摩竭提割乳济人(插图七三)。

⑲　羼提婆梨本生。

⑳　快目王施眼。

㉑　一人坐於高座上,座上置一钵。左手持刀,作切割右腿股肉。前卧一长尾兽。待考。

七一　第114窟券顶右⑮

㉒　无头众生。

(2)　左(东)侧壁

此壁南端,菱格被割走十方。菱格顺序如示意图。

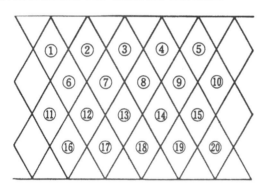

①　昙摩钳本生(插图七四)。

②　穷陷人背恩。画面表现的是,猴负穷陷人从深谷中爬出的场面(插图七五)。

七二　第114窟券顶左⑰

③　四兽问道。

④　弥兰头顶铁轮。

⑤　睒子本生。

⑥　左立一夜叉,右侧树下有一庐,庐前跪一人。待考。

⑦　一半裸人,双手执一竿,竿顶有一摩尼宝珠(插图七六)。此似为顶上有宝珠缘。波罗捺国盘头末帝王之子入塔供养。"持一摩尼宝珠,系著杙头,发愿而去。缘是功德,""常有宝珠在其顶上"(参见《撰集百缘经》卷七)。

七三　第114窟券顶左⑱

⑧　猴王以身作桥,救渡众猴。

⑨　须阇提割身肉济父母。

⑩　庐中二比丘并坐,并作苦修之状。此为二道人微净制日。"昔有二菩萨,忘清行净,内心无欲。""处山泽,凿石为室,闲居靖志。""四禅备悉,得为通智。"一梵志夜诵经疲极卧,另一梵志误踏其头。被踏者咒

七四 第114窟券顶左①

七五 第114窟券顶右②

七六 第114窟券顶右⑦

日:"谁踏吾头者,明旦日出一竿,破尔之首为七分善乎。"梵志恐首分七处,乃制日不令其出。故日"遂而不出,五日之间,举国幽冥,炬烛相寻,众官不修,君民恐惑。"后梵志因王所请,乃放日*(参见《六度集经》卷七)。

⑪ 狮王本生。

⑫ 尸毗王割肉贸鸽。

⑬ 绿色圆形水池中站立一象,池边一猴,以手拉象鼻。待考。

⑭ 一人双手合十立於折帛之上。身后火焰升起。左右各跪一人,均作合十供养状。两侧二人头上各有蛇形龙。内容待考。

⑮ 马壁龙王渡商人出海。

⑯ 叔、伯杀龙济国。画面中有狮子站於象背上山内容,但画於菱格左下的另一半菱格中。

⑰ 樵人背恩,引猎人杀熊。

⑱ 一苦修婆罗门坐於庐中。

⑲ 修楼婆王本生。画面中除夜叉吃小儿外,下方还画出修楼婆王和其妻,二人跪於一旁(插图七七)。

⑳ 树下一人,端坐修行。头上顶戴鸟巢。为顶鸟不动。

第178窟

德人称为峡谷窟(Schlucht Höhle)。

此窟主室券顶壁画,全部被割走。两侧壁菱格本生画的布局,参见示意图。

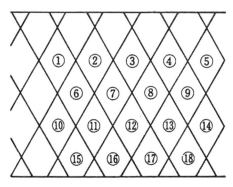

本窟本生故事画不见於前述三窟的约十馀幅。其内容可考者,引以下几例。数字为菱格之编号。

(1) 右(西)侧壁

⑤ **画面为**:树下立一夜叉,其前站一人,作奋力以头向夜叉腹部撞去之状。此为师子商主降旷野恶鬼。过去世时,迦尸国和比提醯国之间,有一旷野恶鬼,"断绝道路,一切人民无得过者。有一商主名曰师子,率五百商人欲过此路。诸人恐怖,畏不可过。商主语言:慎莫怖畏,但从我后。於是前行,到於鬼前。""即捉弓箭而射是鬼,五百放箭皆没鬼腹。弓箭器仗亦入鬼腹。直拳前打,拳复入去。以右手托,右手亦著;以右脚蹹,右脚亦著;以左脚蹹,左脚亦著。又以头打,头亦复著。"商主终不畏惧,以精进不息之气慨,令旷野鬼放诸人通过(参见《杂宝藏经》卷八)。

192

⑧ 一人坐於高座上，右手托一钵。一病比丘，袈裟裹体卧於座前(插图七八)。此似为圣友施辟支佛乳。"时辟支佛，患身不调。往问药师，药师语曰：汝有风病，当须服乳。时彼国中，有一萨薄，名曰阿利耶蜜罗，晋言圣友。时辟支佛，往告其家，陈病所由，从其乞乳。萨薄欢喜，便请供养。日给其乳，经於三月。三月已竟，身病得差"(参见《贤愚经》卷八)。

⑨ 林中起火，鹿、野猪、兔等兽奔逃。上方有一鸟(插图七九)。此为鹦鹉王救火。"彼时林中，风吹两竹，共相揩磨，其间火出，烧彼竹林，鸟兽恐怖，无归依处。尔时鹦鹉，深生悲心，怜彼鸟兽，提翅到水，以洒火上"(参见《杂宝藏经》卷二)。

⑬ 水边坐一比丘，身后有一树。水中一人，背一筐，作涉水而过之状。此似为贫人施饼於辟支佛缘。"后於异时，城中有人於筐篋中盛诸饼食。其上首贫人便夺之奔走。""其贫人主走到河岸，又被逼逐，即戴饼筐汎河而渡，到彼岸已在一树下。""有辟支佛因行而过，持钵向前乞其饼食。贫人欢喜尽持饼食而以奉施"(参见《毗奈耶破僧事》第十三)。

⑱ 画面为：树下坐一人，仰视树上。树上一人作落下之状，地上有一项饰。疑此为贫人悬璎珞缘。婆罗尼斯城，国王与采女於园中游观。时一宫人遗其璎珞。后贫人见之，"即取璎珞悬於树上。"国王令群臣於园中寻觅璎珞，见璎珞系於树。"尔时王臣即持璎珞还宫送王"(参见《毗奈耶破僧事》第十三)。

(2) 左(东)侧壁

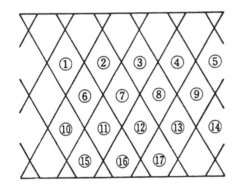

② 树上一猴，右侧一人引弓射猴(插图八〇)。此为猎人射猴。"时彼隐人先共猎师以为知友。猎师因出至彼林中果树下。隐人有事弃此而去。""时彼猕猴便将大果打猎师头。时彼猎师头先无发，其果才落头遂血流。苦痛缠心举头观树，遂见猕猴跳掷枝上。便即援弓射以毒箭；从树而堕因此命终"(参见《根本说一切有部毗奈耶杂事》卷十六)。

⑮ 地上一人仰卧於地，旁跪一人以物刺其眼(插图八一)。此似为善事太子入海。善事太子与弟恶事入海求宝，得如意珠。返国中途，恶事欲害其兄，独得宝珠。"兄复次卧，由坐久故，睡寐极著。波婆伽梨(恶事)起入林中，林中有树，其刺极利，即取两枚，各长尺五，持来兄边，兄眠甚重。一手提刺，当其眼眚，刺令没刺，收宝而去"(参见《贤愚经》卷九)。

七七　第114窟券顶右⑱

七八　第178窟券顶右⑧

七九　第178窟券顶右⑨

八〇　第178窟券顶左②

八一　第178窟券顶左⑮

八二　第178窟券顶左⑰

⑰　中立一比丘,持刀自割颈。右立一女,左立一人(插图八二)。此为沙弥守戒自杀。一沙弥奉师命往长者家乞食。长者外出,其女守家。女见沙弥"作诸妖媚,摇肩顾影,深现欲相。"女语沙弥:"汝可屈意为此舍主,我为汝妇,供给使令,必莫见违,满我所愿。"沙弥自念:"宁舍身命,终不破戒。"沙弥语长者女:"牢闭门户,我入一房,作所应作。尔乃相就。女即闭门,沙弥入房关楗门户,得一剃刀,心甚欢喜。""即刎颈死。血流滂沛,污染身体。时女怪迟,趣门看之,见户不开,唤无应声,方便开户,见其已死"(参见《贤愚经》卷五)。

第69窟

此窟是个中心柱窟。画家韩乐然先生于1947年6月发现。主室券顶处壁画,因岩壁上不抹泥皮,只敷一层白粉为底色,故颜色多已渗入岩壁。虽经风蚀、磨损,表层白粉层剥落,仅在岩石上存有若干痕迹。画面已多模糊不清,极难辨识。经反复观察、比较,画面大体可以辨明。本窟主室券顶壁画内容,已往未作详细介绍。据考查券顶每侧壁画菱格故事画在50幅以上,该窟是克孜尔石窟中画菱格本生最多的洞窟。右侧壁画面保存较多,左侧壁则大部残去。现将券顶右侧壁菱格本生的布局与编号示意如图,依编号顺序说明画面内容【注5】。

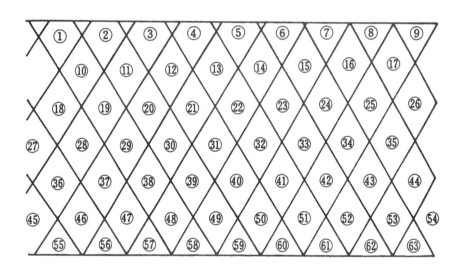

①　左侧跪一人,似袒上身,下着裙,双手置于胸前。其右侧有三只鸟,右上角处为一大角羊。

②　左侧树下坐一婆罗门,半裸,双手举于胸前。右侧立一人,头戴三珠冠,有头光。左手置于腰部,右手向前下方伸出。其右腿旁有一人作刺取物状。

③　左侧立一女人,回首反顾右下方。右侧,树下一婆罗门,交脚侧身坐于覆帛束腰座上,仰头上视。此菱格右上方半菱格中,为一风神。

④　左侧树上站立一鸟,右侧立一人,头戴宝冠,有头光,上身半裸。右手前举上扬,朝向树上。

【注5】　由于此窟菱格本生画面模糊难于辨识,故以往介绍文字多略而不详。现依编号次序,说明菱格画面与内容,以便作进一步的辨识和研究。

194

⑤　左侧为二身站立之比丘,其一作合十状。右侧人物形象不清。

⑥　左侧残存一人,似作菩萨装,右侧残去。

⑦—⑨　壁画残损。

⑩　左侧立一比丘,著右袒袈裟,右手托一钵,作弯腰施礼状。右侧树下立一人,菩萨装,头上戴宝冠,袒上身,下著裙。右手前举,与比丘相呼应。

⑪　中间一树,树下方形高座上坐一人。头戴宝冠,上身半裸,下著裙,交脚而坐,左手置於腰部,右手前伸。上身前俯,下视左侧下方之方形水池。

⑫　左侧为房舍,方形屋门。下方一树,树上一鸟。右侧立一人,半裸,俯首以目视房舍。

⑬　中间为一圆形水池,池中浮一红色物(水兽?),水池上方有一孔雀,俯首向水池。

⑭　右侧一树,向左倾斜,树上站立一兽。左侧下方一人,身下似骑一马,仰首向树,左手上扬,似挽弓以箭射兽。

⑮　右侧为一比丘,结跏趺坐,俯首向左。上方似有一人,以手摸比丘头。左侧下方跪一人,双手合十,仰视比丘。

⑯　右侧树下坐一比丘,右手前伸。右侧立一人,侧面俯身,背上有一筐,跨步前行。此为贫人施饼与辟支佛缘。

⑰　上方一人飞身跳下,下方仰卧一人,身体半裸。身旁一大虎及二小虎,咬食其身肉,此为萨埵太子以身饲虎。

⑱　右侧立一人,全身半裸,弯腰俯身,双手持物向下,旁跪一人。此为大施抒海。

⑲　中间为一大树,右侧立一裸体女人,双足交叉而立。此女头戴宝冠,有头光,俯视下方。右手上举扶树,腰肢略扭曲。右胁下方处,有一椭圆形物。其左手扶持另一人。左侧下方,一人胡跪,双手持巾,抬头仰视,作接物状。据画面情节,此当为悉达太子树下诞生(详后)。

⑳　树下立一比丘,著右袒袈裟。右手上扬,回首反顾。左侧立一兽,树上立一鸟。

㉑　左侧树下、地下有一蛇,屈屈驰走。下方有一蟾蜍。右立一比丘,著右袒袈裟,俯首下视,右臂前伸下指。

㉒　中间坐一人,头戴宝冠,有头光。左侧站立一半裸之老婆罗门,以手在坐者背部取物。

㉓　右侧立一比丘,右手托钵,身体微前倾。左立一瘦婆罗门,双手捧持一物,放入比丘手所持钵中。

㉔　中为一树,一人双手上举从树上跳下,左立一夜叉,仰视树上。此为舍身闻偈。

㉕　梭形棺内,仰卧一人。右侧蹲立二人俯首下视,以手伸入棺内。此

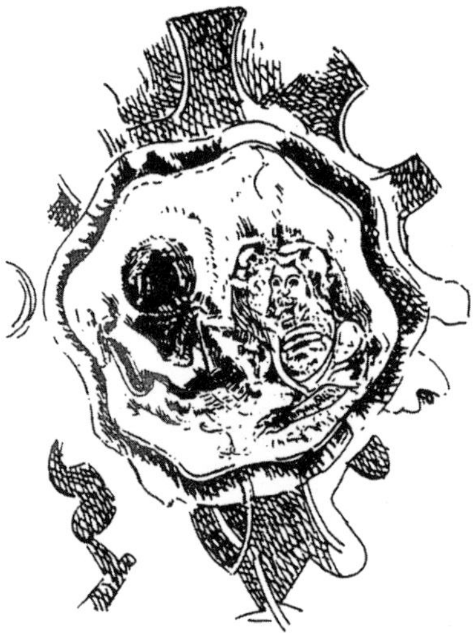

八三 第69窟券顶右㉟

为慕魄太子本生。

㉖ 树上站立一长尾鸟。

㉗ 一人行走，其肩上坐骑一女人。行走者以手扶女人双腿。为独角仙人被婬女所骑。

㉘ 树上站一鸟，右侧立一比丘，右手上扬，俯首下视。左侧跪一比丘，双手合十，仰首上视。

㉙ 左侧上方一树，上方有一双翅飞行罗刹，双臂抱持一人，凌空飞行。下方水池中浮游二鸟。此为驳足王本生。

㉚ 右下方为一圆形水池，池中一条蛇形巨龙跃出。咀前似吞一物。左侧有一树。

㉛ 中间一树，左侧一比丘，结跏趺坐。右手持刀，置於颈部作自刎状。右侧立一裸体女人，左手扶腰，右手前举，面向比丘作诸种媚态。此为沙弥守戒自杀。

㉜ 中间一人盘腿端坐，双手扶膝，头顶一绿色圆轮，轮外有放射状火焰。此为弥兰本生。

㉝ 左上方一树向右倾倒，树上有一鸟。右侧一人，骑於奔象上。乘象人双手上扬，捉树。下为一树和水池。此为光明王本生。

㉞ 中间一树，一人以手攀缘登树，树下横卧一人。

㉟ 中间一八角形水池，水中浮游二比丘。左侧为一少年比丘，双手抱持一木板，回首反顾身后比丘，右侧老比丘右手上举，追逐少年比丘(插图八三)，此为溺水比丘舍身持戒。“有诸比丘与诸雇客人海采宝，既至海中船舫破坏。尔时有一少年比丘捉一枚板，上座比丘不得板故将没水中。于时上座恐怖惶悸，惧为水飘。语少年言：汝宁不忆佛所制戒，当敬上座，汝所得板应以与我。尔时少年即便思惟，如来世尊实有斯语，诸有利乐应先上座。复作是念，我若以板与上座，必没水中洄澓波浪，大海之难极为深广，我於今者命将不全。又我年少初始出家未得道果，以此为忧。我今舍身用济上座正是其时。作是念已而说偈言。”“说偈言已，即便舍板持与上座，既受板已，於时海神感其精诚，即接少年比丘置於岸上”(参见《大庄严论经》卷三，又见《众经撰杂譬喻经》卷上)。

此守戒故事，仅见於此窟。所见二经均为鸠摩罗什所译。

㊱ 方形高座上，一人结跏趺坐。其头上顶一圆形物，上方立一鸟。右侧跪一人，双手合十。

㊲ 右下方一人持双耳瓶，於圆形水池中汲水。左上方一人骑於马上，俯身弯弓欲射。此为睒子本生。

㊳ 树下一人坐於座上，左脚前伸，左下方蹲卧一兽，咬食其足。

㊴ 下部略残，左立一人，双手背於身后。上方一树，树上一鸟。右为一婆罗门。此为一切施王舍身。

㊵ 右侧立一比丘，手持一钵，左侧跪一人，馀残。

㊶ 上方一老鹰，双爪捉一小猴。右下方蹲踞一狮，仰首上视。左侧跪一猴，双臂合掌，作乞求状。此为狮王本生。

㊷ 树下一比丘，结跏趺坐，俯首下视，肩上有红色光焰。左侧跪一人，双手托盘献物。

㊸ 水中立一人，双臂上扬。背后火焰升腾，右立一比丘，左立一天人，各持此人一臂。此为昙摩钳本生。

㊹ 左侧一房舍，方形门。上方飞一土红色鸟。右侧一猴爬树，中部下方一绿色水池，池中有一土红色水兽。房舍下方有一长尾兽。右下方有一兽，头向屋舍。地下一蛇。此为系六种众生 (详后)。

㊺ 树下一比丘，双臂上举作惊恐状。左侧一只大牛，双角竖立，弓身翘尾，向比丘冲来。

㊻ 左立一人，袒上身，下著裙、头上玉珠冠。怀抱阮咸，左手握琴头，右手持拨子弹奏。右立一人，左臂似夹持一箜篌，右手以指弹之，侧头视左者。

㊼ 庐中坐一修道仙人，双臂前伸，双手断落坠地。左立一人，左脚踏草庐门，右手握剑上扬作砍杀状。庐上方一树，树中蹲坐一猴，以双掌捂住脸面，作不忍睹视状。此为羼提婆梨本生。

㊽ 左侧跪一人，上方山洞中有一兽头。

㊾ 壁面残损。

㊿ 上方一树，树上立二鸟。树下立一人，馀残去。

(51) 中间一树，树上站一孔雀和二长尾鸟。左侧蹲踞一兽，右侧立一羊，以角抵兽。下方圆形水池中有二鸟。

(52) 中间为一白色兽(马?)，回首张望，背上驮一人(?)，马后随行一人，马似在水中。此似为云马本生。

(53) 圆形水池中，站立二人。左侧为女性，身体半裸，腰肢扭曲。右立者以臂依於左者肩上。二人均双脚交叉而立。二人背光上各有蛇形龙三条。左上方也有蛇形龙三条，右侧不清。

(54) 下方一树。

(55) 内画一树。

(56) 一坐禅苦修之比丘。

(57) 庐中一比丘，结跏趺坐。

(58) 树下一比丘、坐禅。下部残。

(59)—(60) 残损不存。

(61) 一比丘，结跏趺坐。手中托一白色长条状物，右侧跪一人，衣土红色，亦似为比丘。

(62) 一坐禅比丘。

(63) 画面不清。

此窟左(东)侧壁，残存菱形格九方。画面多残。可辨识出画面内容的

八四　第38窟菱形因缘图

八五　第101窟菱形因缘图

八六　第175窟菱形因缘图

八七　第205窟菱形因缘图

有须阇提本生和月光王施头等。其馀画面,此不赘述。

本窟主室券顶侧壁,仅西侧壁的菱格本生(间有少量因缘故事)其内容可考和画面有确定情节的,当不少於50幅。以此推算,全窟券顶菱格当在近百幅左右。其所画本生故事,最少估计也在80幅以上。由此推测,克孜尔石窟菱格本生故事的内容,大约近九十馀种。本生故事种类之多,内容之丰富,在国内外石窟中都是极少见的。

2　菱形格因缘

菱格因缘是中心柱窟主室券顶侧壁的主要绘画题材,洞窟数量之多超过菱格本生。因缘画的内容以释迦讲述的种种因缘、果报、比喻故事为主,以表现释迦成道后的种种教化事迹。故其在内容上也可以说是佛传的一部分。但在菱格因缘中,绝不见释迦降生至成道之前的事迹,显然与佛传又有区别。菱格因缘故事的某些内容,同样见於主室侧壁的因缘佛传图(即通常所谓的"说法图")和佛传壁画(从诞生到涅槃)中,例如,梵志燃灯供养(内容后详),除见於主室券顶侧壁的,有十馀窟。同时它也见於因缘佛传图和佛传画中。第163窟券顶左(东)侧壁,上起第一列,北起第二菱格,画面中有一比丘跪於佛前,头顶、双肩、双手处各燃一灯供佛,此即梵志燃灯供养。这一内容在同窟主室右(西)侧壁,上列南起第三铺因缘佛传图中,用同样形式加以表现。同样内容又见於谷内区第110窟的东侧壁。该窟德人称为台阶窟 (Treppenhöhle),是个全窟侧壁遍画佛传的著名洞窟。由此可见,因缘故事确为佛传的一部分。为了与因缘佛传图、佛传相区别,我们称其为菱格因缘佛传,简称菱格因缘。

菱格因缘与菱格本生画面上的明显区别为:前者在菱格中均画出佛像,故事情节内容,则安排在佛像两侧或下方。而后者菱格本生中均不画佛像,仅画出故事的有关内容。菱格因缘,由於佛像占据了菱格的中心位置,就必然限制因缘故事情节性内容的表现。菱格因缘与菱格本生在画面构图上,自然也有所不同。

克孜尔中心柱窟菱格因缘画的构图,主要有以下几种不同形式。

第一种形式:菱格外缘山峦峰顶为尖圆或长圆形,每侧4—5个。佛居菱格中间,坐方形高座,佛多著右袒式或通肩式袈裟。佛头顶有花树宝盖。佛左侧或右侧画一个人物,作供养、礼佛状。这种形式的菱格,见於8、32、34、38、80、163、171、224等窟。在佛两侧各画一人,和一人一兽(或鸟)的,有172、196等窟(插图八四)。

第二种形式:菱格外缘小峦峰顶以长圆和圆形为主,峰顶数增多。一般为6—8个,个别达9—10个。佛座同前。但佛袈裟除通肩、右袒式外,还出现了偏衫。个别洞窟出现了双领下垂式。佛左右两侧一般均各画一人(或一动物)。此种形式,见於58、63、98、100、101、104等窟(插图八五)。

第三种形式:菱格边缘山峦峰顶为平顶。佛两侧各画一人或一动物、馀同第一种。此种形式仅175窟一例(插图八六)。

第四种形式：菱格边缘山峦峰顶以长圆和圆形为主，峰顶每侧多为7
—8个。佛袈裟仅右袒和通肩两种，坐方形高座。此种形式的特点，是在佛
头上方，增加一塔作背景，塔一般仅画出塔刹和塔身的上部。刹顶处左右
各悬一幡。这种形式见於184、186、192、193、205等窟。除205窟为於佛一侧
画一人外，馀者皆在佛两侧各画一人(插图八七)。

克孜尔的中心柱窟中，券顶侧壁以菱格因缘为壁画题材的洞窟较多。
计有：8、38、58、63、80、98、100、101、104、163、171、172、175、179、184、186、
192、193、196、199、205、206、219、224等窟(券顶残损过甚的洞窟，未计
入)。约占中心柱窟总数二分之一以上。很明显，菱格因缘是中心柱窟的主
要绘画题材。

菱格因缘的整壁排列布局，与菱格本生相似。不同的是，在券顶侧壁
下沿的一列半菱格中，多画本生故事。38窟中，一排菱格画本生，一排菱格
画因缘，交错排列的组合方式，是仅见的特例。

由於券顶壁面崩坯残损，多数洞窟已无法确知券顶整壁的菱格因缘
组合情况。171窟和163窟壁面保存较好。现以此二窟为例，介绍菱格因缘
的组合和内容如下。

第171窟

(1)　右(西)侧壁

菱格排列顺序如示意图【注6】。

八八　第171窟券顶右③

八九　第171窟券顶右④

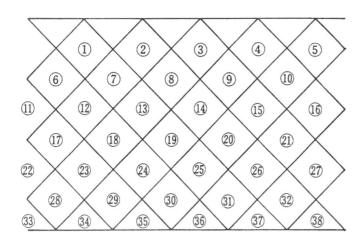

①　左跪一女人，手捧一白色物供养。

②　左跪一人，左手上举执一白色巾。佛头宝盖处，悬挂一条交叉白
巾。

③　右跪一人，双手合十，捧花供养(插图八八)。此为献花供养。"一
人诣林树间，采婆罗花作诸花鬘，时季花人，还来会所，路见世尊，三十二
相，八十种好，光明普曜，如千百日，心怀欢喜，前礼佛足，以所采花，散佛
世尊"(参见《撰集百缘经》卷六)。

④　左跪一人，双手捧宝珠供养(插图八九)。此为婆罗门施珠。"有一

【注6】　介绍菱形因缘画时，仅说明
坐佛像旁侧的画面内容。内容可识辨
的，在画面说明之后引有汉文佛典的
有关部分以作参照。不可识辨的，待
考。

199

九〇　第171窟券顶右⑥

九一　第171窟券顶右⑩

九二　第171窟券顶右⑬

九三　第171窟券顶右⑭

婆罗门，善别如意珠。持一如意珠”，“即以此珠，奉上於佛，而求出家。佛言：善来比丘。须发自落，法服著身。为说法要，即得罗汉”(参见《杂宝藏经》卷七)。

⑤　左跪一人，双手合十。

⑥　左跪一人，短裙，双手背於身后，背上插二三股叉(插图九〇)。此似为盗人被判。“譬如有人犯盗，付王治其盗罪。王即遣人於晨时，以一百戟而以刺之，彼命故存至於日中。王复敕以二百戟刺，彼命故存至於晡时。王复敕以三百戟刺，彼人身分皆悉破尽，其命故存。佛告比丘，於意云何：此人被戟为苦不耶”(参见《法苑珠林》卷九十六引《中阿含经》)。

⑦　左坐一婆罗门，左手上举。

⑧　右立一人，半裸，双手合於胸前，执一长棒。

⑨　左一比丘，交脚坐，双手於胸前合十。佛座前绿色水池中，飘一棒状物。

⑩　左跪一比丘，双手合十。比丘身后为一僧房。僧房为券顶。长方形门，明窗处嵌有方形木框。形制与克孜尔僧房窟相似(插图九一)。此为长老施僧房住处。一长老“见频婆娑罗王为佛作好浮图僧房，亦请如来，为造浮图僧房住处。其后命终，生於天上”(参见《杂宝藏经》卷六)。

⑪　树下坐一婆罗门，右跪一鹿，另有一蛇、一鸽、一鸟。此为四兽问道。

⑫　左立一人，腰拷束腰形鼓，双手作拍击状。

⑬　右立一人，半裸。右手执剑上扬，作欲砍佛状(插图九二)。此为鸯崛鬘遇佛。“鸯崛鬘适见世尊来，见已便作是念：今此沙门独来无伴，我当杀之。时鸯崛鬘即拔腰剑，往至佛所，世尊遥见，便复道还。时鸯崛鬘走逐世尊，尽其力势，欲及世尊，然不能及”(参见《增一阿含经》卷十一)。

⑭　左立一女人，回首反顾。女人手中以绳系小儿颈，置於方形井内(插图九三)。此为女人系小儿入井缘。“有一妇人抱儿持瓶诣井汲水，有一男子颜貌端正座井右边弹瑟自娱。时彼女人意欲偏多眈著彼人，彼人亦复欲意炽盛眈著女人。女人意欲迷荒，以索系小儿颈悬於井中，寻还挽出小儿即死”(参见《出曜经》卷四)。

⑮　右立一比丘，双手合十。左侧为一屋舍，平顶，长方形门，门前有一踏步。

⑯　左立一人，腰拷长剑，以手按剑，以目视佛。

⑰　右跪一猴，双手捧钵供佛(插图九四)。此为猕猴奉蜜。“佛及众僧，还归所止，路由一泽，中有泉水甚为清美。佛与比丘僧便住休息。诸比丘众各各洗钵。有一猕猴，来从阿难求索其钵，阿难恐破不欲与之。佛告阿难，速与勿忧，奉教便与。猕猴得钵，持至蜜树，盛满钵来，奉上世尊。世尊告曰：去中不净，猕猴即时拾去蜂虫，极令洁净，佛便告曰：以水和之。如语著水，和调已竟，奉授世尊。世尊受已，分布与僧，咸共饮之，皆悉周遍，猕

猴欢喜"(参见《贤愚经》卷十二)。

⑱　右坐一人,弹奏箜篌(插图九五)。此似为度善爱犍闼婆王。乐神善爱犍闼婆王"自恃骄慢,於弹箜篌谓无过者。""佛即对彼共弹箜篌。佛断一弦,彼亦断一,然二音声并无阙处。佛又断二彼亦断二,然其音韵一种相似。佛又断三断四彼亦如是。乃至各留一弦然音声不异。佛便总断彼亦断之。佛於空中张手弹击,然其雅韵倍胜於常。彼便不能,情生希有,泽伏傲慢"(参见《根本说一切有部毗奈耶杂事》卷三十七)。第196窟券顶东侧壁,亦画此因缘故事。该图中於佛座侧画一人弹箜篌,於佛座前地上又画出一箜篌,以示佛空手弹击。

⑲　左跪一人,双手合十。头上有数蛇头伸出。

⑳　左立一人,半裸,下身著皮裙。双手合十,左腿折向身后(插图九六)。此似为丑陋比丘缘。"乃往过去无量世中,波罗捺国有佛出世,号曰沙弗,在一树下结跏趺坐,我及弥勒俱为菩萨,到彼佛所,种种供养。而翘一足,於七日中,说偈赞佛"(参见《撰集百缘经》卷十)。

㉑　左立一人,双手执一白色杆状物。

㉒　树上栖二鸟。

㉓　左立一婆罗门,半裸,腰系皮短裙。

㉔　左立一人,右臂上扬,佛座前水池中浮二白色物,形状不明。

㉕　左侧坐一人、半裸。左手持一棒状物。右侧绿色水中伸出一蛇头,头上又有三小蛇头。

㉖　左侧坐一婆罗门,双手合十。佛座前并列放置三个白色大口罐。

㉗　左跪一女人,双手持一灯供养(插图九七)。此为贫女施一灯供养。贫女难陀,乞讨自活。"唯得一钱,持诣油家,欲用买油。油家问曰:一钱买油,少无所逮,用作何等。难陀具以所怀语之。油主怜愍,增倍与油。得已欢喜,足作一灯,担向精舍,奉上世尊,置於佛前众灯之中。自立誓愿,我今贫穷,用是小灯,供养於佛"。"乃至夜竟,诸灯尽灭,唯此独燃"(参见《贤愚经》卷三)。

㉘　左侧坐一人。其座左侧有一箱箧,上方伸出精质蛇头(插图九八)。此似为四毒蛇喻。"譬如有四虫蛇,凶恶毒炽盛於一箧中,时有士夫聪明,求乐厌苦,求生厌死。时有士夫语向士夫言:汝今取此箧蛇,摩拭洗浴,恩弃养食,出内以时,若四毒蛇脱有恼者,或能杀汝,或令近死,汝当防护。""我说此譬,当解其义。比丘,箧者,譬此身色"。"毒蛇者,譬如四大,地界、水界、火界、风界"(参见《法苑珠林》卷四十六)。

㉙　左跪一婆罗门,半裸。双手托一小罐。

㉚　左侧跪一比丘,比丘头顶、双肩、双手处,各置一灯(插图九九)。此为梵志燃灯供养。时有一转轮王,夜於众前燃百千无量亿由他灯。"王顶戴一灯,肩荷二灯,左右手中执持四灯,两足趺上亦各一灯,昼夜供养(参见《经律异相》卷二十四)。

九四　第171窟券顶右⑰

九五　第171窟券顶右⑱

九六　第171窟券顶右⑳

九七　第171窟券顶右㉗

九八　第171窟券顶右㉘

九九　第171窟券顶右㉚

一〇〇　第171窟券顶右㉛

一〇一　第171窟券顶右㊲

㉛　右侧跪一比丘,双手合十。佛座前水中一龟,头部戴一枷状方形木板(插图一〇〇)。此为盲电穿浮木孔喻。"我昔曾闻,有一小儿经中说,盲龟值浮木孔其事甚难。时此小儿故穿一板,作孔受头掷著池中,自入池中低头举头欲望入孔,水漂板故不可得值。即自思惟,极生厌恶。人生难得佛以大海为喻。浮木孔小,盲龟无眼,百年一出实难可值。我今池小,其板孔大,复有两眼,日百出头犹不能值,况彼盲龟而当得值。""盲龟遇浮木,相值甚为难。恶道复人身,难值亦如是。我今值人身,应当不放逸"(参见《大庄严论经》卷六)。

㉜　左侧一比丘长跪,佛以手摸其顶。

㉝　一比丘禅定端坐,右为一鹿。

㉞　一婆罗门端坐苦修。

㉟　一人坐地,双手前伸向火。其前火焰升腾。右卧一鹿,左上方一鸽飞下,咀中衔一棍,棍端燃起火苗。此为鸽王本生。

㊱　右侧树下一比丘,似作跪状,头微俯,右手执一刀举於颈部。左侧立一女人,头微侧,以左手举至腮下。此为沙弥守戒自杀。

㊲　一老婆罗门坐於庐中苦修,庐上立二孔雀,左侧跪一猴,双手托筐献果。右侧二鸟(插图一〇一)。此似为猕猴献果。一皇孙入山觅妃,见一四禅梵志。"时天王释化为猕猴,威灵震山,皇孙大惧。梵志曰:尔无惧也,彼来供养。猕猴睹三道士疑不前。梵志曰进,猕猴即进,以果供养,梵志受之,四人共享"(参见《六度集经》卷八)。

㊳　右侧树下坐一比丘,右手执一经卷,左侧跪一比丘,双手合十(插图一〇二)。此似为沙弥诵经。"尔时有一比丘,畜一沙弥,恒以严敕,教令诵经,日日课程,其经足者便以欢喜。若其不足,苦切责之。於是沙弥常怀懊恼,诵经虽得,复无食具。若行乞食,疾得食时,诵经便足。乞食若迟,诵则不充。若经不足,当被切责,心怀愁闷,啼哭而行。时有长者,见其啼哭,前呼问言。""於时长者,即语沙弥,从今以往,常诣我家,当供饮食,今汝不忧,食已专心勤加诵经。於是沙弥闻是语已,即得专心勤加诵学。课限不减,日日常度。师徒於是,俱同欢喜"(参见《贤愚经》卷十)。

(2)　左(东)侧壁

菱格顺序、编号如示意图。

①　左侧跪一人,双手合十。

②　左侧跪一人,双手托钵奉食(插图一〇三)。此为弗那施钵食。梵志弗那,"见佛乞食,盛好白净饭,满钵施佛"(参见《杂宝藏经》卷四)。

③　右侧跪一老婆罗门,右手上举,左手执一瓶。

④　右侧跪一人,身后为一辆双轮车,车厢上有篷。

⑤　左上方一猴,爬至佛头上方花树宝冠处,摘取花朵。

⑥　右侧跪一比丘,旁有一树,上坐一人。

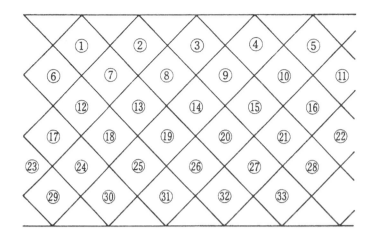

一〇二　第171窟券顶右㊳

⑦　右侧跪一比丘,双手合十。佛座前左右各卧一鹿,二鹿之间有一宝轮(插图一〇四)。此为初转法轮。"尔时世尊,更为憍陈如三转十二行法轮已,憍陈如等悉了达诸法因缘,漏尽意解,成阿罗汉。即於是时,三宝出现"(参见《方广大庄严经》卷十一)。

一〇三　第171窟券顶左②

⑧　左侧上方,一人举巨石欲砸佛(插图一〇五)。此为调达投石伤佛。"尔时调达便以石放如来上,时於山上彼鬼即以手接石。有一碎石堕如来上,受此报时脚指血出"(参见《僧伽罗刹所集经》卷下)。

⑨　左侧一女人,跪向佛,双手合十,佛座前水池中,立一小儿双手合十。

⑩　左侧跪一天王,身著甲胄。双手托钵供佛(插图一〇六)。此为天王奉钵。佛初成道,四大天王将诸眷属,各持石钵奉佛。白佛言:"唯愿世尊,受此石钵,於此钵内,受二商主酪蜜餭"(参见《佛本行集经》卷三十二)。

一〇四　第171窟券顶左⑦

⑪　树上栖立二鸟,树下两只大角羊,跳跃奔逐。

⑫　右侧坐一瘦人,其座下似有三足。佛以手托其下颌。

⑬　左立一比丘,双手持长方形巾帛。佛一手执笔於帛上画像(插图一〇七)。此为波塞奇画佛。波塞奇王欲画佛形象,布於诸国咸令供养。"即召画师,敕使图画。时诸画师,来至佛边,看佛相好,欲得画之。适画一处,忘失馀处,重更观看。复次下手,忘一画一,不能成。时弗沙佛,调和众彩,手自为画,以为模法。画立一像,於是画师,乃能图画"(参见《贤愚经》卷三)。

⑭　左侧坐一女人,交脚,双手合十。佛座下,海水之中画一须弥山,束腰,交龙缠绕。山左右有日月。

⑮　右侧跪一人,馀残。

⑯　左侧立一人,其右下有二小儿,手上举。左上方为一塔。

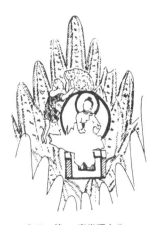

一〇五　第171窟券顶左⑧

⑰　右侧跪一长发、裸体夜叉,双手托一小儿奉佛,小儿双手合十(插图一〇八)。此为度旷野夜叉。一旷野夜叉,日食一人,国人次第供之。拔须陀罗长者生一男儿,次应鬼食,长者祈世尊护之。佛闻,遂向旷野夜叉说法。夜叉"即归依佛,为佛弟子。手捉小儿,著佛钵中,遂名小儿为旷野

一〇六　第171窟券顶左⑩

一〇七　第171窟券顶左⑬

一〇八　第171窟券顶左⑰

一〇九　第171窟券顶左⑱

手"(参见《杂宝藏经》卷八)。

⑱　右侧立一四臂魔怪,上二手握一三股叉,下二手握一长矛。口吐长焰,向佛喷去(插图一〇九)。此为众魔怖佛。"时彼众中,更有一鬼,生瞋恨心,将一长刀向菩萨掷,而刀自粘彼手不脱。或有攀山及将大石向菩萨掷,还半见其手堕落"(参见《佛本行集经》卷二十八)第224窟券顶西侧壁的众魔怖佛因缘中,画有魔怪上方双手举巨石砸佛,下方双手执矛的图象。

⑲　左侧立一婆罗门,左手执一白色杖。

⑳　右侧跪一比丘。

㉑　左侧跪一婆罗门,双手托盘。

㉒　左为一狮,右跪一猴。上方一鹰,双爪捉一小猴。此为狮王本生。

㉓　一婆罗门端坐修行,前有一水池。

㉔　右侧坐一人,半裸。佛以手摸其顶。

㉕　右侧坐一人,其前有一青蓝色方形物。佛座前有水池。

㉖　左侧跪一比丘,双手托一裸体小儿。小儿作跪状,双手合十。

㉗　右侧坐一比丘,右手中托一白色人头骨。

㉘　左侧跪一人,持瓶以水洗佛双足。左上方有数个双身水罐(插图一一〇)。此为罗云洗佛足。佛告罗云言:"澡盘取水,为吾洗足。洗足已讫,佛语罗云:此水可用食饮澡漱以不? 罗云白言:此水本实清净,今已洗足,受於尘垢,不可复用。佛语罗云:汝亦如是"(参见《譬喻经》卷十)。

㉙　右侧坐一人,头上伸出三蛇头。

㉚　右侧坐一人,手中持一缕白色物(插图一一一)。此为须摩施缕。织师须摩,贫困穷苦。念想布施"即便求索,得少许缕。涉道归家至一巷中,遥见世尊,著衣持钵,将诸比丘,入城乞食。前诣佛所,寻持此缕,奉施世尊"(参见《撰集百缘经》卷一)。

㉛　左侧一女人,双手持长巾供养。

㉜　佛坐於白色莲花座上,莲座立於绿色水中。佛手持一钵。右侧跪一人,头上伸出蛇头数个,双手捧钵供养(插图一一二),此为龙女供养。"尔时彼尼连禅主,有一龙女,名尼连荼耶。从地涌出,手执庄严天妙筌提,奉献菩萨。菩萨受已,即坐其上,坐其上已,取彼善生村主之女所献乳糜,如意饱食"(参见《佛本行集经》卷二十六)。

㉝　左侧跪一人。手部残去。

㉞　水中一树,树上坐一猴吃果,左侧一猴爬树。

㉟　残存一鹿头。

㊱　庐中一老婆罗门苦修,仅存上半身。

㊲　残存一比丘头。

㊳　树下坐一婆罗门,残存上半身。

㊴　庐中一老婆罗门,大髯,交脚坐。

㊵　树下一比丘,俯首坐禅。

第163窟

(1) 右(西)侧壁

菱格因缘编号如示意图。

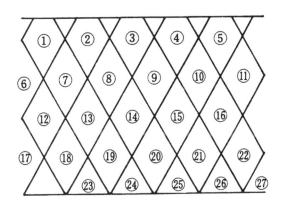

① 右侧跪一女,著俗装,双手合十。右上方飘着三条璎珞(插图一一三)。此为商主妇施佛璎珞。有一商主妇,携金银璎珞环钏,将侍从往诣天祠。路遇世尊,见佛三十二相,八十种好,心怀欢喜,"即以璎珞,掷散佛上。於虚空中,变成宝盖,随佛行住"(参见《撰集百缘经》卷三)。

② 右侧跪一比丘,持巾供佛。

③ 左侧跪一婆罗门,双手捧钵。

④ 右侧一人,半裸,右腿折向身后。此为丑陋比丘缘。

⑤ 左侧卧一兽,颈部有鬃毛。

⑥ 佛右侧壁面残去。

⑦ 右侧跪一人,半裸,右手提一瓶。

⑧ 佛右侧壁画,被挖去。

⑨ 左侧立一人,上身半裸,一臂上扬。佛座前有一盘状物。

⑩ 左侧立一女人,裸体。向佛右手钵中放物。

⑪ 左侧水中,浮一龟,头戴穿孔木板。此为盲龟穿浮木孔。

⑫ 右侧坐一人,上扬右臂。

⑬ 佛右侧壁面,被挖残。

⑭ 右侧立一人,右手执剑砍佛。此为鸯崛鬘遇佛。

⑮ 佛左侧壁面,被挖残。

⑯ 左侧立一人,半裸,肩上担一水瓶。

⑰ 右侧坐一人,举宝盖供养。

⑱ 右侧跪一人,左手摸佛足,右手提水瓶以水洗佛足。此为罗云洗佛足。

⑲ 右侧立一人,佛座下一树,树下一蛇。此似为贤面长者因缘。贤面长者,财宝无量,终无施心,命终受毒蛇身。"蛇见佛来,瞋恚炽盛,欲螫如来。佛以慈力,於五指端放五色光,照彼蛇身。即得清凉,热毒消除"(参见《撰集百缘经》卷六)。

⑳ 右侧跪一人,双手持巾供养。

一一〇 第171窟券顶左㉘

一一一 第171窟券顶左㉚

一一二 第171窟券顶左㉜

一一三 第163窟券顶右①

——四　第163窟券顶左①

——五　第163窟券顶左③

——六　第163窟券顶左⑥

㉑　左侧水中立一人,左臂上扬。左上方有一弯月。

㉒　左侧跪一女人,俗装。以双手摸佛足。此为女人香涂佛足。"昔舍卫城中,有一女人坐地磨香。值佛入城,女见佛身坐欢喜心。以所磨香涂佛脚上。其后命终,得生天中"(参见《杂宝藏经》卷五)。

㉓　左侧一猴,右侧一狮,上方一鹰,双爪捉一小猴。此为狮王本生。

㉔　一婆罗门端坐苦修。

㉕　一大角鹿,跳跃过河。背上驮一小兔。此为鹿王救兔。

㉖—㉗　画面不清。

(2)　左(东)侧壁

菱格因缘排列次第、编号如示意图。

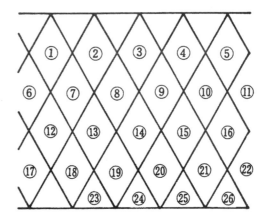

①　右侧跪一女人,右上方立一塔(插图一一四)。此为舍利弗摩提供养佛塔缘。"王以佛发,宫中起塔,宫中之人经常供养。频婆娑罗王崩,提婆达多共阿阇世王同情相厚,生诽谤心,不听宫中供养此塔。有一宫人名舍利弗摩提,以僧白恣日,忆本所习,即以香花供养此塔。时阿阇世王嫌其供养佛塔,用钻钻杀。命终得生三十三天"(参见《杂宝藏经》卷五)。

②　右侧跪一比丘,头顶、双肩、双手各置一灯。此为梵志燃灯供养。

③　右侧立一人,半裸。双手於胸前挂一杖,杖下端有一白色物(插图一一五)。此为蛤天人因缘。"尔时佛在瞻婆罗国,於迦罗池边为瞻婆人说法。是时池中有一蛤,闻佛说法声欢喜,即从池出入草根下,是时有一牧牛,见大众围绕听佛说法,即往到佛所。欲闻法故以杖刺地,误著蛤头,蛤即命终生忉利天"(参见《善见律毗婆沙》卷四)。

④　左侧立一夜叉,持矛刺佛,矛头断折。

⑤　左侧立一人,半裸。左上方一弯月。

⑥　右侧一牛,以角牴佛(插图一一六)。此为度恶牛缘。佛将诸比丘至一泽中,放牛人高声呼唤"唯愿世尊莫此道行,此牛群中有一恶牛,牴突伤人,难可得过。尔时佛告放牛人言:汝等今者,莫大忧怖,彼水牛者设来牴我,吾自知时。比语之倾,恶牛卒来,翘尾低角刨地吼唤,跳踯直前。尔时如来,於五指端化五师子,在佛左右。四面周匝,有大火坑。时彼水牛甚大惶怖,四向驰走,无有去处。唯佛足前有少许地宴然清凉。驰奔趣向,心

意泰然，无复怖畏，长跪伏首，舐世尊足。复更仰头，视佛如来，喜不自胜"(参见《撰集百缘经》卷六)。

⑦ 右侧立一人，持幡供养(插图一一七)。此为布施佛幡缘。佛告诸比丘，"尔时有王，名槃头末帝，收取舍利造四宝塔，高一由旬，而供养之。时有一人施设大会，供养讫竟，作一长幡，悬著塔上，发愿而去"(参见《撰集百缘经》卷七)。

一一七　第163窟券顶左⑦

⑧ 左侧坐一女人，俗装。以左手捂住腹部，佛座前有一大钵(插图一一八)。此为战遮婆罗门女谤佛。"佛为人、天说诸法要，有外道弟子，遥见世尊，大众恭敬，便自念曰：'要于今日辱乔达摩，败其善誉，当令我师独擅芳声。'乃怀系木盂，至给孤独园，于大众中扬声唱曰：'此说法人与我私通，腹中之子乃释种也。'邪见者莫不信然，贞固者知为讪谤。时天帝释欲除疑故，化为白鼠，啮断盂系。系断之声震动大众，凡诸见闻增深喜悦。众中一人起持木盂，示彼女曰：'是汝儿耶？'是时也，地自开坼，全身坠陷，入无间地狱，具受其殃"(参见《大唐西域记》卷六)。

一一八　第163窟券顶左⑧

⑨ 左侧坐一人，半裸。佛坐前画三个细颈大口罐。

⑩ 左侧跪一裸体女人，双手合十。

⑪ 仅一坐佛，两侧无画。

⑫ 右侧立一人，腰部挎鼓，以掌拍击鼓面。

⑬ 佛右侧画面被挖去。

⑭ 右侧水中，浮一人鱼身怪物，躯体两侧各有二鳍状物(插图一一九)。此为汪水大虫缘。"尔时城边，有一汪水，污泥不静，多诸粪秽，屎尿臭处。国中人民，凡鄙之类，恒以瑕秽投归其中。有一大虫，其形像蛇，加有四足。于其汪水，东西驰走，或没或初，经历年载。常处其中，受苦无量"(参见《贤愚经》卷十三)。

一一九　第163窟券顶左⑭

⑮ 右侧立一象，佛座前有一剑(插图一二〇)。此为斗象因缘。"昔有国王有一大象，猛黠能战，计其力势胜五百小象。其王兴军欲伐逆国，被象铁铠，象士御之。以双矛戟系象两牙，复以二剑系著两耳，以曲刃刀系象四脚，复以铁挝系著象尾。被象九兵皆使严利。象虽藏鼻护不用斗。象士欢喜知象护身命。所以者何？象鼻软脆中箭即死。是以不出鼻斗耳。象斗殊久，出鼻求剑，象士不兴。念此猛象不惜身命，出鼻求剑欲著鼻头，王及群臣惜此大象，不复使斗"(参见《法句譬喻经》卷三)。

⑯ 左侧跪一比丘，右手执一瓶，以水洗佛足。此为罗云洗佛足。

⑰ 右侧跪一人，双手合十。其前供灯一盏，灯下有柱形高座。

⑱ 右侧立一四臂夜叉，上二臂双手于头顶举巨石，下二臂双手执刀。此为众魔怖佛。

⑲ 右侧跪一人，举花供养。

⑳—㉑ 壁面残损。

㉒ 左侧立一婆罗门，将物倒入水中，水池中火焰升腾(插图一二

一二〇　第163窟券顶左⑮

一)。此为婆罗埵供食出火。婆罗埵婆罗门,见佛数数乞食,心生厌恶。闻佛说偈乃施美食奉佛。佛不食,令著水中,乃如佛说。"持食著无虫水中,水即大沸,烟火俱出,如投大热铁。婆罗门见已惊怖,言未曾有也"(参见《法苑珠林》卷五十四,引《大智度论》)。

㉓ 一婆罗门端坐於树下,右侧火中一兔,此为兔王本生。

㉔ 二裸体童子,手执杖拭地上一蛇。

㉕ 壁面残损。

㉖ 残存一鹿。

此上二窟,菱格因缘故事的总数当在50至60幅左右。但这并不是克孜尔石窟菱格因缘画的全部内容。第80窟所画的菱格因缘故事,数量最多。其券顶左(南)侧壁的菱格排列状况及编号,如示意图。其具体画面,这里不再一一叙述。其右(北)侧壁壁画残损较甚,但据南侧壁可以推知,其菱格画面不会少于40幅,由此可知,第80窟所绘菱格因缘应在80种左右(侧壁下沿半菱形格的本生故事,未统计在内)。显然,这也还不能包括克孜尔菱格因缘的全部内容,因为诸窟出现的因缘故事尚有参差不等的情况。因此我们估计其因缘故事的总数大约不少於90种。无疑,克孜尔石窟因缘的故事画数量之多,内容之丰富,亦不亚於本生故事画。两者同是克孜尔石窟中心柱窟券顶壁画的主要题材。这不仅是显著的特点,也是一个值得进一步研究的问题。

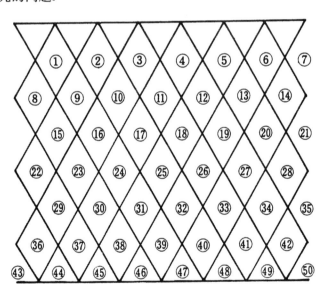

此外,不见於171、103二窟的菱格因缘尚有多种,今举其内容可考者补述如后,其画面内容待考者暂从略。

① 降伏火龙,见於80窟左(南)侧壁⑭。画面为:佛身上缠绕一蛇形龙,右侧立一婆罗门,左手执一水瓶(插图一二二)。

世尊入迦叶火神堂禅定。"尔时彼堂毒龙,出外求觅食故,处处经历,饱已回还,入於火堂"。"即兴毒害,口出烟炎,如来复坐如是三昧,身亦放烟。""佛及毒龙,各放猛火。是时彼堂,严炽猛炎。以猛炎故,草堂彤然,如

一二一　第163窟券顶左㉒

一二二　第80窟券顶左⑭

一二三　第80窟券顶左⑲

一二四　第80窟券顶左㉓

大火聚。""尔时彼等诸摩那婆,闻是声已,或将水瓶,或复担梯,速疾走来,来已著梯,上彼火堂大堂之上,上已将水欲灭於火,而彼火炎,世尊力故,更增炽盛,""尔时毒龙,见火神堂四面一时,烔然然炽盛。唯有如来所坐之处,其处寂静,不见火光。见已渐诣向於佛所。到佛所已,即便涌身入佛钵中"(参见《佛本行集经》卷四十、四十一)。

② 龙王护佛。见於80窟券顶左(南)侧壁⑲。画面为:佛结跏趺坐,一蛇绕佛身多匝,佛头上有一宝盖,伸出四蛇头。右侧跪一人(插图一二三)。

"尔时目真邻陀龙王,从宫殿出,以其大身,七重围绕。拥蔽佛身。复以七头,垂世尊上,作於大盖"(参见《佛本行集经》卷三十一)。

③ 弊狗因缘。见於80窟券顶左(南)侧壁㉓。画面为:佛右侧一方形高座上,卧一犬听法,座前有一钵。佛左侧立一人,腰挎长剑,以手按剑(插图一二四)。

"有一弊狗,常喜啮人,凡人不得妄入其门。有一比丘聪明善慧,圣达难建。入其门乞,值狗出卧不觉入。时长者设食,狗觉方见。"弊狗心念:"今既已入,当奈之何?若独食者必啮杀,啮其腹中所食美膳。若我食,乃厚之耳。沙门知其心念,自食一搏,与狗一搏,狗喜生慈。"弊狗后出门卧,"兽被其啮人剑砍其头,其狗即生长者夫人腹中。生后短命,寻复终亡。复生彼国长者家,见一沙门,前迎为礼"(参见《经律异相》卷四十)。

④ 鬼子母失子缘。见於80窟券顶左(南)侧壁㉙。画面为:佛左侧坐一女人,俗装。佛座前蓝色钵状物中,一小儿双手合十(插图一二五)。

"鬼子母凶妖暴虐,杀人儿子以自啖食,人民患之,仰告世尊。世尊尔时即取其子嫔伽罗,盛著钵底。时鬼子母周遍天下,七日之中推求不得。""即至佛所,问儿所在。时佛答言:汝有万子,唯失一子何故苦恼愁忧,而推觅耶。世间人民或有一子,或五三子,而汝杀害。鬼子母白佛言:我今若得嫔伽罗者,终不更杀世人之子。佛即使鬼子母见嫔伽罗,在於钵下,尽其神力,不能得取。""鬼子母即如佛敕,受於三归及以五戒,受持已讫,即还其子"(参见《杂宝藏经》卷九)。

⑤ 船师渡佛僧过水缘。见於80窟券顶左(南)侧壁㊱。画面为:佛在龙头大船上结跏趺坐。船头一船师,以篙撑船。下方水中有二鸟(插图一二六)。

"时有船师,住在河边。佛告船师,汝今为我渡众僧。船师答曰:与我价值,然后当渡。""复有船师,闻佛所说心怀欢喜,便前白言:我今为佛渡众僧。佛即然可,庄严船舫,唤僧乘船。时诸比丘或在虚空,或在中流,或在彼岸。时诸船师,见佛及僧现如是等种种神变,甚怀信敬,叹未曾有,敬礼佛僧"(参见《撰集百缘经》卷三)。

⑥ 拔提施燋木。见於80窟券顶左(南)侧壁㊴。画面为:佛左侧立一人,双手扶持一棕红色木棒(插图一二七)。

"有一贫人,名曰拔提,为他守园,以自存活。每於一日,担一燋木,入

一二五　第80窟券顶左㉙

一二六　第80窟券顶左㊱

一二七　第80窟券顶左㊴

209

一二八 第8窟券顶右 小儿摇鼗踊戏缘

一二九 第8窟券顶左 舞师女作比丘尼缘

一三〇 第8窟券顶右 梵豫王施谷缘

一三一 第224窟券顶左 系六种众生缘

城欲卖。值城门中，见一化人，语贫人言，汝今若能持此燋木用我者，我当施汝百味饮食。""时彼贫人，即相随逐到祇桓中见佛世尊，三十二相，八十种好，光明普耀，如百千日，心怀欢喜。前礼佛是，即以燋木，奉施世尊。世尊受已，插著地中，佛以神力，令此燋木，须臾之间，枝条生长，花果茂盛"(参见《撰集百缘经》卷三)。

⑦ 小儿摇鼗踊戏缘。见於第8窟券顶右(西)侧壁。画面为：佛右侧跪一裸体小儿，左手上举摇动鼗鼓，右手於腹前拍击一鼓(插图一二八)。

昔日菩萨为天帝释，宿友弥勒受妇女身。菩萨化为商人，往视妇人，见而笑之。"侧有一儿，播鼗踊戏，商人复笑之……"。商人曰："播鼗儿者本是牛，牛死灵魄还为主作子，家以牛皮用贯此鼗，儿今播弄踊跃戏舞，不识此皮是其故体，故笑之耳"(参见《六度集经》卷六)。

⑧ 舞师女作比丘尼缘。见於第8窟券顶左(东)侧壁。画面为：佛右侧立一裸体舞女，翩翩起舞(插图一二九)。

舞师夫妇，将其善解舞法之女，且歌且舞见佛世尊。是时舞师女"犹放娇慢，放逸戏耍，不敬如来。尔时世尊，即以神力，变此舞女为百岁老母，发白面皱，牙齿疏缺，俯偻而行。""舞女及其父母，即於佛前，求索出家(参见《撰集百缘经》卷八)。

⑨ 梵豫王施谷。见於第8窟券顶右(西)侧壁。画面为：佛左侧立一瘦弱老婆罗门，左手执杖，右手前伸上举乞物(插图一三〇)。

波罗捺国王名梵豫，此国丰乐无极。占相者谓，"天当亢旱，满十二年，苗稼不收，人民饥饿。"王令计仓藏谷，"各得一升，足供六年，死亡者众。唯王单已所食谷分，有升在。有婆罗门，在后来至，前白王言：唯我一人，独不得谷，命在旦夕，愿王今者，所可分谷，见赐少许。时梵豫王，闻是语已，""即减半谷，施婆罗门。"时天帝释复化作一婆罗门，"拄杖羸瘦馀命无几，来诣宫门，从王乞索。王自念言：我今此身，施与不施，令当归死。作是念已，宁就惠施，利益众生，死无悔恨，唯有所食一升谷分，施婆罗门"(参见《撰集百缘经》卷四)。

⑩ 系六种众生缘。见於224窟券顶左(东)侧壁。画面为：在佛左侧，六种动物上下驰走。头上方为一鸟，左上方为一猴，猴后为一蛇。左侧为一狗，左下方为一野干，佛座下水中为失收摩罗(插图一三一)。

"世尊告诸比丘，譬如士夫游空宅中，得六种众生。一者得狗，即执其狗，系著一处。次得其鸟，次得毒蛇，次得野干，次得失收摩罗，次得猕猴。得斯众生悉缚一处。其狗乐欲入村，其鸟者常欲飞空，其蛇者常欲入穴，其野干者乐向冢间，失收摩罗者常欲入海，猕猴者欲入山林。此六众生悉缚一处，各各嗜欲到所安处，各不相乐於他处所。而系缚故，各用其力，向所乐方而不能脱。如是六根，种种境界，各各自求所乐境界，不乐馀境界"(参见《法苑珠林》卷四十六，引《杂阿含经》)。

⑪ 长老比丘在母胎中六十年缘。见於104窟主室券顶左(北)侧壁。

210

画面为：佛右侧有一长圆形物，内画一小儿团身屈体，与之相对者为长髯下垂之老年。白色象征胎胞(插图一三二)。王舍城一长者娶妻，后怀胎十月，子不肯出。寻又有娠，足满十月，生下一子。先怀妊者，住在右胁。先后产九子，唯先一子，"故在胎中，不得出外，其母极患。""其母於时，不免所患，即便命终。时诸眷属，载其尸骸，诣於冢间，请大医耆婆，破腹看之。得一小儿，形状如故。头鬓皓白，俯偻而行。四向环顾，语诸亲言：汝等当知，我由先身恶口，辱骂众僧故，处此生熟藏中，经六十年。受是苦恼，难可回当"(参见《撰集百缘经》卷十)。

⑫　比丘思女人见其身形臭烂欲想释解缘。见於205窟主室券顶右(西)侧壁。画面为：佛左跪一比丘，双手持长巾，内置头胪、白骨。佛座下方，仰卧一女人，一只恶狼在俯首咬食(插图一三三)。此图在克孜尔石窟仅一见。似是表现：乞食比丘於江边乞食。上流岸边冢间有新死女人，风吹头发入比丘钵中。比丘见发"便生想念。此发如是，人必妙好。""便起欲心，顺水寻求，想见颜色，追求不已。见一女人，狐狼已噉其半，身形臭烂，其发发犹存。执发比之、长短相似。问者欲想，释然自解"(参见《分别功能经》卷三)。

3　其它

中心柱窟券顶侧壁，壁画内容除菱格本生和菱形格因缘之外，还有菱格塔中坐佛、菱格坐佛和千佛两种，但数量不多。

(1)　菱格坐佛

菱格坐佛，仅见於126窟。其特点是：菱格中仅画一坐佛，坐於圆形莲座上，以结跏趺坐式居多，少数为交脚坐。佛之两侧，不画其它内容(插图一三四)。这种菱格内的坐佛，与下述之千佛，在内容上已经看不出有什么差别。

在克孜尔石窟还有一种是从菱格因缘向菱格坐佛过渡的形式，这种形式见於第176窟。该窟券顶侧壁，有两种菱格。一是菱格内画一坐佛，坐於莲花座上，莲座露出水面。佛的一侧或一人或一动物。二是菱格中仅画一身结跏趺坐的坐佛。以上两种形式的菱格，并存於一壁。此窟菱格画，既是菱格因缘的简化形式，也是菱格因缘向菱格坐佛过渡的一种式样。以上二窟的菱格画中，不再出现此地流行的方形高座，而以莲座代之。佛的服饰上，除通肩、右袒两式外，还有双领下垂式(插图一三五)。

(2)　菱格塔中坐佛

菱格塔中坐佛，是菱格坐佛的另一种形式。它是在菱格内以塔为背景的菱格因缘的简化形式，见於97窟。坐佛画在塔内，因而菱格也相应变长，高与宽之比，约为二比一。佛於塔中，结跏趺坐。塔刹两侧悬幡，相轮下为覆钵。塔身部分，佛头上方有拱券形龛楣，两侧立有龛柱。塔身两侧有敞开的木门。塔基正面有踏步，下为水池(插图一三六)。菱格内除塔和坐佛外，不画其它内容。所以诸菱格皆是雷同的塔中坐佛。菱格中的内容，除去多

一三二　第104窟券顶左　长老比丘
于母胎中六十年缘

一三三　第205窟券顶右　比丘
悬念释解女尸缘

一三四　第126窟券顶　菱格坐佛

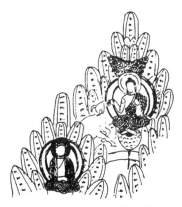

一三五　第176窟券顶　菱格坐佛

一三六　第97窟券顶　菱格塔中坐佛

一三七　第180窟券顶　千佛

数以塔作为背景外,其馀和菱格坐佛也已没有什么重大的区别了。

（3）千佛

券顶侧壁画千佛的中心柱窟,仅见180和197两窟。107B窟,甬道诸壁均画千佛,推测已崩毁的券顶侧壁亦应为同一题材。千佛的特点是,不再以菱形山峦为背景,壁面上画出上下、左右成排的矩形。千佛画在边栏内,坐式全为结跏趺坐,佛座均为简化半圆形莲座(插图一三七)。佛的袈裟为右袒、通肩、偏衫和双领下垂四式并见。

三　中心柱窟后室、甬道壁画

甬道壁画,是指中心柱窟左、右甬道、后甬道(或后室)的各侧壁所绘的壁画。甬道这一特定部位,所画壁画的内容、表现形式以及各种题材的组合方式,都有鲜明的特色,与主室侧壁、券顶处的壁画有显著的区别。甬道壁画,是中心柱窟壁画中的重要组成部分。以下从甬道侧壁壁画内容、甬道顶壁画内容及甬道壁画的组合形式三方面,分别说明如下。

（一）　甬道侧壁壁画

壁画的内容主要是佛传,此外还有舍利塔、三佛、立佛、列像、千佛、五趣轮回图、本生、供养人像等。现分别说明如下。

1　佛传

关於克孜尔石窟的佛传壁画,将有专文详述。故本文在内容方面一般从略。

①　涅槃

这是后甬道壁画的主要内容,几乎每窟都有。大多绘在后甬道后壁。第58窟将涅槃画在后甬道前壁,是仅见的一例。凡后室后壁凿出涅槃台的中心柱窟,涅槃相多为塑像,但都已残毁无存。仅存的一例是克孜尔千佛洞文物保管所於1973年发现的新1窟(位於69窟西侧),后室尚存涅槃塑像一躯。佛头大部风化剥落,身躯部分尚能看到凸起的尖棱状衣纹。

涅槃图中,佛均作"北首右胁卧,枕手累双足"(《佛所行赞》卷五)的卧相。画面繁简不一,最简单的画面是:一卧佛和一作跪状的老比丘,馀无其它内容,如第7窟。一般画面为:在卧佛右上方画出诸天、菩萨、弟子多身。在较复杂的画面中,在佛床周围又加入须跋陀罗身先入灭;迦叶后至,佛现双足;摩耶夫人自忉利天降,视佛涅槃等内容。如179窟后甬道后壁的涅槃图中,佛头左上方站立阿难,左下方立摩耶夫人,佛床下为须跋陀罗身先入灭。

②　荼毗焚棺

画面表现佛涅槃后,弟子"以五百斤上妙氍絮以用缠身,上下各有五百妙衣以为装饰,於铁棺中满盛香油,异王置内,然后盖棺。以诸香木焚烧其棺,次洒乳香以灭其火,方收王骨安置金瓶"(参见《根本说一切有部毗奈耶杂事》卷三十七)等等茶毗焚棺的场面。焚棺图多画於后甬道前壁，与涅槃图相对。画面繁简差异较大。其简略者如7窟，仅画出一长方形棺，棺盖紧闭，棺下火焰升腾。一般画面多画成棺盖半启，露出棺内佛的身躯。棺的四周画二、三弟子作悲痛欲绝，自投於地，宛转号咷，不能自制的悲哀之态。有的还画出一弟子手执一棍，前端捆一罐，於棺上洒乳香灭火的情景(如第114窟后甬道后壁)。棺的上方，画出一列舍利塔8至10座。比较复杂的画面中，在棺上方画出多身举哀天人，作种种哀伤之态(如第8窟，参见插图一三八)。第224窟后甬道前壁的焚棺图，画面最为复杂。图中棺盖半启，露出卧佛身躯。棺四周为举哀弟子、天人多身。在图的上方画出一列世俗信徒举哀的场面。世俗信徒计十一身，作种种"哀号相泣、裂裳、拔发、拍额、推胸"，"劈面截耳"(参见《大唐西域记》卷三及玄奘序)等悲哀痛不欲生之状。以表现"诸男女长幼，怀悲毒狂乱，或擘裂衣裳、痛感口自啮；或自撼头发，爬殴坏面目；又复无数人，懊恼自投掷；推胸向天呼，叹佛德无量"(《佛本行经》卷七)等大众悲啼哀伤的情景(插图一三九)。在焚棺图中表现世俗信徒举哀形象的，还见於227窟。

③ 八王分舍利

八王分舍利图，一般多画於左甬道内侧壁，或后甬道前壁。少数洞窟画在后甬道后壁。画面较简单者，仅画出直性婆罗门居中，双手捧持舍利罐，两侧为三或四身天人，手捧舍利盒，如第80窟。较复杂的画面，同时画出六或八王，著甲胄、乘象马、持兵杖围於城前，共争舍利的场面。如第8窟(插图一四〇)。207窟在左甬道内侧壁画分舍利，左甬道外侧画众王前来争舍利。用两幅画面表现八王分舍利这一内容，此窟是仅有的一例。

《大唐西域记》卷六：

"佛入涅槃后，涅叠般那已，诸入国王备四兵至，遣直性婆罗门谓拘尸力士曰：'天，人导师此国寂灭，故自远来，请分舍利。'力士曰：'如来降尊，即斯下土，灭世间明导，丧众生慈父。如来舍利自当供养，徒疲道路，终无所获。'时诸大王逊辞以求，既不相允，重谓之曰：'礼请不从，兵威非远。'

一三八　第80窟后室前壁　茶毗焚棺图

一三九　第224窟后甬道前壁　焚棺图中的世俗信徒举哀场面

一四〇　第8窟后室前壁　八王分舍利图

213

直性婆罗门扬言曰：'念哉！大悲世尊忍修福善，弥历旷劫，想听具闻，今欲相凌，此非宜也。今舍利在此，当均八分，各得供养。何至兴兵！' 诸力士依其言，即时均量，欲作八分"。克孜尔石窟中心柱窟的八王分舍利，表现的正是这一内容。

④　阿阇世王闻佛涅槃闷绝复苏

这是一个有趣而又引人注目的题材。

《根本说一切有部毗奈耶杂事》卷三十八：

(大迦叶波)"即命城中行雨大臣：'仁今知不佛已涅槃。未生怨王信根初发，彼若闻佛入涅槃者，必呕热血而死，我今宜可预设方便。即依次第而为陈说：仁今即可诣一园中，於妙堂殿如法图画佛本因缘：菩萨昔在睹史天宫，将欲下生观其五事；欲界天子曰净母身，作象子形托生母腹；既诞生之后逾城出家；苦行六年坐金刚座，菩萨树下成等正觉；次至婆罗尼斯国为五苾刍三转十二行四谛法轮；次於室罗伐城为人天众现大神通；次往三十三天为母摩耶广宣法要；宝阶三道下赡部洲；於僧羯奢诚人天渴仰；於诸方国在处化生；利益既周将趣圆寂，遂至拘尸那城婆罗双树，北首而卧入大涅槃。如来一代所有化迹既图画已，次作八函与人等量置於堂侧。前七函内满置生苏，第八函中安牛头栴檀香水。若困驾出可白王言，暂迁神驾躬诣芳园所观其图画。时王见已问行雨言此述何事，被即次第为王陈说一如图画。始从睹史降身母胎，终至双林北首而卧。王闻是语即便闷绝宛转於地。可速移入第一函中，如是一二三四乃至第七，后置香水王便酥息。' 是时尊者次第教已往拘尸那城。行雨大臣一如尊者所教之事次第作已。时王因出，大臣白言：'愿王暂迁神驾游观园中。' 王至园所见彼堂中图画新异，始从初诞乃至倚卧双林。王问臣曰：'宜可世尊入涅槃耶？' 是时行雨默然无对。王见是已知佛涅槃。即便号咷闷绝宛转於地。臣即移举置苏函中，如是至七方投香水，从此已后王渐酥息。"

这一故事，绘在克孜尔中心柱窟中，共出现有八次，即4、98、101、178、193、205、219、224等窟。而其中绘在205窟右甬道内侧壁的一幅最为精彩，可惜此画已被德人割走(现附图一四一，供参看)。图中右上方，行雨大臣双手执一幅表现佛一生化迹的帛画，向阿阇世王展示，次第讲说。阿阇世王知佛涅槃闷绝於地，便被置於盛满生苏的澡罐中，令其复苏。画中阿阇世王正在罐中，双臂上扬。右上角的一个澡罐旁有一牛头和钵，以示为牛头栴檀香水罐。图的左侧为阿阇世王坐於宫内，旁有夫人、侍者。右侧坐一人向王讲说，从服饰上判断，当为行雨大臣。下部和右下方分别画出伞杆摧折，宝盖坠地和须弥山崩毁的景象。这些可能是阿阇世王惊梦的内容。行雨大臣所执帛画，以树下诞生，鹿野苑初转法轮、降魔和成道四个画面，象徵佛的一生化迹。此图构图紧凑完整，概括地表现了佛的一生(插图一四二)。

第224窟的画面比较别致，它没有直接表现阿阇世王观佛化迹以至闷

一四一　第205窟右甬道内侧壁　阿阇世王
闻佛涅槃闷绝复苏

绝的场面,而以阿阇世王与行雨大臣骑马入园的情景来表示,画面构图与其它数窟迥然有别。

有趣的是,这一题材毫无例外地都绘在右甬道的内侧壁,看来画面位置有固定的格局。还应指出的是,这一题材在全国石窟中,也仅出现在克孜尔石窟,这是一个值得注意的问题。

⑤　第一次结集

《大唐西域记》卷九:

"既而法王去世,人、天无导,诸大罗汉亦取灭度。时大迦叶作是思惟、承顺佛教,宜集法藏。於是登苏迷庐山,击大犍稚,唱如是言:'今王舍城将有法事,诸证果人宜时速集！'犍稚声中传迦叶教,遍至三千大千世界,得神通者闻皆集会。"

表现第一次结集的画面,见於114、178和224窟。114窟画於后甬道后壁的右侧,178窟和224窟则画於右甬道外侧壁。第178窟的壁画,由南、北并列的两幅画面组成。北者画面的构图如示意图。

一四二　第205窟右甬道内侧壁　复苏壁画
中之佛传四相图特写

北
```
┌─────────────┐
│ d      f g  │
│   a    b    │
│ e           │
│ h      c    │
└─────────────┘
```
```
┌─────────────┐
│ b         d │
│      a      │
│ c         e │
└─────────────┘
```
南

图中a为一老比丘居中坐;b、c为二比丘,面向a合十;d为一老比丘,祖右肩,左肩担一长竿,右手提一锤状物;e、h为二比丘,面向a合十;f、g二比丘,身体横於空中,如飞天状飞来。此图以老比丘为中心。当是表现迦叶集众以结集法藏。南者是另一幅独立的画面,构图如示意图。图中共五个比丘。a为一年轻比丘,祖右肩　端坐於座上作说法状;b、c、d、e四比丘均面向a,合十听讲。此图中a为一年轻比丘,显然不是迦叶。似是阿难升高座,

一四三　第7窟后甬道左壁　善爱
犍闼婆王归佛缘

讲述佛所说经藏。"时具寿阿难陀既欲说法。五百阿罗汉各各皆以僧伽衣敷其座上。时阿难陀四边顾望。""便作是念,我於佛所亲闻是经,或有传说或龙宫说,或天上说,悉皆受持而不忘失。我今应说。时诸天众互相谓曰,仁等当知,圣者阿难陀,将欲宣畅如来所说经法,当一心听"(参见《根本说一切有部毗奈耶杂事》卷三十九)。

⑥　三道宝阶

《大唐西域记》卷四:

"昔如来起自胜林,上升天宫,居善法堂为母说法。过三月已,将欲下降。天帝释乃纵神力,建立宝阶。中阶黄金,左水精,右白银。如来起善法堂,从诸天众履中阶而下。大梵王执白拂,履银阶而右侍;天帝释执宝盖,蹈水精而左侍,天众凌虚,散花赞德。"

佛自三道宝阶降,见於4、98、178、179、224等窟。此图都画於右甬道外侧壁。画面多为中立一佛像,一手托钵。上方为宫殿建筑,左、右上方有执盖、持拂的天王,左下方画二至四身跪状礼赞的天人。一般在左下角画出宝阶。

⑦　度善爱犍闼婆王

内容与菱格因缘中的同一题材相同,可参见前述内容。

见於4、7、13、80、98、163、172、178、179、224等窟。画面为两身并立的等身高立像。右侧为女装,夹持一箜篌作弹奏状。左侧为一半裸的男像,将左肩倚於女像肩上(插图一四三)。这一内容,都画在后甬道左端壁,即涅槃像的佛头一侧。画面位置是固定的,与佛涅槃关系密切。因为度善爱犍闼婆王是在佛行将入灭时,"时天帝释复告乐神曰:'汝今当知,大觉世尊最后而卧,必般涅槃可兴供养。'""尔时世尊,复为说法示教利喜已,即便入定天宫处没,还至双林最后卧处"(参见《根本说一切有部·毗奈耶杂事》卷三十七)。

⑧　降伏火龙

内容参见菱格因缘部分。

见於63、175、192、199等窟。画於右甬道内侧、外侧壁或后甬道前壁。画面为:佛作结跏趺坐,胸部缠龙。右侧有人持水瓶向佛头顶倒水,左侧有持瓶登梯者,有於水边以瓶汲水者。第175窟右甬道外侧壁,降伏火龙这一内容,用塑、画结合的方式表现。佛坐於圆拱形龛内,原塑像已毁,但龛内壁上仍有绕佛体之龙的头部。龛外壁面上画出婆罗门於水边以瓶汲水的场面。

⑨　提婆达多投石伤佛

内容参见菱格因缘部分。

仅见第175窟一例,在左甬道外侧壁。佛坐於龛内,原塑像残损无存。龛外左侧画提婆达多举巨石於龛顶处,作以石砸佛状。

⑩　降伏恶牛

仅见于192窟左甬道内侧壁一例。内容参见菱格因缘部分。画面为,右侧上方一比丘,右臂上举作惊恐状。其下为结跏趺坐佛一身。左下方一只恶牛,双腿前伸,腾空跃进,以双角牴向上方比丘。此牛脚下有一兽,扑向恶牛咬住牛腿。据画面情节,似是佛降伏恶牛。

一四四　第175窟后甬道左壁
树下诞生　七步生莲

⑪　树下诞生

见于99窟右甬道外侧壁和175窟后甬道左端壁上方。画面为:摩耶夫人立于无忧树下,右手上举扶树,左手扶持一女人肩。右胁处太子从母胎出。画中为一小儿,头朝下。左下方天帝释持天缯承接太子。右侧另跪一人(插图一四四)。画面的构图与205窟中的行雨所持帛画中树下诞生场面相同。

⑫　七步生莲

见于99、175二窟,位置与树下诞生同。画面相接,为一裸体小儿,足下生二大莲花,地上另有莲花五朵。左侧跪一人,立一人(插图一四四)。画面表现"菩萨生已,无人扶持,即行四方,面各七步,步步举足,出大莲华"(参见《佛本行集经》卷八)的情景。

⑬　龙浴太子

见于99窟,与七步生莲画面相接。画面为:一裸体小儿站立,头顶有龙头吐水。右侧跪一人,立一人。表现"二笼踊出、住虚空中,而各吐水,一冷一暖,以浴太子"(参见《大唐西域记》卷六)的情景。

⑭　出游四门

见于99窟左甬道外侧壁和175窟后甬道右端壁上方。175窟的画面构图如示意图。图中a为太子,骑于白马b上。c为一仰卧在地的病人。d是一弯腰曲背的老人。e为一站立的比丘,一手托钵。f处为二人肩抬一死人。此图将太子出东门遇老人,出南门见病人,出西门遇死人,出北门见僧人四个不同地点的情景,集中在同一画面中。

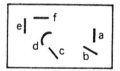

⑮　厌欲出走

见于99窟,与出游四门画面相接。画中太子坐于方座上,以手托腮作思惟状,左上方一裸体采女仰卧而睡,右下方一采女坐地而眠。画面表现太子"观察诸采女身,复更思惟:我今分明见如是相,应当欢喜,勇猛勤劬,发精进心,增长福德。起弘誓愿,济拔世间无救众生为作救护,无养育者为作归依,无舍众生为作宅室。今所办事已现我前,不久决当得果斯愿"(参见《佛本行集经》卷十六),即将离宫出走时的情景。

2　其它

甬道侧壁壁画题材除佛传外,还有五趣轮回图、本生故事、舍利塔、列像立佛、三佛、千佛、供养人像等。

①　五趣轮回图

在克孜尔石窟,仅见于175窟在甬道内侧壁。

关于五趣轮回图的形式和内容,《根本说一切有部毗奈耶》卷三十

217

一四五　第175窟左甬道内壁
五趣生死轮回图　舆尸

一四六　第175窟左甬道内壁
五趣生死轮回图　奏乐

一四七　第175窟左甬道内壁
五趣生死轮回图　舞乐

一四八　第175窟左甬道内壁
五趣生死轮回图　制陶

【注7】　图中1、2、3……数字，为坐佛或立佛。箭头所指，即是该佛像所指画面。相应画面标为1'、2'、3'……，以与佛像对应。以下编号顺序，分别说明画面内容。

218

四有如下记载：

"应随大小圆作轮形，处中安毂，次安五辐表五趣之相。当毂之下画捺洛迦，於其二边画傍生恶鬼；次於其上可画人、天。於人趣中应作四洲：东毗提诃、南瞻部洲、西瞿陀尼、北拘卢洲。於其毂处作圆白色，中画佛像。於佛像前应画三种形：初作鸽形，表多贪染；次作蛇形，长多瞋恚；后作猪形，表多愚痴。於其辋处应作灌溉轮像，多安水罐画作有情生死之像。生者於罐中出头，死者於罐中出足。於五趣处各像其形，周圆复画十二缘生生灭之相，所谓无明缘行乃至老死。无明支应作罗刹像，行支应作瓦轮像，识支应作猕猴像，各色支应作乘船人像，六处支应作六根像，触支应作男女相摩触像，受支应作男女受苦乐像，爱支应作女人抱男女像，取支应作丈夫持瓶取水像，有支应作大梵天像，生支应作女人诞孕像，老支应作男女衰老像，病(支)应作男女带病像，死支应作舆死人像，忧(支)应作男女忧感像，悲支应作男女啼哭像，苦支应作男女受苦之像，恼(支)应作男女挽难调骆驼像。於其轮上应作无常大鬼，蓬发张口，长舒两臂抱生死轮。於鬼头两畔书二伽陀曰(略)。次於无常鬼上应作白圆坛，以表涅槃圆净之像。"

第175窟的五趣轮回图，中间为一坐佛。祖右肩，右手前举扬掌，左手在腿部握袈裟一角。双腿作结跏趺坐，下为圆形莲座。肩部有放射状光焰。佛的身后和四周画出三个大圆。佛座以下壁面和右侧局部壁画残去。在三个圆的环状壁面上，分别画出坐佛或立佛多身，佛以手指其前的一幅画面。整幅图由多幅这类画面组成。

为了叙述画面的方便，现将该图各组画面编号如示意图【注7】。

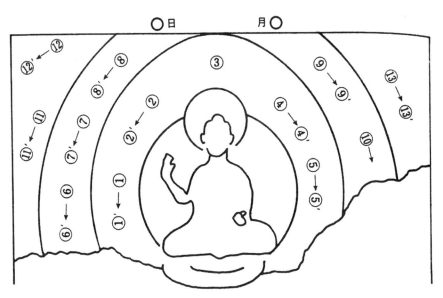

① 立佛。①' 为舆死人像。二人以手举抬一板，其上卧一死人。前有二人，后有一人作涕泣状(插图一四五)。

② 交脚坐佛。②' 中坐一人，坐於方形高座上，左右交脚坐二伎乐，均著女装，右者弹琵琶，左者吹排箫(插图一四六)。

③ 此处为七身坐佛，中间者较大作交脚状，扬右臂伸向右下方。左右各为三身坐佛，双手皆置於腹部，头微俯，面向中间佛，作听法状。

④　立佛。④'右側为一裸体舞女,扬臂、折腿作起舞状。左側二人,坐於方座上,一弹箜篌,一弹琵琶伴奏(插图一四七)。

⑤　立佛。⑤'一人交脚坐於高座上。右立一人,手似合十,右下方坐一人。

⑥　立佛。⑥'左側一人交脚坐,双手上举,作摆动状。前跪一人,以手持刀,似在宰杀动物。右立二人。一人舒腿坐,似在剥皮,另一人似手提一物。

⑦　立佛。⑦'左側一人坐於地上,以手执一矩形框状物作操作状。右下方为一陶师手执一棍伸於火中,旁側有三只双耳罐(插图一四八)。

一四九　第175窟左甬道内壁
五趣生死轮回图　牛耕

⑧　立佛。⑧'一人驱赶二牛,拉犁耕地。耕者左手扶犁,右手扬棒喝牛(插图一四九)。

⑨　立佛。⑨'二半裸人,各执锄翻地(锄形极似现代维吾尔族习用之砍土镘)(插图一五〇)。

⑩　立佛。相应画面残去。

⑪　立佛。⑪'一兽咬食另一兽,右側立一象,上方有一鸟(孔雀),旁立一兔(插图一五一)。

⑫　立佛。⑫'五身裸体人,扬臂哀伤,众人下有炽然烈火。裸人或立、或跪、或卧。

⑬　交脚坐佛。⑬'一半裸瘦老人,立於烈焰之中。

一五〇　第175窟左甬道内壁
五趣生死轮回图　锄地

以前引经文与本图对照,可以发现画面多处与经文相合。如图中心毂处画坐佛。"次於其上(按:当指毂处)可画人、天。"图中主要表人趣、天趣,它们恰在毂处位置上。"圆周复画十二缘生生灭之像。"图中各组画面,似是象徵十二缘生生灭之像。如死支的舆死人像,悲支啼哭像、行支的瓦轮像(陶师制陶),恼支的挽骆驼像(图中挽牛),苦支的锄地受苦像等。据此判断,此图似是五趣轮回图。

⑭　本生、因缘故事

甬道側壁全部画本生、因缘的洞窟,仅206窟一例。此窟於左、右甬道内、外側壁,画菱格本生、因缘。左甬道内側壁的菱格布局如示意图。

一五一　第175窟左甬道内壁
五趣生死轮回图　斗兽

①

②　③　④　⑤

⑥　⑦　⑧

⑨　⑩　⑪

其中⑨、⑩、⑪被挖去。故事内容可辨识的有:⑥象王本生。⑧大施抒海。⑩舍身闻偈等。其中⑤的内容,为别窟所不见。画面为佛的左側画一圆,沿圆周画出马、鸡、猴、象、羊、狗六个兽头。据画面,疑是十二兽教化。闫浮提外东方海中有一毒蛇、一马、一羊,南方海中有一猕猴、一鸡、一犬;

西方海中有一猪、一鼠、一牛；北方海中有一狮子、一兔、一龙。"是十二兽昼夜常行阎浮提内，人天恭敬功德成就。已於诸佛发深重愿。一日一夜常令一兽游行教化，馀十一兽安住修慈，周而复始"(参见《经律异相》卷四十七)。画中的六兽头，除象头不见於经文外，馀者与经文同。

在甬道侧壁画因缘和本生的洞窟，还有175窟。甬道外侧侧壁上部为列龛，塑、绘因缘，已如前述。在龛以下壁面则画本生。画面为矩形。右甬道外侧壁，画面共四幅，其中南起第二幅为：中一夜叉，双手捉持小儿，入口咬食。此为修楼婆王本生。其馀画面虽多已漫漶不清，但由此亦可推知，龛下壁画均应为本生。

③　立佛、列像

在甬道侧壁画立佛或列像的洞窟，布局情况不一。

在甬道侧壁画立佛像，数目多寡不一。其少者，仅於外侧壁画一身立佛，如17窟右甬外侧壁，该立佛的背光中画出多身化佛。在一甬道外侧壁画三立佛或二立佛。如27窟、123窟。在左、右甬道外侧壁均画立佛或菩萨像，如58、69、163、192等窟。

在左、右、后三甬道各侧壁，均画立佛或菩萨。如100窟，三个甬道的内、外侧壁皆为主佛，计十六身。176窟的左、右、后甬道侧壁画立佛和菩萨十四身。立像成为甬道侧壁的主要绘画题材。

於甬道外侧壁塑立像。新1窟右甬道外侧壁，残存一立佛二菩萨。第63窟左、右、后甬道的外侧壁，全塑立像。塑像已残去，壁面上残存有固定塑像的木桩凹孔。

④　三坐佛

仅见於206窟后甬道前壁，三佛均为结跏趺坐。中间坐佛，著白色袈裟。

⑤　舍利塔

於甬道侧壁画舍利塔，见於7、13、17、38、80、97、107A、171、172、186等窟。

7、13窟左、右甬道内外侧壁，各画舍利塔一列。塔刹悬二或四幡。塔身正面龛内，放置尖顶盖舍利盒。塔内均不见佛像。

38窟的后甬道前壁，舍利塔内均画舍利盒，但左、右甬道内外侧壁，舍利塔内为坐佛一身。从壁面上可以看出，舍利塔中的坐佛，是由塔中置舍利盒改画而成。这种改画痕迹，也见於17窟。从壁画风格看，这种改画大约是原开窟修改画稿时所改。但这一迹象表明，塔中置舍利盒这一形式，当比塔中画坐佛的形式要略早，或者说，后者是从前者变化而成的。

97、107A、171、172、186等窟的舍利塔，全为塔内画坐佛这单一式样。壁画上，各塔之间有直线边栏分隔。在基座的正面，多画出踏步。

⑥　千佛

在左、右、后甬道的诸侧壁遍画千佛，见於107B窟、180窟、197窟。千佛形象同於券顶壁画。

⑦ 供养人像

甬道内、外侧壁画供养人像,多画於左、右甬道的内侧壁或外侧壁,见於7、8、27、101、104、175、184、195等窟,而其中又以世俗信徒供养像居多。供养比丘或比丘尼像均自成一列,不和世俗供养人像混合排列。

(二) 左右甬道顶壁画

左右甬道顶部的壁画,内容较为简单,一般是饰装性图案,以菱形格图案居多。其中也有和主室券顶壁画可以参照比较的内容。择其中几项,略为说明之。

左、右甬道顶中脊画天象,仅见於新1窟。其左甬道顶残存蛇形龙、风神、蛇形龙、日天(四周环绕四只天鹅)。右甬道顶残,其北端连接后甬道顶处,残存一月天,画面为圆月中一兔。

第171、195、199窟左右甬道顶,均画飞鸟一列。

左、右甬道顶中脊画立佛像,见於58、63、97、99、163、179、193、198等窟。立佛多为一手托钵,一手执禅杖。

於左、右甬道顶的侧壁画本生故事,仅见於198窟。画面均作横长方形构图,每幅画中表现两个情节。画面大多被刻划残损。现据画面残迹,分别说明其情节与内容。

左甬道顶东侧壁,北端画面残甚,内容不明。南端为大施抒海。画面为绿色海水中,红色小鱼游动,中立一裸体人,双臂向下掏海。右立一天人,头上有数蛇头。右立一人,上方二飞天。

左甬道顶西侧壁,北端为须大拏本生。画面右侧为一婆罗门,伸手求乞。太子作跪状,左立二小儿。左侧,二小儿双手被捆於背后,其后随行一婆罗门。南端画面,情节不明。

右甬道顶东侧壁,北端为月光王施头。画面右侧,树下立一人,以发绕於树上。旁跪一人。左侧立二婆罗门,旁跪一人。南端为尸毗王割肉贸鸽。画面左侧,一人坐於座上,胸前有一蓝色鸽子,右上方飞来一鹰,其左立一人。右侧立一人,似在以刀割肉,右下方站一老鹰。右立一人,抬腿登秤盘,旁立一人。

右甬道顶西侧壁,北端为光明王本生。画面左侧,立一象,象前立数人。右侧一人骑於奔象上,双手提树,树下立一人。南端为睒子本生。画面左侧,一王以箭射二奔鹿。中间一人以水瓶汲水。右侧坐二老人。

右、后甬道顶画七宝示现,仅见於第123窟(德人称衔环鸽子洞——Höhle mit den ringtragenden Iauben)。壁上画出金轮宝、白象宝、绀马宝、神珠宝、玉女宝、居士宝和主兵宝(插图一五二)。壁画全部已被德人揭去。

金轮宝
白象宝
绀马宝
神珠宝
玉女宝
居士宝
主兵宝

一五二 第123窟 七宝示视

221

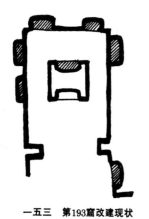

一五二 第229窟平面与断面图 券顶云头图案

一五三 第193窟改建现状

四 中心柱窟主室券顶及后室

壁画题材的演变

见於克孜尔中心柱窟主室券顶和后室的壁画,大体已如前述。中心柱窟在克孜尔石窟和龟兹其它诸石窟中,都是年代延续较长的一类洞窟。因此窟中壁画的表现形式和题材内容,必然会因时间的不同而有所变化。当我们探讨它的演变特点时,自然要涉及到克孜尔石窟以及中心柱窟的分期和年代问题。过去国内外一些学者,曾从不同角度对克孜尔石窟的分期提出种种推测和意见,结论不甚一致。近年北京大学历史系考古专业的石窟考古实习组,在有关部门的支持与协助下,对克孜尔石窟进行调查、记录、测绘和部分洞窟的清理等工作。就中,有关克孜尔石窟部分洞窟的阶段划分与年代等问题,宿白先生已撰写了《克孜尔部分洞窟阶段划分与年代等问题的初步探索》论文[注8]。文中根据部分典型洞窟的类型与组合关系,并参照若干洞窟打破关系和 C^{14} 同位素测定的洞窟年代,将洞窟初步划分为三个阶段,即:

第一阶段　　　大约接近於310±80—350年±60年;

第二阶段　　　大约接近於395±65—465±65年以迄六世纪前期

第三阶段　　　大约接近於545±75—685±65年及其以后

这样划分的三个阶段,或暂称为三期,也同样适用於中心柱窟。

第三阶段的下限,有可能延续到八世纪下半叶。这里补充一个窟例作为证明。

在后山区的229窟,我们发现这个方形纵券顶的小窟中,有两点迹象过去未被人们注意。一是在窟形上,此窟侧壁与纵券顶衔接处,没有转折成直角的叠涩或圆形的凸棱,这在克孜尔石窟的纵券顶方形窟和中心柱窟中,都是不见的特例,但在龟兹其它石窟年代较晚的洞窟中可以找到一些相似的实例。其二是该窟壁画的细部中出现了明显的汉式云朵。此窟纵券顶的中脊处,画二立佛像与一坐佛像相间排列几组佛像,在坐佛与立佛之间画以汉式云朵相间(插图一五三)。这种云朵的式样,是汉地绘画式雕刻中很习见的形式。它在克孜尔石窟中仅仅见于此窟。但在库车库木吐喇石窟被公认为具有汉族画风的洞窟中,则是比比皆是,在敦煌莫高窟内就更为普遍了。从云朵形式的比较中可以看出,这种云朵相当於内地石窟的盛、中唐时期,即约为八世纪的下半叶。由此可以推断229窟的年代当不会比此更早。那么中心柱窟的第三阶段的年代下限当亦与此相近。

宿白先生论文列举了几种洞窟之间的打破关系,它们是确定有关洞窟早晚的确凿证据。除了洞窟之间的打破关系外,我们还发现在洞窟内存在若干局部改建或壁画重绘的实例,前人於此鲜有注意者,这样往往容易将不同时期的壁画混淆在一起。笔者举出见於中心柱窟的两个窟例加以说明,以期引起人们对这一迹象的注意。非中心柱窟中的情况,此处从略。

在中心柱窟内进行局部改建,第193窟是个典型的例子。该窟的右甬道外侧壁和后甬道诸侧壁凿有小龛,其现状如插图153所示。我们从小龛和龛外的壁画重叠打破关系,可以断定小龛是后来加凿的,现分述理由如下:

从现状看,左右甬道小龛的布局不对称,与通常对称凿龛的惯例不合,此其一;

右甬道外侧壁和后甬道右端壁上的小龛,将该壁原有壁画打破,壁面上原画的两条连续花纹带被隔断、破坏,此其二;

小龛内壁画下为红色泥层,红泥层延至龛外,盖住龛外原有壁画。而龛外原有壁画下的泥层为灰黄色,与龛内红色泥层颜色迥异,此其三;

后甬道前壁小龛外左侧,壁面画一龙头,这种龙头一般均画於茶毗焚棺图中,是棺盖上的装饰物。此壁上原画之棺材已被小龛破坏,故仅存龙头。在龛右侧仍能见到焚烧棺材的火焰纹。据此可知,原画茶毗焚棺图被后加凿之小龛破坏。小龛凿出后,龛内曾塑像(今已不存),故又在龛下加画方形高座。新壁画与原有壁画重叠,此其四;

前室东侧壁有一小龛,龛内抹红色泥层,与甬道内加凿小龛之泥层相同,此龛也应是后来加凿的,此其五。

以上诸证表明,193窟原为主室正壁开一龛的中心柱窟,后来在窟内进行局部改建,加凿了小龛。

在窟内壁面上重绘壁画,有两种情况。一是在原有壁画上不加敷泥层而直接重画,因此重层迹象不明显,极难区分。前述之193窟后甬道前壁龛下重层壁画,即属於此类情况。另一种情况是,在原有壁画上加抹泥层,然后再绘壁画,其实例见於第69窟主室左右侧壁的北端。这些局部改建和局部重绘壁画,多出现在第二、三阶段中。我们在考察洞窟壁画的布局和题材内容时应该注意加以区分。

以下我们根据对克孜尔石窟初步划分的三个阶段的顺序,将中心柱窟主室券顶和后室壁画题材内容的演变,概述於后。为了与洞窟形制相对照,对窟形的特点也略作说明(详见前引宿白先生论文)。

第一阶段(早期)中心柱窟:

洞窟形制上,主室顶部均为纵券顶。洞窟平面,主室与后甬道等宽或主室宽於后甬道。均无后室,皆有与左、右甬道同高的后甬道。主室顶部与侧壁连接处,均为一层叠涩。主室和左、右甬道侧壁均无龛;主室后壁均凿一龛。均无前室。

主室券顶中脊处,壁画题材以天象图为主,组合比较复杂,一般包括日天、月天、风神、蛇形龙、立佛和金翅鸟。券顶侧壁画菱格本生和菱格因缘故事,以本生为主。菱格本生画面中,除表现主题内容的情节外,一般不画装饰性的树木、禽兽等。甬道壁面,在后甬道的前、后壁仅画涅槃或茶毗焚棺，左、右甬道侧壁遍画舍利塔，塔中多画舍利盒，间有画出坐佛的舍利塔。甬道顶部仅画菱格图案，不见其它内容。在个别洞窟的左、右侧壁，出现度善爱犍闼婆王等内容。

第二阶段(中期)中心柱窟：

除沿用早期中心柱窟的形制外，出现许多新形式。主室顶部除纵券顶外，又出现斗四顶、一面坡顶、平棋顶、穹窿顶等不同式样。出现将后甬道扩大加高的后室，有的洞窟并出现前室。洞窟平面、后室和甬道宽於主室的形式成为主流。主室后壁、侧壁和左、右甬道侧壁开凿小龛，列龛的洞窟，数量增多。后室后壁、主室侧壁塑涅槃或立像。主室侧壁与顶部连接形式，除一层叠涩之外，又出现塑出枭混线或加挑梁的复杂形式。有的洞窟在左、右甬道口加作门楣。

主室顶部为纵券顶的洞窟，中脊处壁画天象仍是主要题材。中脊画须摩提女因缘故事的洞窟增多。中脊天象图出现简化的形式，组合趋於简单。券顶侧壁，菱格本生故事画仍在流行，但菱格形式有所变化，出现平顶山峦为边缘的菱格，菱格内装饰性水池、禽兽增多。菱格因缘故事成为券顶侧壁的主要题材。菱格因缘的画面中，出现以塔为背景的构图形式。后室和左、右甬道壁画，除沿用早期中心柱窟的题材之外，出现了许多前所不见的新题材。如第一次结集、佛传中的树下降生、七步生莲、龙浴太子、出游四门、厌欲出家、降伏火龙、提婆达多以石伤佛等。此外菱格本生故事、横幅构图的本生故事以及五趣轮回图出现於左右甬道侧壁。立佛像在甬道侧壁出现并成为一种重要题材等等，这都是中期中心柱窟后室、甬道壁画内容上的新变化。后室、甬道壁画内容显著增多，更加多样化，在题材内容的组合上也出现多种形式，涅槃和舍利盒的简单组合形式仍在使用，但塔中放置舍利盒的舍利塔逐渐消失，被舍利塔中画坐佛的式样所代替，塔的基座正面出现踏步。涅槃、荼毗焚棺、八王争舍利、阿阇世王闻佛涅槃闷绝复苏、佛从三道宝阶降世间的组合，数量显著增多，有的还加入第一次结集的内容。涅槃、菱格本生；涅槃、佛传；涅槃、佛传、本生等组合，都在以涅槃为主的组合中增加了解的题材。佛传、立像；单纯画立佛的组合，不仅以立佛为主，同时把涅槃的内容去掉，这是中期中心柱窟中，出现的新题材、新组合。甬道顶部壁画，除菱格图案外，还出现立佛、天象、本生、飞鸟、七宝等内容。

第三阶段(晚期)中心柱窟：

洞窟形制趋於简化，主室顶部又以券顶为主，主室侧壁与顶部连接形式也变得简单。枭混线、挑梁等细部装饰明显减少。

壁画的题材内容和组合都趋于简化。券顶侧壁，菱格坐佛、菱格塔中坐佛和千佛成为壁画的主要题材，少数菱格因缘故事画，画面情节也简化得无法辨识其内容。后室、甬道壁画题材，以塔中坐佛和千佛为主。除个别洞窟尚画涅槃外，多数洞窟中已不见涅槃像。主室顶部和甬道壁画内容统一起来,变成同一的塔中坐佛或千佛,是晚期中心柱窟壁画内容的新特点。千佛题材成为壁画的主要内容,表明大乘佛教经典题材的影响增多,这是晚期中心柱窟壁画内容最突出的变化。

综观克孜尔中心柱窟的主室券顶和后室、甬道壁画内容,主要是释迦前世种种本生故事。今世本行、教化事迹和因缘、譬喻故事,集中地表现释迦一人。这种情况应是小乘佛教唯礼释迦的一种反映。虽然在克孜尔中心柱窟的中晚期洞窟的壁画中,也出现了千佛之类的大乘佛教的题材,但它在克孜尔石窟中心柱窟的壁画题材中,并不占多大比重。这种情况与龟兹流行小乘佛教的史实,是相吻合的。

《出三藏记集》卷五喻疑第六引僧睿的话谓:"三十六国小乘人也。此衅流于秦地,慧导之徒遂复不信大品。"

同卷《小乘迷学竺法度造异仪记》也说:"外域诸国或偏执小乘,最后涅槃显明佛性,而犹执初教,可谓胶柱鼓瑟者也。"又谓:"故执学小乘,云无十方佛,唯礼拜释迦而已。"

克孜尔石窟中心柱窟的壁画以佛本生故事、因缘故事和佛传故事为主要题材,正是小乘佛教"唯礼释迦"的具体反映。我们还应注意到,在克孜尔石窟的中心柱窟中,涅槃这一题材的壁画,几乎窟窟必有。似乎也是通过"最后涅槃显明佛性"的一种表现。克孜尔石窟中心柱窟的壁画题材内容表明,龟兹主要流行小乘佛教。这点在玄奘的记载中也说得很清楚。

玄奘《大唐西域记》卷一屈支国条,记载七世纪初龟兹的佛教情况是:

"伽蓝百馀所,僧徒五千馀人,习学小乘教说一切有部。经教律仪,取则印度,其习读者,即本文矣。尚拘渐教,食杂三净。洁清耽玩,人以功竞。"

到七世纪末,龟兹佛教仍流行小乘,大乘经典在龟兹仍不被重视。惠英辑的《华严经感应传》引圣历年间(公元698—699年)于阗三藏实又难陀的话谓:

"龟兹国中唯习小乘,不知释迦分化百亿现种种身,云示新境界,不信华严大经。有梵僧从天竺将华严梵本至其国中,小乘师等皆无信受,梵僧遂留经而归。"

慧超於开元十五年十月从疏勒到达龟兹,目睹了当时龟兹的佛教情况。敦煌写本《慧超往五天竺国传》有如下记载:

"又从疏勒东行一月至龟兹,即是安西大都护府,汉国兵马大都集处此。龟兹国足僧足寺,行小乘法,吃肉及葱韭等也。汉僧行大乘法。"

慧超指出,八世纪初龟兹佛教仍行小乘法在龟兹有汉僧住持的寺院,汉僧行大乘法,汉僧有的是来自内地。

内地汉僧的西来,与唐王朝在龟兹设立安西都护府不无关系。据《唐会要》卷七十三记载:显庆三年(公元658年)移安西都护府於龟兹,咸亨元年(公元670年)吐蕃曾陷安西,长寿二年(公元693年)唐王朝收复四镇,依前於龟兹置安西都护府，直到贞元六年(公元791年)吐蕃再度陷安西，龟兹与内地的联系才被隔断。此间安西都护府设於龟兹长达一百馀年。这一时期内中原汉僧西来龟兹的很多。库车库木吐喇石窟中有不少这一时期汉僧的汉文题记，并开凿许多有显著汉族画风的洞窟，克孜尔石窟中发现的汉文题记、遗物、229窟出现的汉式云头纹，也都集中於八世纪以后这段时间。这种情况，应是内地佛教和佛教艺术影响龟兹的一种反映。克孜尔中心柱窟晚期洞窟中大乘教千佛等题材的增多，与内地佛教艺术的影响，或许有一定的关系。而于阗地区这一时期也流行大乘教，于阗的大乘佛教艺术对龟兹产生影响的因素，也应予以注意。

我们认为从克孜尔中心柱窟主室券顶和后室壁画的题材考察，引出其题材内容主要是反映小乘佛教信仰的结论，并不是要否认大乘佛教在龟兹地区所存在的影响，也不是说在克孜尔石窟中(包括中心柱窟)没有大乘佛教的因素【注8】。我们想强调的是，小乘佛教的因素和影响在克孜尔石窟的题材内容方面，是比较强烈和突出的。我们在研究龟兹佛教史和龟兹石窟时应该予以充分的注意。

【注8】 详见《中国石窟·克孜尔石窟》(一)。

克孜尔石窟壁画中的乐舞形象

姚士宏

一 竖箜篌 第175窟东甬道

二 琵琶 第60窟纵券顶

克孜尔石窟壁画中,绘有许多奏乐和舞蹈的场面,这为研究历史上享有盛名的龟兹音乐文化,提供了重要的形象资料。早在30年代,古龟兹的音乐文化就引起了我国学者注意[注1],近年又有专文作了论述[注2]。在这半个多世纪里,国外一些学者在考察中亚历史文化中也有涉及[注3]。这些研究,在不同程度上取得了成果,加深了我们对龟兹音乐文化的认识。但是,由于受条件的限制,过去的研究多偏重于文献记载,对龟兹石窟壁画中的乐舞形象却注意不够,抑或有所注意,也是浮光掠影,一鳞半爪。就古代文献而论,有关龟兹音乐文化的记载虽不少,但多是反映这一西域民族乐舞东传、风靡中原及被列作隋唐宫廷乐部的情况,而直接记载龟兹本地乐舞的文字则不多。我们认为,研究龟兹音乐文化,既要尽可能地掌握文献资料,又要重视现存龟兹石窟中的乐舞壁画,两者互为印证和补充,才能使这项研究工作逐步深入,从而弄清龟兹乐舞的原貌。笔者缺乏音乐舞蹈方面的专门知识,但长期在克孜尔石窟从事壁画保护研究工作,搜集整理了一些有关资料,兹不揣冒昧,撰成此文,以供研究者参考。

本文分两部分,第一部分对壁画中所见乐器和舞蹈形象,作一简要介绍;第二部分就乐舞形象看到的几个问题,谈谈自己粗浅的看法。

一、壁画中所见乐器形象

克孜尔石窟壁画中绘出的乐器门类较多,据不完全统计,有弦乐、管乐和击乐器达二十余种。现将这些乐器,分述如下:

竖箜篌:壁画上见到的这种乐器,是由纵横连接的两杆和牛角形音箱所构成,箱体上开若干音孔。弦数未绘出,但从克孜尔石窟出土的木雕竖箜篌可看到有七弦[注4],库车库木吐喇石窟壁画上见到同类乐器皆绘十根以上,似乎这种乐器张弦的多少未有定数,其弦分别固定在音箱和横杆上。演奏者多取坐势,将乐器竖抱于怀中,双手弹奏,也有将纵杆尾端插入演奏者腰带内弹奏。它在壁画上绘出的数量虽较少,但均与其他乐器配置在一起,并居于乐队的首要位置(插图一)。

琵琶:皆为半梨形,颈上部向后弯曲成一锐角,文献上所称的曲颈琵琶,就是指的这种乐器。张四弦,柱均未绘出,少数绘出轸,演奏者或取坐势,或单腿跪,将乐器横抱于胸前,用木拨弹。这种乐器在独奏、合奏和伴奏的画面中均有出现(插图二)。

【注1】 向达:《龟兹苏祗婆琵琶七调考源》,《唐代长安与西域文明》,三联书店,1957年版。

【注2】 谷苞:《古代龟兹乐的巨大贡献及其深远影响》,《新疆史学》1980年第1期。

【注3】 [日]林谦三:《东亚乐器考》,音乐出版社,1962年版。

【注4】 [德]勒柯克:《中亚古代晚期佛教文物》卷1图版44。

三 五弦 第8窟主室

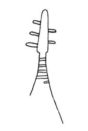

四 五弦 第135窟正壁

五 阮咸 第118窟横券顶

六 阮咸 第38窟主室

【注5】 转引自郭茂倩：《乐府诗集》卷九十六元稹《五弦弹》题解，中华书局，1979年版。

【注6】 江苏南京博物院：《南京西善桥南朝墓及其砖刻壁画》，《文物》1960年第8、9期(合刊)。

【注7】 张剑：《从河南淅川春秋楚墓的发掘谈对楚文化的认识》，《文物》1980年第10期；湖北省博物馆：《随县曾侯乙墓》，文物出版社，1980年版。

【注8】 王磐：《朝天子·咏喇叭》："喇叭锁哪，曲儿小腔儿大。官船来往乱如麻，全仗你抬声价。军听了军愁，民听了民怕，那里去辨甚么真共假。眼见得吹翻了这家，吹伤了那家，只吹的水尽鹅飞罢。"《王西楼乐府》，中华书局，1931年版。

五弦：是壁画上绘出较多的一种乐器，较琵琶稍细长，颈部平直，张五弦，绘出轸，复手下开一音孔(插图三)。个别绘出五个柱(插图四)，第一至第四柱为通长柱，第五柱为短柱，与短柱接触的为第四和第五两弦。乘弦与第一柱之间的距离较长，各柱之间相隔的距离大致相等。这种图像虽是一个孤例，而且也较残损，仅剩器身的上半部，但却清楚说明这种乐器的柱制构造，与《乐苑》上所说"五弦四隔，孤柱一"的记载相吻【注5】。

阮咸：多为圆腹直颈，腹大颈细，复手的形式多样，开二音孔(插图五)。少数为圆腹曲颈(插图六)。皆张四弦，却未绘出柱。从江苏南京南朝墓出土竹林七贤砖刻中看【注6】，这种乐器应有柱制，这里可能是画工省笔所致。演奏和组合情况，一如琵琶和五弦。

里拉：仅见一例。因壁面所限，只绘出音箱和框的大部分，可看到五根弦。演奏者将乐器横抱于胸前，左手握框，右手执拨(插图七)。如果依其器形，合理地复原未绘出的部分，那么，我们看到的正是古希腊的拨弦乐器。

排箫：是壁画上见到最多的一种管乐器，由十至十三音管组成，比较小型。多数是将长短不等的音管依次直排而成，上有二束，形成一头高、一头渐低、宛如凤翼的形状(插图八)，与河南淅川春秋楚墓出土的石排箫和湖北随县战国曾侯乙墓出土竹排箫式样相同【注7】。少数是将长短相等的音管排成矩形，用蜡或其他东西充塞管端来调定声音的高低(插图九)。演奏者用双手持器吹奏，并多与其他乐器相组合。

箫：单管直吹，管身细长，从演奏者按指情况看，似开有五音孔，多用于独奏(插图一〇)。

筚篥：又称悲栗或觱篥。管身短粗，因画面漫漶，上开音孔不清(插图一一)。而从库木吐喇石窟绘出的这种乐器，却能清晰地看到正面开有七孔，管口插有哨子(插图一二)。另在克孜尔石窟壁画上还发现二例口部呈喇叭形的。按画面比例推算，其器身长27厘米、喇叭口径约10厘米，我们疑是唢呐(插图一三、一四)。唢呐虽是起源于波斯一带的吹奏乐器，到金元时期才传入我国，在文献上最早记载为明中叶散曲家王磐的《朝天子·咏喇叭》【注8】。如此两器实属唢呐，则可说是我国目前所见到的最早唢呐图像，说明唢呐传入我国的实际时间要早于文献记载。

横笛：单管横吹，演奏者多为四个指头下按音孔，用于独奏、合奏和伴奏(插图一五)。

七 里拉 第38窟主室

八 排箫 第175窟主室

九 排箫 第100窟主室

一〇 箫 第114窟主室

角:短小,兽角形.演奏者头向后微仰,右手叉腰,左手举器,鼓腮吹奏(插图一六)。

一六　角　第100窟主室

法螺:别名贝,吹口开于螺壳顶角,演奏者两手紧握吹奏其器(插图一七)。

铜钹:为两圆形铜片,中部隆起如半球状,球端穿有皮绳,演奏者两手分执相击而发声(插图一八)。

一七　法螺　第198窟东甬道

大鼓:框较短,中部略隆起,有的于框壁附有环,两面蒙皮,框端用钉固定。特殊的是,这种鼓都绘于佛降魔成道图内,演奏者头戴面具,一人身背大鼓前行,鼓身横置或竖置,另一人随后举槌擂之。用意是模拟魔军向佛攻击时发出种种恐吓之声(图一九)。

鸡娄鼓:两头较小,中间较粗,状似球形,都配合鼗鼓,由一人兼奏。左手摇鼗,右手击鼓。从敦煌、吐鲁番等处见到的图像,演奏者是将鸡娄鼓抱于左臂上,既有用右手握杖敲之,也有以右手击者[注9]。而这里绘出的,演奏者不论立或跪,皆是将鸡娄鼓用带系之于左腋下,用右手指敲击。鼗的形制都是一根直柄上串着二小鼓,两侧双耳式小槌未有绘出(插图二〇)。

一八　铜钹　第171窟主室

羯鼓:《通典》说"羯鼓正如漆桶,两头俱击,以出羯中,故号羯鼓,亦谓之两杖鼓。"[注10]《羯鼓录》说其状"如漆桶,下以小牙床承之,击用两杖"[注11]。而壁画上绘出的这种乐器框较短,框廓稍弯,演奏者交足而坐,将鼓横架于两腿之间,用双手相拍(插图二一),所见虽与文献记载有异,但这种图像在敦煌莫高窟壁画中也见到[注12],可能是较为接近原型的一种羯鼓图像。

答腊鼓:据《通典》:"答腊鼓制,广羯鼓而短,以指揩之,其声甚震,俗谓之揩鼓。"[注13]壁画上见有三例,其中两例的器形、演奏法与文献记载完全相符:鼓框扁圆,两面蒙皮,用条绳相互紧缚,演奏者将乐器悬之于颈,垂之于胸,用两手上下揩擦(插图二二)。另一例是鼓框稍长,外形略异,但就其演奏方法而论,也为一种答腊鼓(插图二三)。

腰鼓、毛员鼓和都昙鼓:壁画上见到的腰鼓、毛员鼓和都昙鼓之类的细腰鼓共有九例,除两例画面已漫漶外,其余七例尚清晰可见(插图二四~三〇)。据《通典》记载,腰鼓"皆广首纤腹","都昙鼓似腰鼓而小,以小槌击之","毛员鼓似都昙而稍大"[注14]。可知这类细腰鼓,形相似,皆为两头粗中间细,腰鼓最大,毛员鼓次之,都昙鼓又次之;演奏方法上的区别是,都昙鼓用小槌敲击,腰鼓和毛员鼓用手拍打。而从上述图像中看不到

【注9】敦煌文物研究所:《敦煌壁画》图161,文物出版社,1960年版;[日]大谷光瑞:《新西域记》上卷图版吐峪沟唐佛画断片。

【注10】杜佑:《通典》卷一百四十四,商务印书馆,1953年版。

【注11】南卓:《羯鼓录》,古典文学出版社,1957年版。

【注12】阴法鲁:《从敦煌壁画论唐代的音乐和舞蹈》第九图,《文物参考资料》第2卷第4期。

【注13】同【注10】。

【注14】同【注10】。

一一　筚篥　第100窟主室　　一二　筚篥　库木吐喇第13窟　　一三　唢呐　第38窟主室　　一四　唢呐　第38窟主室　　一五　横笛　第38窟主室

一九 大鼓 第198窟 东甬道 　二〇 鸡娄鼓 第186窟主室 　二一 羯鼓 第186窟主室 　二二 答腊鼓 第38窟主室 　二三 答腊鼓 第135窟穹隆顶 　二四 毛员鼓 第80窟主室

二五 毛员鼓 第101窟主室 　二六 毛员鼓 第104窟主室

二七 毛员鼓 第163窟主室 　二八 毛员鼓 第171窟主室

二九 毛员鼓 第186窟主室 　三〇 腰鼓 第224窟主室

【注15】 例图中人与鼓的尺寸推算情况如下(单位:厘米):

窟号	原壁			设人高180厘米原壁人应扩大倍数	相应扩大后的鼓身长度
	菱格边长	人高	鼓长		
80	40	25	6.3	7.2	45.4
101	60	40	11	4.5	49.5
104	55	45	11	4	44
163	51	23	5.8	8	46.4
171	58	25	7.5	7.2	54
186	37	26	6.5	6.9	44.9
224	40	30	19	6	114

槌击的情景,同时从目前所能见到的文物资料中也找不到都昙鼓用手击的旁证,这便排除了有都昙鼓的可能性。又上述图像都是单独绘于一些中心柱窟券顶腹部的菱格因缘故事画内,内容表现众生以音声供养佛的情景,不在同一幅画中,故无法比较其大小,来区分腰鼓和毛员鼓情况。为了探明它们之间的关系,我们按画面演奏者与鼓的比例作了一个推算,假定演奏者的身高为180厘米,相应扩大鼓的倍数,求出上述七例鼓身长度。发现这些鼓,除个别者外,均在50厘米左右,有一定的比例根据,绝非是画工随意图绘[注15]。如果这一假设能成立,那么,除绘于第224窟的一幅为腰鼓外,其余六例则可能为毛员鼓。

此外,在壁画上还绘有几种鼓形,无法征之于文献:一是长筒形鼓,两端较小,中间稍粗,两面蒙皮,类似现在的腰鼓。演奏者扭动身子,左手握拳,将鼓挟抱于左腋下,右手握杖击鼓(插图三一)。二是形同前鼓,演奏者平立,鼓绘于膝上部位置,未见有系鼓的带子,原因不明。左半部画面剥落,仅看到演奏者右手持杖(插图三二)。三是圆筒形鼓,鼓框粗大,中部隆起,有两个鼓面,用条绳交错穿连以绷紧两头鼓面,演奏者将鼓斜挂于胸前,用两手击奏(插图三三)。这种鼓形在阿富汗巴米羊石窟中亦可见[注16]。

关于凤首箜篌。壁画上绘出最多的一种乐器是,其构造原理与竖箜篌相同,由一弓杆与镶贴在弓杆下半部的弧状音箱所构成。音箱象是用皮革制做,腔内估计设有支撑的骨架。镶贴弓杆的方法是在箱体一侧开几道口,将弓杆由音箱上口插入,穿过箱体上的口子,然后再扎紧音箱上口,以固定弓杆。也有另用几块小皮将弓杆缝制在箱体上,在库车森木赛姆石窟第46窟正壁佛龛左侧绘出的五髻犍闼婆手执的这种乐器,便明显看到用针缝制的情况。在箱体上开口的,未见绘音孔;用小皮固定的,皆绘若干音孔。多数绘有弦,少者三根,多者十二根以上,常见的为六根(插图三四),虽然看不出是怎样拴弦的,但个别在颈部绘出轸(插图三五)。总的印象是,早期图像弓杆较粗,音箱较小,张弦较少,后期弓杆变长,音箱扩大,张弦增多。演奏者有坐、立两式,多数为横抱音箱于右胁,左手扶弓杆,右手挑弦,间或反之。也有抱音箱于一胁,用双手弹奏。尤其是一些坐奏者,将音箱搁置于腿腹部,左手扶弓杆,右手挑弦,挑弦之后又将手高高地扬过头顶,用力度似乎很大(插图三六)。看上去这种乐器较轻便,演奏方法也较自由,多以独奏和伴奏的形式出现。这种乐器在印度(插图三七)、中亚(插图三八、三九)和吐鲁番(插图四〇)、敦煌(插图四一)等地的浮雕与壁画上也能见到。它们的共同特征是音箱皆在弓杆的下半部，呈卧式，应属于一类乐器。日本音乐史家林谦三氏认为这种乐器源于印度，原称弓形竖琴，先后经由西域或东南亚传入中国，初传时头上有着鸟形装饰，所以冠称凤首箜篌，以别于竖箜篌[注17]。从文献上看，凤首箜篌之名最早见于《隋书·音乐志》，称前凉张重华时(公元346—353年)已随天竺乐传至凉州[注18]，要比《新唐书·南蛮传》记载贞元间(公元785—805年)骠国(今缅甸)进乐有凤首箜篌为早[注19]，可见当时据以定名的这种乐器，是由西域传来的。而目前从印度、中亚到克孜尔(包括库车)一线上所看到的图像，无有一件是弓首绘凤喙的，也寻访不到鸟形的踪迹，却见有蛇头的装饰(龙的一种表示)，缺乏这方面的例证。吐鲁番和敦煌虽见有绘凤首的，但绘出的窟室年代比较晚，分属于唐宋和高昌回鹘时期，并也有绘龙首的，式样未作固定，仍难作文献的证据。又鸠摩罗什译《大智度论》在讲到诸法由众缘和合时，曾以箜篌作例说明："复有箜篌，譬喻有槽、有颈、有皮、有弦、有棍，有人以手鼓之，众缘和合而有声，如声亦不在众缘中，离众缘亦无声，以因缘和合故有声。"[注20]不难看出罗什这里举的箜篌，从形制到演奏方法，都与壁画上的乐器相同，指的就是这种乐器。罗什生长在龟兹，后至凉州、长安，在前曾游学印度，一直生活在这种乐器流传的地区，应该说他对这种乐器是熟识的，否则不会在经中一再拿这种乐器作比喻来阐明佛教义理。而他译《大智度论》的时间又为后秦姚兴弘始年间(公元399—415年)的事情，离前凉灭国不远，如果这种乐器在前凉时即有鸟形装饰，他不会不述及。这就清楚表明壁画上这种乐器，在罗什译经时只是称箜篌，并未有凤首箜篌之称。文献上凤首箜篌之名可能出自中原，它是否为壁画上这种乐器似有疑问，即便如此，仅以装饰来命名，既可称凤首，也可称龙首，不够确切。因此，对壁画上这种乐器的定名，尚可研究，这里我们暂称其为弓形箜篌。

三一　长简形鼓
第135窟穹窿顶

三二　长简形鼓
第135窟穹窿顶

三三　圆简形鼓　第77窟后室

三四　弓形箜篌　第69窟后室

三五　弓形箜篌　第92窟正壁

三六　弓形箜篌
第80窟主室

三七　弓形箜篌
印度巴尔胡提浮雕

三九　弓形箜篌
片治肯特壁画

四〇　弓形箜篌
柏孜克里克第53窟

四一　弓形箜篌
敦煌莫高窟第327窟

三八　弓形箜篌　阿富汗巴米羊第620窟

【注16】［日］樋口隆康：《バーミヤーニの石窟》图36，同朋舍，昭和五十五年版。

【注17】《东亚乐器考》三章《弦乐器》第十节《绘画中所见的凤首箜篌形象》。

【注18】《隋书·音乐志》记天竺乐云："起自张重华据有凉州，重四译来贡男伎，天竺即其乐焉。歌曲有沙石疆，舞曲有天曲。乐器有凤首箜篌……"中华书局，1973年版。

【注19】《新唐书·南蛮传》记骠王雍羌遣弟舒难陀向唐廷献乐时，记有凤首箜篌，其云："有凤首箜篌二；其一长二尺，腹广七寸，凤首及项长二尺五寸，面饰虺皮，弦一十有四，项有轸，凤首向外；其一顶有条，轸有鼍首。"中华书局，1975年版。

【注20】 鸠摩罗什译:《大智度论》卷第九十九《释昙无竭品》第八十九上。同卷中另一处又提到这种乐器:"臂喻箜篌,声出时无来处,灭时无去处,众缘和合故生,有槽、有颈、有皮、有弦、有柱、有棍,有人以手鼓之,众缘和合而有声。"此处说这种乐器有柱,与前引略异。但文中又接着说:"是声不从槽出,不从颈出,不从皮出,不从弦出,不从棍出,亦不从人手出,众缘和合尔乃有声。"这里未谈柱的问题,疑"有柱"为衍字。《大正藏》第二十五卷。

【注21】 玄奘译:《阿毘达磨俱舍论》卷一《分别界品》:"如手鼓等,合所生声。"《大正藏》第二十七卷。

四二 独舞形象

(1) 第8窟主室纵券顶　　(2) 第27窟东甬道

(3) 第38窟主室　　(4) 第98窟主室

(5) 第100窟主室　　(6) 第101窟主室

(7) 第114窟主室

(8) 第118窟横券顶

关于手鼓问题。克孜尔石窟第38窟为一中心柱窟,在此窟主室两侧壁佛说法图上端各绘有一幅天宫伎乐图。每幅七组,共十四组,每组由一对肤色不同的半身相男女组成,框范在眉拱式龛内,或合奏,或对舞,或一人伴奏,一人舞蹈,多姿多彩。其中有一组,女者手举一件涂以石青色的圆物,男者面视圆物翻转手中的璎珞。有人认为此圆物为一面镜子,舞者对镜而舞。有人则认为是手鼓,进而把这组伎乐看作是现在新疆维吾尔族手鼓舞的真实写照。说此圆物是一面宝镜,似有可能,但说它是手鼓却嫌论据不足。手鼓这种乐器虽在佛经上提到[注21],它源于何处,何时传入,这些问题尚待进一步研究,但壁画上此圆物肯定不是手鼓图像,理由有二:一是现在新疆维吾尔族常用的手鼓(达甫),其直径多在40厘米以上,比人头大,而壁画上的圆物,比演奏者的头小得多,按画面比例推算,其直径不足19厘米,与实际手鼓大小相差太远;二是库车及南疆一带虽有一种小手鼓,其直径在25厘米左右,与壁画上的圆物大小相仿,但从壁画上绘出的鼓来看,凡是蒙皮的部位,都一律用白色来表示,而此圆物仅外缘为白色,径内是石青色,显非蒙皮的表示。据此推论手鼓这种乐器早在新疆出现,实难令人信服。

现将上述各种乐器在窟内绘出情况分类统计列表如下(表一):

二、壁画上所见舞蹈形象

在克孜尔石窟壁画中,除绘出各种乐器外,还绘有一些舞蹈形象,在此并作一述。有必要说明一下,因壁画上带动态的形象较多,为了避免混淆,这里所说的舞蹈,限定在:一是天宫伎乐图内的有关形象;二是虽属其他题材的画面,但从内容上看,确实是表现舞蹈的部分。就目前所见,比较明显的一类是独舞,分徒手舞和道具舞两种。徒手舞有男有女,以女性居多。男性多为菩萨装,头戴宝冠,上身袒露,下著裙裤;女性除个别为世俗装外,多绘成裸体形象,通身只以帔帛或璎珞作装点。无论男女,舞者的躯体倾斜度都比较大,有冲身、靠身和移身等姿态。手势有捻指、弹指、正托掌、反托掌和胸前摊掌,明显看到抬肘的动作多,手臂均超过肩部。在步法上,虽因有的画面下半部残泐,无法窥其全貌,但见有前踏步、抬腿和披腿等动作,多为行进式和跑跳式。带道具的舞蹈多为旋转式,所带道具以长巾为主,舞者多绘成男性,借助手中飞动的长巾,在小圆毯上表演急速旋转的动作,给人一种风驰电掣般的感觉。从动态看,这类舞蹈矫健刚劲,热情奔放,节奏强烈,运动幅度大,完全是以动作为主的舞蹈形象(插图四二)。

另一类是双人舞,亦可分半身相和全身相两种。在半身相的部分中,虽也见有不少精彩的舞蹈场面,但因形象不够完善,难以言明,这里从略,仅着重介绍一下全身相的双人舞。这种双人舞多数绘于中心柱窟后室西

表一　克孜尔石窟壁画中所见乐器统计表

(9) 第171窟主室

(10) 第175窟东甬道

(11) 第77窟东甬道

(12) 第83窟正壁

(13) 第100窟主室

(14) 第135窟穹窿顶

(15) 第135窟穹窿顶

窟号 \ 器名件数	弦乐器						管乐器							击乐器								
	竖箜篌	弓形箜篌	琵琶	五弦	阮咸	里拉	排箫	箫	筚篥	唢呐	横笛	角	螺	铜钹	大鼓	羯鼓	答腊鼓	鸡娄鼓	腰鼓	毛员鼓	长筒形鼓	圆筒形鼓
第3窟		1		1			I															
第4窟				2																		
第7窟		1																				
第8窟	I	2			1+I		I				I						I					
第14窟		2		2	1(曲)						1											
第17窟	1		1	2			1															
第34窟				1																		
第38窟		2	1	7	4(曲)	1	2	1	1		2		8	1				1				
第47窟		2																				
第60窟			2																			
第63窟	1	1																				
第67窟					2		2															
第69窟		2		1	1																	
第76窟		II					II				II			I								I
第77窟		1			4+I		2	1			2											2
第80窟	2	1	1	2																1		
第92窟		1																				
第98窟		2		3	1(曲)		2	1											1			
第99窟		1																				
第100窟	2	7	2	7			1		1			1		1								
第101窟																					1	
第104窟																					1	
第110窟		1		2										I								
第114窟	1	1		4	1+I		2	2			3											
第117窟														1								1
第118窟		II			1+II		1				1											
第123窟	I		II				I				I											
第129窟					I																	
第133窟					1(曲)																	
第135窟				1			1												1		2	

端壁,部位很固定。舞者也为肤色各异的一男一女,男者服饰仍作菩萨装,有的手臂搭在女者肩上,有的搂着女者脖子,有的甚至用手抚摸女者乳房,行为相当放纵。女者虽亦是世俗打扮,但穿着特别引人注目的喇叭裤,弹奏着弓形箜篌,柔情蜜意地笑望男者。男女的身躯皆作三道弯式,双脚

（续上表）

窟号	弦乐器						管乐器							击乐器								
	竖箜篌	弓形箜篌	琵琶	五弦	阮咸	里拉	排箫	箫	笙簧	唢呐	横笛	角	法螺	铜钹	大鼓	羯鼓	答腊鼓	鸡娄鼓	腰鼓	毛员鼓	长筒形鼓	圆筒形鼓
第163窟		1		2																1		
第171窟		1		2	1(曲)			1						1								1
第172窟								1														
第175窟	2	1		2				2														
第178窟		1																				
第179窟		1																				
第181窟	III	I	III	VII			III															
第184窟																		1				
第186窟		4															1	1	1			
第189窟	1			4				3														
第192窟	1	1		3																		
第193窟	1			1						1	1											
第196窟		4		1																		
第198窟															1		1					
第206窟		I		II	1+1(曲)			I														
第212窟		I																				
第219窟				1	1																	
第224窟		I																		1		
第227窟	1		1					I			1											
总计	17	51	25	50	25(曲9)	1	31	6	5	2	18	1	1	4	3	1	3	3	1	6	2	4

注： 表中的阿拉伯数字，为现存窟室壁画中所见乐器件数；罗马数字均见于[德]格伦威德尔《中亚古佛寺》、《古代库车》和勒柯克《中亚古代晚期佛教文物》等。

作半足尖的交叉步，似在边弹、边唱、边舞。这类双人伴舞的场面，主要绘在克孜尔中心柱窟后室壁面，应与反映佛涅槃的题材有关。据佛经记载，应是描绘佛度善爱犍闼婆王。据《根本说一切有部毗奈耶杂事》记载，善爱犍闼婆王擅长音乐，但很傲慢，不热心供养佛。佛临涅槃时，天帝释令其前往双林作乐供养，而善爱仍"于自宫中作乐观戏，情生爱著"。佛决定在涅槃前度化他，即化身为乐神，手持琉璃箜篌(即弓形箜篌)，至三十三天犍闼婆王宫与其共奏音乐，并以神力降伏善爱犍闼婆王【注22】。既然是佛度善爱犍闼婆王，是否壁画上的男者为佛的化身，女者为善爱犍闼婆王呢？ 非也。因经中讲得清楚，善爱犍闼婆王属男性，壁画上的男者无疑应是善爱犍闼婆王，非佛化身。那么女性又是谁呢？ 我们认为是善爱犍闼婆王王妃。这一点，《长阿含经》卷十《释提桓因问经》、《中阿含经》卷

【注22】 义净译：《根本说一切有部毗奈耶杂事》卷三十七："(佛)诣拘尸那城最后面卧，时天帝释复命乐师广为前说，乃至可往听说。答言：我且奏诸音乐。时天帝释复告乐神：汝今当知，大觉世尊最后而卧，必般涅槃，可兴供养。答亦同前。尔时世尊作如足念：善贤外道能至我所而受调伏，乐神善爱无自来法。又复念曰：凡是声闻度者。如来亦度。应佛度者，余不能度，由待胜上善巧方便，我今应可度彼善爱。作是念已，即便入定。由定力故，最后卧处化为一身。又复化作千弦琉璃箜篌，于卧处设，自持箜篌。诣三十三天，至善爱犍闼婆王宫而往。其时善爱自恃憍慢，于弹箜篌谓无过者，于自宫中作乐观戏，情生爱著。尔时世尊告守门者，汝可往告善爱王言：有犍闼婆来至门前，欲求相见。时守门者即入具报。其王高慢报曰：除我更有犍闼婆耶？答曰：更有，今在门外。……佛即对彼共弹箜篌。佛断一弦，彼亦断一，然二音声并无阙处。佛又断二，彼亦断二，然其音韵一种相似。佛又断三，断四，彼亦如是，乃至各留一弦，音声不异。佛便总断，彼亦断之。佛于空中张手弹琴，然其雅韵倍胜于常，彼便不能，情生希有，降伏憍慢，知彼音乐超胜于我。世尊观已，即便隐彼犍闼婆身，复本形相，时彼乐神见佛世尊，……深生敬仰，礼佛足下，坐听法要。尔时世尊观彼根性，随机为说四圣谛法，令得开悟。……尔时世尊复为说法，示教利喜已，即便入定天宫设处，还至双林最后卧处。"《大正藏》第二十四卷。

三十三《释问经》和《杂宝藏经》卷五《帝释问事品》中都讲到，还在善爱作犍闼婆王子时，天帝释为感其弹琴引荐之恩，就曾许诺由善爱代其父作王，并以一贤女妻之【注23】。当然各经称犍闼婆王名不一，但犍闼婆王实有王妃。再从图像看，他们那种情意缠绵的样子，也绝非一般的关系。若是这一推测无误的话，则看出壁画上这对男女所表现的，不是善爱犍闼婆王与王妃"于自宫中作乐观戏，情生爱著"，便是善爱犍闼婆王归依佛后携妃作乐供养的情景，可见将他们定为舞蹈是有内容依据的。其实，慧皎在《高僧传》中对此早已作了说明【注24】。

与佛度善爱犍闼婆王类似的形象，还见于一些佛本生故事图、佛说法图和僧人习禅图内。这些形象反映的又是什么内容呢？除佛本生故事图内的内容尚不明外，绘于佛说法图内的，其头冠上皆伸出若干蛇头，表明它的内容与龙王有关，可能是描绘佛成道后，迦荼龙王与龙妃前来听法，并作乐赞颂【注25】。绘于习禅图内的，不外乎是渲染僧人习禅不为身外一切所动，一心端坐思维的功力。看得出来，这些形象在内容上也都与舞蹈有联系，同样可视作双人舞的造型。

但就风格而论，这类双人舞与独舞迥异，舞者在表演时移动的范围比较小，主要是通过轻歌曼舞来表达思想感情，带有一定的叙事性质。因这类舞蹈不仅形象富有鲜明的特色，而且唯见于克孜尔石窟壁画上，为便于分析研究，我们将其中比较完整的画面，集中刊行于此(插图四三)。

此外，在克孜尔壁画中，还有几幅天宫伎乐图，其构图不是采取一组一龛的形式，而是在一横列式的通栏内，中间绘佛或菩萨，两边分列四或六身半身相伎乐，有点近似群舞(插图四四)。但细心观察，即可发现图内伎乐面向极不一致，舞队很不整饬，其间存在着明显的组合现象，可作如下分解：

【注23】 吉迦夜译：《杂宝藏经》卷五《帝释问事品》："帝释告槃阇识企犍闼婆子言：汝今于我其恩甚重，汝能觉悟佛世尊，故使我得见，闻于深法。我还天上，当以珍浮楼女贤修利婆折斯为汝作妻，复兴使卿代其文处，作犍闼婆王。"《大正藏》第四卷。

【注24】 慧皎：《高僧传》卷十三《经师》："奏歌于金石，则谓之以为乐。设赞于管弦，则称之以为呗。夫圣人制乐其德四恶：感天地，通神明，安万民，成性类。如听呗亦其利有五：身体不疲，不忘所忆，心不懈倦，音声不坏，诣天欢喜。是以般遮弦歌于石室，请开甘露之门，净居舞颂于双林，奉报一化之恩德。"《大正藏》第五十卷。这里的"般遮"，指的是五髻犍闼婆王。"弦歌于石室，请开甘露之门"，说的是佛成道后，以神足移居石室，默默不语，欲自取涅槃，于是梵天让帝释派五髻犍闼婆王下到石室。弹琴而歌，劝请佛说法。"净居"是否指善爱犍闼婆王，还需进一步征之佛教文献。但所说的"舞颂于双林，奉报一化之恩德"之事，应与善爱犍闼婆王被佛度化后作乐供养的情况吻合。

【注25】 事见阇那崛多译：《佛本行集经》卷二十六。(《大正藏》第三卷)

A	B	C	D		E	F	G	H
				菩萨				
舞蹈	舞蹈	吹横笛	供养		供养	舞蹈	舞蹈	吹排箫

A	B	C	D	E	F		G	H	I	J	K	L
舞蹈	吹横笛	舞蹈	不详	舞蹈	供养	佛	供养	舞蹈	舞蹈	吹指	歌唱	舞蹈

四三　双人舞形象

(1) 第7窟后室

(2) 第13窟后室

(3) 第47窟西甬道

(4) 第69窟主室

235

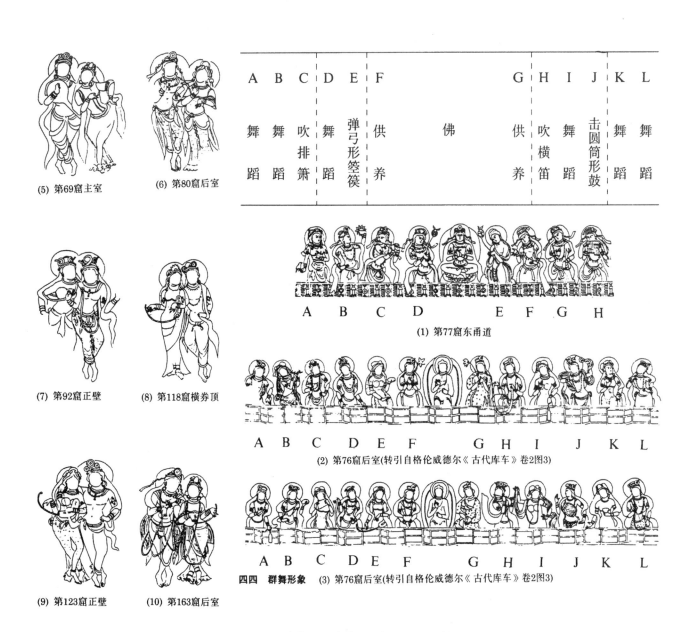

A	B	C	D	E	F	佛	G	H	I	J	K	L
舞蹈	舞蹈	吹排箫	舞蹈	弹弓形箜篌	供养		供养	吹横笛	舞蹈	击圆筒形鼓	舞蹈	舞蹈

(5) 第69窟主室　　(6) 第80窟后室

A　B　C　D　E　F　G　H
(1) 第77窟东甬道

A　B　C　D　E　F　G　H　I　J　K　L
(2) 第76窟后室(转引自格伦威德尔《古代库车》卷2图3)

A　B　C　D　E　F　G　H　I　J　K　L
四四　群舞形象　(3) 第76窟后室(转引自格伦威德尔《古代库车》卷2图3)

(7) 第92窟正壁

(8) 第118窟横券顶

(9) 第123窟正壁　　(10) 第163窟后室

(11) 第175窟后室　　(12) 第178窟后室

(13) 第179窟后室

(14) 第181窟后室

　　通过分解，清楚看到这些天宫伎乐图，实由若干独舞和双人舞所合成，舞者的服饰、姿态和伴奏乐器虽多同独舞和双人舞，但可注意的是紧邻佛和菩萨的几身伎乐，有的双手合十，有的持有莲花，可能是属于一边合掌打指、一边应节舞蹈的形象。

　　前已述及，克孜尔石窟壁画中绘出的乐器和舞蹈，存在一定的组合关系。下面我们再来看看这种组合情况。为便于介绍，现将一部分能看出它们组合关系的画面统计列表如下(表二)：

　　从表中看到，克孜尔壁画上的乐器多为两种相组合，最多的为四种乐器配置在一起，而且主要是管弦乐器，击乐器组合不多。舞蹈主要有独舞和双人舞。乐舞两者是紧密结合的，多数舞蹈皆有乐器伴奏，也有吹指、歌唱为舞蹈伴奏的，而伴奏的乐器一般都比较少，只有一二种，常见的为竖箜篌、弓形箜篌和五弦等。

　　以上情况表明，克孜尔石窟壁画上所见乐舞，已有一定的组合，但无论是乐者还是舞者，其人数都不多，未见有大型乐舞的场面。库车库木吐喇、森木赛姆和克孜尔尕哈等石窟壁画上，除有些汉风窟绘有钟、笙、忽雷、琴、柏板等乐器外，其配器、舞容和乐舞组合情况，与此也大致相仿。

表二 孜尔石窟乐舞壁画组合情况表

(15) 第224窟后室

窟号	竖箜篌	弓形箜篌	琵琶	五弦	阮咸	里拉	排箫	横笛	筚篥	唢呐	铜钹	答腊鼓	长筒形鼓	圆筒形鼓	吹指	歌唱	舞蹈
	乐　　　器															歌　舞	
第4窟			I				I										
第7窟		A															A
第8窟	A			A			A	A									
第14窟		A		A													
第17窟	A		A	B			B										
第38窟			ABCDE	DEEG	H		GI	BEFHJ		AC	I	J					
第47窟		A															A
第67窟				AB			AB										
第69窟		AB		A	B												
第76窟		I						II	IIIIV			III			V	VI	I II III IV V VI
第77窟							A	B									AB
第80窟	A			A													
第98窟				A			A										
第100窟	AB	C	D	EF					E		G						ABCDEFG
第110窟		A		A													A
第114窟	A		BC	D	E		AB		BDE								C
第118窟	I II			I				A	B								II
第123窟		I															I
第163窟		A															A
第171窟		A															A
第175窟	A			AB				B									A
第176窟		A															A
第178窟		A															A
第181窟	I	I	II	I													II
第189窟		A	B				AB										
第196窟		A		A													
第224窟		I															I
第227窟	A			A				A									

注： 表中每窟栏内的相同字母为一组；罗马数字均见于格伦威德尔《中亚古佛寺》、《古代库车》和勒柯克《中亚古代晚期佛教文物》等。

237

三、从乐舞形象看到的几个问题

通过以上对克孜尔石窟壁画中乐器和舞蹈的介绍,结合有关的文献记载,再就几个问题作些初步探讨。

(一) 壁画上的乐舞形象,在一定程度上反映了历史上的龟兹音乐文化。克孜尔壁画中的乐舞形象非常丰富,为克孜尔壁画的重要组成部分。尽管这些乐舞形象属于宗教性质,表现的是所谓犍闼婆之类的天乐,画工在绘制壁画时,参照外来的粉本,是毫无疑义的,但必然也糅合了当地的乐舞成份。这是因为,一种新的宗教,要在一个陌生的地区和民族中间传播,并取得当地群众的信任,就要与原先的传统思想文化相结合,才能流传。对于这一点,唐代佛教史家道宣在《续高僧传》中说得很明白:"梵者,净也,实帷天音。色界诸天来觐佛者,皆陈赞颂。经有其事,祖而习之。故存本因,诏声为梵。然彼天音,未必同此。故东川诸梵,声唱尤多。其中高者,则新声助哀,般遮屈势之类也。地分郑、魏,声亦参差。然其大途,不爽常习。江表关中,巨细天隔。岂非吴越志扬,俗好浮绮,致使音颂所尚,唯以纤婉为工;秦壤雍冀,音词雄远,至于咏歌所被,皆用深高为胜……京辅常传,则有大小两梵;金陵昔弄,亦传长短两行。事属当机,不无其美……故知神州一境,声类既各不同,印度之与诸蕃,咏颂居然自别……"【注26】从他的这段话中可知,我国古代的佛教音乐,虽是沿用印度方俗,称之为天乐,但为了更好地宣传佛教思想,争取更多的信众,皆极注意吸收各地民间音乐,因而不同地区的佛教音乐有其不同的特点,中原与西域都是这样。所谓天乐,实际上具有民间音乐的因素。

佛教音乐是如此,作为佛教音乐图像的克孜尔乐舞壁画也无有例外。我们从壁画上看到,这里的一些佛降魔成道图,均绘有擂大鼓的场面,摸拟魔军向佛攻击时发出的种种恐吓之声。查阅佛经,虽在《佛本行集经》卷二十九偈中有"天魔军众忽然集,处处打鼓震地噪"之句,但在印度、敦煌和云冈等石窟的佛降魔成道图内却未曾寓目,可说是这里壁画的特有表现手法。究其原因,固然是与壁画题材所据之经有关,但就形象来源而言,肯定和龟兹"苏莫遮"假面戏有某种联系。据文献记载,龟兹每年七月要举行群众性的"苏莫遮"大会,会间人人佩戴假面具,或作怪兽之状,或作鬼神之形,或用泥水泼洒行人,或用绳索钩套行人,男女昼夜尽情歌舞,场面热烈风趣【注27】。这些歌舞均有乐队伴奏,使用的乐器有多种,而主奏乐器便是大鼓【注28】。从壁画中看到的擂大鼓魔军,负鼓者作人身象首,击鼓者为面目狰狞的夜叉,其形象与文献所记龟兹"苏莫遮"假面戏相象。龟兹"苏莫遮"是一种伴随佛教而传入的歌舞活动(传入我国中原地区的称为"乞寒戏"),与佛教有着密切的关系,它被用来作壁画素材极为自然。

类似的事例很多。那么,是否就可认为克孜尔壁画上的这些形象即是龟兹乐舞呢? 这当然不能,但至少可以说从一个侧面反映了龟兹乐舞的

【注26】 道宣:《续高僧传》卷三十《杂科声德篇》,《大正藏》第五十卷。

【注27】慧琳:《一切经音义》卷四十一:"'苏莫遮',西戎胡语也,正云'飒磨遮'。此戏本出西龟兹国,至今由有此曲。此国浑脱、大面、拨头之类也。或作兽面,或象鬼神,假作种种面具形状。或以泥水沾洒行人。或持罥索搭钩捉人为戏。每年七月初,公行此戏,七月乃停。土俗相传云,常此法攘厌驱趁罗刹恶鬼,食啖人民之灾也。"《大正藏》第五十四卷。又,段成式:《酉阳杂俎》前集卷四《境异》记龟兹国:"婆罗遮(即苏莫遮)并服狗头猴面,男女无昼夜歌舞,八月十五日行像及透索为戏。"四部丛刊,商务印书馆,1929年版。

【注28】 马端临:《文献通考》乐考二十一:"乞寒,本西国外蕃康国之乐,其乐器有大鼓、小鼓、琵琶、五弦、箜篌、笛。其乐大抵以十一月,傈露形体,浇灌衢路,鼓舞跳跃而索寒也。"商务印书馆,1936年版。库车苏巴什寺址出土的舍利盒伎乐图中乐队演奏的乐器有大鼓、竖箜篌、弓形箜篌、排箫、鸡娄鼓、细腰鼓和铜角,而先导的便是大鼓,由两名儿童相抬,一位鼓手舞仗击鼓,明显地处于乐队的指挥地位。[日]《美术研究》第百九十一号图版Ⅱ,Ⅲ。

【注29】 龟兹立国较早,白公元一至八世纪为白氏王朝统治时期,其间虽有几次外族人侵,但总的说来,政治比较稳定,经济比较繁荣,为音乐文化的发展奠定了坚实的基础。

【注30】 《新唐书·西域传》。

【注31】 赞宁:《宋高僧传》卷三《唐丘慈国莲华寺莲华精进传》:"安西境内有前践山,山下有伽蓝。其水滴溜,成音可爱。彼人每岁一时,采缀其声,以成曲调。故耶婆瑟鸡,开元中用为羯鼓曲名,乐工最难其棳撩之术。进寺近其滴水也。"《大正藏》第五十卷。悟空译:《<十力经>序》:"安西境内有前践山,前践寺。复有耶婆瑟鸡山,此山有水,滴溜成音。每岁一时,采以为曲,故有耶婆瑟鸡寺,东西拓阙寺,阿遮哩贰寺。"《大正藏》第五十一卷。

情况。如果不是这样，就难以解释各地佛教音乐图像为何有千差万别的不同，事实恰恰是由于有特别繁盛的龟兹音乐文化作基础，画工们才能绘制出这般众多栩栩如生和富有艺术特色的乐舞形象来。

（二）龟兹音乐文化主要是龟兹人民的创造。龟兹自古以来音乐文化发达，这既可从玄奘《大唐西域记》里关于龟兹"管弦伎乐、特善诸国"的称誉中看到，也可从克孜尔石窟乐舞壁画上得到证实。为什么一个不大的城邦国，它的音乐文化能达到这种高的程度？这除了地处"丝绸之路"，便于吸收外来文化，立国后又处在长期政治稳定、经济繁荣这些地理条件和社会因素外[注29]，一个基本原因，便是龟兹人民致力于创造的结果。据文献记载，龟兹人"俗善歌舞"[注30]，一向有着喜爱歌舞的习俗，而每年举行的"苏莫遮"歌舞活动，不仅带有全民性，而且兼有表演、观摩和交流的意义。同时，龟兹人民还十分注意采缀各种自然音响来谱写乐曲，丰富创作内容，据说唐代流行中原的著名羯鼓曲"耶婆瑟鸡"，最初便是龟兹人民采缀滴水之音谱成的[注31]。既有安定的社会环境，又有能歌善舞的习俗，并又注意融合、继承和创新，这就必然促进音乐文化的昌盛，孕育成一种具有显明西域地方特色的乐舞流派。

也许有人看到壁画上绘出的许多乐器，有的传自中原，如排箫、阮咸；有的传自印度，如弓形箜篌、五弦；有的传自波斯，如竖箜篌、琵琶，甚至出现里拉这种古希腊的乐器。看到舞者躯干部分的动态含有印度和西亚风味，因而认为龟兹乐舞系由各种文化要素混合而成。诚然，龟兹音乐文化在其形成和发展进程中，较多地吸收了外来的成份，可能受印度的影响更为深些，但是，龟兹人民在音乐文化上的创造，不仅在文献上有明确记载，而且在克孜尔石窟乐舞壁画上亦有迹可寻，除具体地看到他们所发明的、后成为隋唐燕乐中重要定律之器筚篥外[注32]，还清楚地看到他们怎样根据本民族的爱好和需要，对一些外来乐器的构造和演奏方法进行革新的情况。如阮咸，在我国中原地区见到的均为圆腹直颈，而壁画上绘出的这种乐器，既有保持中原地区原型的，又有在原型基础上加以改制，变成圆腹曲颈的，形同曲颈琵琶。这种形制的阮咸，显系是曲颈琵琶的变体。又如弓形箜篌，从原产地印度及中亚地区的图像看，其弦皆是直接捆扎在弓杆上，演奏者（指胁持乐器者）均为单手弹奏。而克孜尔壁画上绘出的弓形箜篌，已在弓杆上绘出轸，表明可随时调整弦的紧松度，比将弦捆扎在弓杆上，靠上下移动来调节紧松度，要方便得多。演奏方法也由单手弹奏，发展到双手弹奏和挑弦，大大丰富了演奏技巧，增加了表现力。再如五弦，壁画上绘出的这种乐器，与发祥地印度浮雕中的相比，琴杆要长，轸槽部分明显呈现楔形，演奏方法也有了改进。从一些文物资料中看，五弦至迟已于北齐传入中原，而传入中原的这种乐器，其形制和奏法便与壁画绘出的相同[注33]。的情况依然，它虽与印度、西亚甚至缅甸所见形象有一定联系，但从壁画上看到的弹指、合掌、打指等动作，应是龟兹特有舞蹈技艺的形象

【注32】据《辽史·乐志》载，唐代燕乐半字谱用的是觱篥，以五、凡、工、尺、上、一、四、六、勾、合十字谱其声，而隋唐以前的清乐是用琴五调。用竽篥谱定调是为龟兹乐传入中原以后的事。

【注33】韩顺发：《北齐黄釉扁壶乐舞图像的初步分析》，《文物》，1980年第7期。

239

【注34】《通典》卷一百四十二记其舞云:"音皆初声,颇复闲缓,曲度转急躁……举止轻飚,或踊或跃,乍动乍息,跷脚弹指,撼头弄目,情发手中,不能自止"。又卷一百四十四:"抃,击其节也。情发手中,手抃手蹈。抃者因其声以节舞。龟兹伎人弹指头歌舞之节,亦抃之意也。"

【注35】司马光:《资治通鉴》卷一百六十,中华书局,1956年版。

【注36】樊锦诗、马世长、关友惠:《敦煌莫高窟北朝旧窟分期》,《中国石窟敦煌莫高窟》第一卷(日文),平凡社、文物出版社,1981年版。

【注37】宿白:《克孜尔部分洞窟阶段划分与年代等问题的初步探索》,《中国石窟·克孜尔石窟》第一卷(日文),平凡社、文物出版社,1984年版。

【注38】《通典》卷一百四十六:"自周隋以来,管弦杂曲将数百首,多用西凉乐,鼓舞曲多用龟兹乐,其曲度皆时俗所知也。"

【注39】《旧唐书·音乐志》:"周武帝聘房女为后,西域诸国来媵,于是龟兹、疏勒、安国、唐国之乐,大聚长安。"中华书局1975年版。《隋书·音乐志》:"先是周武帝时,有龟兹人曰苏祇婆,从突厥皇后入国,善胡琵琶。听其所奏,一均之中间有七声。因而问之,答云:'父在西域,称为知音。代相传习,调有七种。'"《辽史·乐志》:"自汉以来,因秦、楚之声置乐府,至隋,高祖诏求知音者,郑译得西域七旦之声,求合七音,八十四调之说。由是雅俗之乐,皆此声矣。"中华书局,1974年版。

反映【注34】。所有这些都说明龟兹人既善于吸收外来音乐文化,更善于发挥利用,并加以发展。正是这种创造精神,才取得如此杰出的成就。

(三)龟兹音乐文化较早便形成自己的规模。在谈这个问题之前,我们先看一段文献记载。《资治通鉴》在讲到前秦将领吕光伐龟兹后的归留问题时指出:"吕光以龟兹饶乐,欲留居之。天竺沙门鸠摩罗什谓光曰:'此凶亡之地,不足留也;将军但东归,中道自有福地可居。'光乃大飨将士,议进止,众皆欲还。乃以驼二万余载外国珍宝奇玩,驱骏马万余匹而还。"【注35】此事发生在东晋孝武帝太元十年(公元385年)。此记载虽不是直接讲龟兹音乐文化,但从这一资料中看出,早在公元四世纪时,龟兹已是一处物产富庶、音乐文化较发达的地方。吕光想留居龟兹,除考虑到前秦政权岌岌可危,东归后自己的政治前途外,贪图龟兹的"饶乐",打算割据称霸一方,也是一个重要因素,以至东归时不惜征用大批运输力量尽载而去,使龟兹遭受一次空前的洗劫,但在客观上却导致了历史上龟兹乐舞首次大规模东传的情况。那么,此时龟兹乐舞具有什么样的规模呢?文献上不曾讲到,但从克孜尔石窟壁画上可作些推测。上已述及,这里的第38窟主室两侧壁佛说法图上端各绘有一幅乐舞兼备的天宫伎乐图,所见的乐器有弓形箜篌、五弦、阮咸、里拉、排箫、竽篥、横笛、唢呐、铜钹和答腊鼓(详见表一),舞蹈有独舞、双人舞,乐舞之间的组合也甚为清楚(详见表二)。由于这两幅天宫伎乐图绘出的乐舞众多,德人曾将此窟誉之为"乐队洞"(Höhle mit dem Musikercher)。若将这两幅天宫伎乐图内的乐舞与克孜尔整个乐舞作一对比,看出除波斯系的竖箜篌、琵琶及鼓乐外,龟兹乐中的多数管弦乐器,两类主要舞蹈形式都已出现,两种乐器相组合的情况比较普遍,大部分舞蹈都有乐器伴奏。这两幅天宫伎乐图保存完好,未发现有后人修补的痕迹,属于一次性制作完成。它的天宫装饰是下为托梁,上为凹凸条栏墙,眉拱式龛楣皆饰以鱼鳞纹,两端为单叶忍冬,由希腊爱奥尼亚式柱头承托。这种装饰结构虽有它的特点,但大体与敦煌莫高窟早期北朝窟的天宫伎乐图相同。据有的学者研究,敦煌早期北朝窟开凿于公元五世纪上叶【注36】又此窟主室两侧壁与券顶转折处作一层叠涩线,不是枭混,属于克孜尔早期中心柱窟的建筑式样,因此这两幅天宫伎乐图制作年代最迟不晚于公元四世纪末或五世纪初,有关部门对此窟的碳-14年代测定也证明了此点【注37】。这就给我们提供了四世纪前后龟兹音乐文化的重要参考材料,窥知此时龟兹乐舞虽还不很完备,但基本上已形成自己的规模。当然,此时龟兹乐舞仍处在发展中,其高度发展阶段,可能是在公元五、六世纪吸收了波斯音乐文化及鼓乐之后。据文献记载龟兹鼓乐很著名,是龟兹乐的另一特色,对中原地区影响极大【注38】。而这种发达情况,也可从克孜尔壁画上看到一些,就是这里不仅绘出多种类型的鼓,而且演奏者多作击鼓而舞的姿态,似乎鼓与舞之间密不可分。尽管这些都是一些片影,但对我们了解当时极盛一时的龟兹鼓乐不无裨益。

（四）隋唐宫廷的龟兹乐，并非是龟兹本地乐舞的原貌。如前所述，自公元四世纪末吕光伐龟兹导致龟兹乐舞大规模东传后，又经北魏、北周、北齐间源源不断地输入，特别是经北周武帝与突厥联姻，由突厥公主将以龟兹为代表的庞大西域乐舞团体带到长安后，更是为中原音乐文化注入了新的活力【注39】。至隋唐之世，龟兹乐舞风靡中原，深受朝野各阶层人士欢迎，被列作宫廷乐舞中的一部。但隋唐宫廷龟兹乐，并不是成套搬用龟兹乐舞，而是将从十六国以来二百多年中先后流传中原各地的龟兹乐舞搜集而成。关于这方面的情况，《隋书·音乐志》记载较详："龟兹者，起自吕光火龟兹，因得其声。吕氏亡，其乐分散，后魏平中原，复获之。其声后多变易。至隋有'西国龟兹'、'齐朝龟兹'、'土龟兹'等，凡三部。开皇中，其器大盛于闾闬"，以至朝廷不能禁。经过搜集的隋唐宫廷龟兹乐，其乐器、乐曲、乐工、舞者的人数和服饰，《隋书·音乐志》、《旧唐书·音乐志》、《新唐书·礼乐志》、《唐六典》和《通典》均有记载【注40】。从这些记载中可看出，各书所记的情况不尽相同，《隋书》和《旧唐书》所记乐器为十五种，《新唐书》为十八种，《唐六典》和《通典》分别为十六和十四种。乐工员额和歌舞曲调仅《隋书》作有记载。舞者除《隋书》未载外，均记为四人，《旧唐书》和《通典》并记载了乐工和舞者的穿着打扮，《新唐书》甚至对演出场地的布置也作了描述。比较各书，《隋书》、《旧唐书》、《唐六典》和《通典》所记情况较为接近，《新唐书》较前几书复杂，说明隋唐两代宫廷龟兹乐有些不同，即便是唐代的宫廷龟兹乐，其前后也有变化。这种不同和变化，便是对当时搜集起来的龟兹乐舞加以编制的一种信息，而且这种编制在不断地进行，可说终隋唐两代而未停止过【注41】。如果我们再将上述各书所记乐器和舞蹈，与克孜尔壁画中绘出的乐舞形象作一对照，两者之间的异同尤为清楚。如壁画上见到的弓形箜篌，从绘出图像的丰富程度和位置显要来看，应是龟兹人民较为喜爱而又广泛使用的一种乐器，若按龟兹本地乐舞的编制，当有弓形箜篌，但在隋唐宫廷龟兹乐中却未有此器，可能是宫廷艺人在配置过程中作了舍弃。又如筝，众所周知，这是一种古老的中原乐器，既未见文献上有传入龟兹的记载，壁画上也没有绘出，其用于唐代宫廷龟兹乐，明显是为丰富龟兹乐音色，加强它的表现力而编入的【注42】。再如舞蹈，从画中看到的表演形式多为独舞和双人舞，而文献所记的龟兹乐舞者均为四人，这可能是随着乐队组织的扩大，相应地增加舞者人数，以增强舞蹈的气势。其实四人舞，表演时仍是以双人舞为基本组合。这些异同之处，充分表明隋唐宫廷龟兹乐与龟兹本地乐舞是有区别的，两者不能等同和替代。其区别在于：龟兹本地乐舞带有浓厚的民族民间的形态，其内容和形式比较丰富多彩而又生动活泼；隋唐宫廷龟兹乐是经过加工整理的大型宫廷乐舞组织，它既保持了龟兹本地乐舞的基本特色，也根据宫廷的需要与好尚作了若干改变，并融合了中原传统的音乐文化，成为程式比较固定的皇家音乐。因此，切不

《隋书·音乐志》：龟兹者，"其歌曲有善善摩尼，解曲有婆伽儿，舞曲有小天，又有疏勒盐。其乐器有竖箜篌、琵琶、五弦、笙、笛、箫、筚篥、毛员鼓、都昙鼓、答腊鼓、腰鼓、羯鼓、鸡娄鼓、铜钹、贝等十五种，为一部。工二十人。

《旧唐书·音乐志》："龟兹者，工人皂丝布头巾，绯丝布袍，锦袖，绯布裤。舞者四人，红抹额，绯袄，白裤带，乌皮靴。乐用竖箜篌一、琵琶一、五弦琵琶一、笙一、横笛一、箫一、筚篥一、毛员鼓一、都昙鼓一、答腊鼓一、腰鼓一、羯鼓一、鸡娄鼓一、铜钹一、贝一。毛员鼓今亡。"

《新唐书·礼乐志》"龟兹伎，有弹筝、竖箜篌、琵琶、五弦、横笛、笙、箫、觱篥、答腊鼓、毛员鼓、都昙鼓、侯提鼓、鸡娄鼓、腰鼓、齐鼓、担鼓、贝，皆一；铜钹二。舞者四人。设五方师子，高丈余，饰以方色。每师子有十二人，画衣，执红拂，首加红抹，谓之师子郎。"

《唐六典》："龟兹伎，竖箜篌、琵琶、五弦、笙、箫、横笛、觱篥各一，铜钹二，答腊鼓、毛员鼓、都昙鼓、羯鼓、候提鼓、腰鼓、鸡娄鼓、贝各一，舞四人。"

《通典》："龟兹乐工二人，皂丝布头巾，绯丝布袍，锦袖，绯布裤。舞四人，红抹额，绯白裤奴，乌皮靴。乐用竖箜篌一、琵琶一、五弦琵琶一、笙一、横笛一、箫一、筚篥一、答腊鼓一、腰鼓一、羯鼓一、毛员鼓一（今亡）、鸡娄鼓一、铜钹二、贝一。"

【注40】 为便于比较，兹将各书记载摘引如下：

【注41】 各书记毛员鼓情况也说明此点。《隋书》、《唐六典》和《新唐书》明确记有毛员鼓，而《旧唐书》和《通典》在记毛员鼓时却加上"今亡"两字，联系各书成书的年代，我们认为，这不是说毛员鼓仅存在于隋，进入唐代就失传了，而是隋唐两代宫廷龟兹乐中，有的阶段使用毛员鼓，有的阶段又暂不用。这种起落，也反映了隋唐两代对龟兹乐是不断进行编制的。

【注42】 傅玄：《琵琶赋序》在讲到阮咸的起源时（结合《史记·封禅书》看，随乌孙公主嫁昆弥而传入西域的乐器就是卧箜篌，这里仍沿用原意）云："闻之故老云："汉遣乌孙公主，念其行道思慕，使工知音者，战琴、筝、筑、箜篌之属，作马上之乐。"（转引自《太平御览》卷五百八十三）据此，有人认为弹筝早在汉代即传至龟兹，但从文中看：傅玄根据的是传说，讲的又是改制情况，再从库车、拜城一带石窟壁画上看也绝无仅有，所以弹筝不一定传入龟兹。

241

可将文献所记的隋唐宫廷龟兹乐与龟兹本地乐舞混为一谈。

（五）新疆维吾尔族民间乐舞与古龟兹音乐文化，有着一定的继承关系。维吾尔族是一个历史悠久、能歌善舞的民族。据文献记载，原属匈奴，北魏时称高车、或称敕勒，散居在漠北一带。隋时，内有一部曰韦纥，在反抗突厥贵族的压迫中，曾同仆骨诸部结成部落联盟。唐时称回纥，由于助郭子仪平安史之乱，与唐一直保持友好的关系，并于贞元四年(公元788年)赐号回鹘。开成五年(公元840年)为黠戛斯所败，大部西迁至今新疆东南部，定居在高昌、龟兹等地区。从此，维吾尔族在与当地土著民族的融合中，逐渐吸收了包括龟兹在内的当地民族文化，丰富和发展了本民族文化。虽从公元一三世纪前后，伊斯兰教传入新疆，居住在这里的各族随着宗教信仰的改变，原有的文化也发生重大变化，然而，作为一个民族和地区的文化，无论社会和信仰如何剧变，它总会得到一些传承，古龟兹音乐文化对新疆维吾尔族民间乐舞的影响也不例外。当然，新疆幅员辽阔，历史融合的情况不同，发展也不平衡，各地区继承的程度也非一致，这是一个需作广泛研究和深入探讨的课题，不是本文所能包涵的，在此只是想提出这一问题，并就克孜尔石窟壁画上所见情况作一概述。如壁画上绘出的竿篥，在我国中原地区除古老乐种犹有传习外，一般都不再使用，而在新疆维吾尔族民间当中流行一种叫作"皮皮"(巴拉曼)的管乐器，不仅名称的语音、器形与竿篥近似，而且还有"龟兹角"的调名，明显为龟兹竿篥的遗制。从壁画上看到，唢呐早在一千五百多年前便在龟兹地区出现，它不仅被维吾尔族人民直接沿用下来，而且发展成为民间音乐歌舞中一种重要乐器。壁画上其他一些乐器，虽已不为今天维吾尔族人民所使用，但仍能看到某些相类之处。如曲颈阮咸，有可能与现在维吾尔族所用的"热瓦甫"有渊源关系。又如现在新疆叶尔羌河畔的麦盖提、巴楚、莎车、阿瓦提一带流行的"刀朗热瓦甫"，不仅形制与壁画上所绘的五弦相似，而且演奏者抱持乐器的方法也与壁画上所见一样。再看舞蹈，壁画上绘出的多为独舞和双人舞，即使是群舞，也是几组独舞和双人舞的组合。现在维吾尔族民间舞蹈，流行的也是独舞和双人舞，如"麦西来甫"歌舞晚会，看上去有很多男女参加，是一种群舞，但分开来看，也只是众多的双人舞而已。这种队形的相似，想必不是偶然现象，而是龟兹乐舞的遗风。新疆维吾尔族民间流行的还有一种称"来帕尔"的双人舞，表演者为一男一女，表演时一问一答，边歌边舞，深受本民族人民的喜爱。这种表演形式，与壁画中所见乐舞形象类似，这可能与民族习性和居住环境密切相关，但也可看出它们之间的文化联系。在舞姿上，新疆维吾尔族舞蹈由于受伊斯兰教的影响，舞者的身段一般都很挺拔，躯干部分的动态较少，与壁画中绘出不同；但手、脚的许多动作，如抬肘、翻掌、绕腕和行进式的步法等，却与壁画中的舞者相同。新疆维吾尔族民间舞蹈中常见的弹指和合掌打指动作，在壁画中也有表现，显然也是继承了龟兹人的舞技。新疆维吾尔族舞蹈的基本动作是旋转,这种动律可追溯到古代西域的胡旋舞。唐代诗人白居易在《胡旋女》诗中,对此舞曾作了非常生动的描述,舞者"心应弦,手应鼓,弦鼓一声双袖举,回雪飘摇转蓬舞。左旋右转不知疲,千匝万周无已时。人间物类无可比,奔车轮缓旋风迟"[43]。这种具有高度技巧、以各种旋转动作为主的舞姿,在克孜尔壁画上也可见到。目前虽还不能肯定壁画上的这些舞蹈,就是历史上的胡旋舞,但其舞姿与诗文描写甚为相符,流风余韵,绵延不绝。从壁画上还看到,鼓常与舞蹈伴奏,而新疆维吾尔族民间歌舞也是如此,虽现在是用手鼓代替了过去的各种细腰鼓,但鼓在伴舞中的地位和作用是显而易见的,与龟兹乐舞也是一脉相承。总之,我们从壁画上看到新疆维吾尔族民间音乐歌舞的许多方面,是直接或间接地继承了古龟兹乐舞的传统,以至两者韵律基本一致。今天,我们攀缘克孜尔石窟,观赏这里壁画上乐舞形象,不仅如在阅读一部辉煌的古龟兹音乐文化史,而且犹如置身于绚丽多姿的现代维吾尔族民间音乐歌舞之中。

一九八二年元月

【注43】《全唐诗》第十三册,中华书局1979年版。

图 版 说 明

马世长　丁明夷

1　第69窟　主室前壁门上圆拱壁　鹿野苑初转法轮图

第69窟是朝鲜族画家韩乐然先生于1947年6月发现的一个中心柱窟。此窟的前室,保存较多。图为69窟主室前壁门上圆拱壁内的鹿野苑初转法轮的场面。鹿野苑,在中天竺婆罗㮈国,"仙人鹿野苑者,诸有神仙得道五通学者,皆游学彼国"(《出曜经》卷第十四》),故又名"仙人论处"。释迦牟尼成道后,即于此初转法论,说四谛之法。有关鹿野苑的故事,可参见《出曜经》卷第十四道品之二。图中之佛,著偏衫袈裟,结跏趺坐。座前有卧鹿二。其左侧有弟子二身、菩萨五身,或坐或跪;右侧为弟子四身、菩萨三身。图右下方绘有两身俗装供养人像,男者居前,女者在后。世俗供养人绘于佛传图,是克孜尔石窟仅存的一例。

2　第69窟　主室前壁门上圆拱壁　供养人特写

两身供养人像,均为世俗打扮,上身前倾微躬,作跪姿态。前者戴冠,束腰,佩短剑,为一男性。其头顶项光处,有墨书龟兹文一列,似为榜书题名;后者头戴金冠,饰有蛇状龙形饰物,身著盘领对襟短袖衣,下穿间色裙,是一女性。二供养人像各擎一长柄香炉,作虔诚供养状。服饰华丽,反映其社会地位之高贵。这组供养人像,当为龟兹贵族形象。

3　第69窟　主室东壁　立佛像

第69窟主室东、西壁,原各有一列塑像,均毁,现仅存壁面和壁下像台上的塑像遗迹。此一立佛,显系塑像毁坏后,在壁上重抹泥层后绘制的。此图边缘处,与西壁原壁,可见有明显的重层叠压痕迹,故这一立佛像,与本窟原有壁画的时代不同,应为后代作品。立佛著通肩袈裟,右手托钵,背身光和头光。其左侧为三身外道形象,束发、裸身,双耳悬大环,腰围皮裙。

4　第69窟　主室东壁　供养人特写

此供养人,位于上述立佛左下方,其下部已残,原似作跪状。上身半裸,仅用一兽皮,自右肩至左腋相围,作结于背,下身穿皮裙。此供养人仰首视佛,右臂高举执花,作供养姿态。

5　第69窟　主室东壁　供养人像

图中二圆形凹孔,是原有塑像嵌于壁内的木桩孔遗迹,大约位于原塑像头部,图中壁画即绘在二像之间。上者头戴宝冠,裸身,左手于腰部执一金刚杵。右手上举,握一桃形器物,当是供养天人。下图并列两身著世俗装的男供养人,著翻领对襟大衣,束腰带,手中各擎一花。

6　第69窟　主室西壁　立佛局部

此图与东壁立佛南北相对,唯残损较多。此图亦是后来重绘的,情形与东壁相同。立佛仅存头部和前伸之右手。其右侧上方为两身供养天人,束发于顶,似作合十状。其下方,供养者一身,下部残,原似作跪状。披发,双手上举,持花供佛。

7　第69窟　主室券顶西侧壁　菱形格本生画局部

第69窟主室券顶东西侧壁菱形格山峦内绘佛本生故事壁画,东侧壁壁画大部残毁,西侧壁保存较好。此壁上下共有六列,每列8—9方,第七列为半菱形格,呈三角形状。菱形格边缘的山形别致,山峰均作平顶,山谷处作圆弧状,边缘犹如邮票边齿。券顶岩壁为细颗粒砂岩,故表面不抹泥,仅涂以一层白粉作底,即起稿绘画。画面现状已模糊不清,仅存色块斑斑的痕迹。图为西侧壁南端本生画局部现状。

8　第69窟　主室券顶西侧壁　菱形格本生画睒子本生特写

图中右下方,一人持双耳水瓶于圆形水池边取水,图之左上方为迦夷王乘一骏马俯身弯弓作射箭状,此为睒子本生故事。睒子为一童子名,佛说往昔为睒子童子,佛经记载有睒子孝养瞽亲之事,名为《佛说睒子经》,出于《六度集经》。可参见第1卷图版29之说明。迦夷,地名,即迦毗罗卫城,在今尼泊尔境内,为释迦诞生地。晋法显旅行至此,已云城址荒芜,民家仅数十。唐玄奘西游,尚见有伽蓝窣堵波及阿育王所建大石柱,今遗址已荡然无存,惟大石柱于公元1897年出土。

9　第69窟　主室券顶西侧壁　菱形格因缘画沙弥守戒自

杀缘特写

图中有一树,上挂一棕色衣物,其左侧一裸女,扭臀交足而立。此裸女之右侧为一结跏趺坐的比丘,右手执刀置于颈部作自杀状,此似为沙弥守戒自杀缘。一沙弥奉师命往长者家乞食,长者之女见沙弥后,故作媚态。沙弥乃以剃刀刎颈而死,终不破戒。此一故事出自《贤愚经》卷五。此外还有沙弥著香为龙、沙弥爱酪为虫的传说。沙弥,即"息其世染、慈济群生"之意,故事均为围绕男子出家受戒这一主题。

10 第69窟 主室券顶西侧壁 菱形格本生画局部

图为西侧壁北端本生画局部。

11 第69窟 主室券顶西侧壁 菱形格本生画大光明王本生特写

图中左上方,有一树向前倾倒,树上立一鸟。右下方一奔象,上骑大光明王,双手攀树抓枝,惊恐万状。此图为大光明王始发无上心缘的故事,可参见第1卷图版51之说明。释迦如来于过去为波罗捺国王,称为大光明王。

12 第69窟 主室券顶西侧壁 菱形格因缘画溺水比丘舍身持戒缘特写

图中八角形水池中,浮游着二比丘。左侧一少年比丘双手抱一木板,作回首盼顾状;右侧一老年比丘,右手上举,正追逐少年比丘。此为溺水比丘舍身持戒故事。是说有诸比丘与商人下海,结果船毁而人溺水。一少年比丘获得一木板,上坐比丘却没于水中。少年比丘为守戒之故,舍身以板救济上坐比丘(参见《众经撰杂譬喻经》卷上)。

13 第69窟 西甬道外侧壁 听法菩萨像特写

图为69窟西甬道外侧壁壁画残部。听法菩萨头戴宝冠、耳饰大环、双手合十。

14 第69窟 后甬道后壁涅槃像身光特写

第69窟后甬道后壁原塑涅槃像,已残失,图为涅槃像后的身光部分,绘有火焰纹、华绳纹和鸽子衔环装饰纹带,上为飞天、华树及举哀弟子像。鸽子衔环图案,亦见于第123窟。

15 第69窟 后甬道后壁 举哀弟子像特写

此图位于69窟后甬道后壁右侧上方。图中比丘像面相丰满,以右手抚右耳,左手反掌置胸前,著右袒袈裟。从图所示,袈裟衣纹流畅,并富有粗细变化,这与粗细均匀的铁线描已有显著不同。

16 第77窟 东甬道外侧壁 局部

第77窟是一座大像窟,主室后壁原为一身大立像,现已毁,但遗迹犹存。通过东西甬道可进入高大宽敞的后室。后室后壁下部原塑一大涅槃像,塑像已荡然无存,仅存一通室的涅槃台座。图即为从主室通往后室的东甬道外侧壁壁画的局部。券顶为菱形格壁画,其下为一列天宫伎乐图。

17 第77窟 东甬道券顶外侧壁 菱形格壁画及伎乐局部

甬道的券顶处,以菱形格山峦为背景,画入各类人物:禅定比丘、挥巾起舞的女伎、端坐的猕猴以及鹿、羊、鸟禽等。菱形格中又大多画种种变形水池和形态各异的花树。天宫伎乐为一横列,以头戴宝冠交足而坐的菩萨为中心,左右配以供养和歌舞奏乐的伎乐等。图为该窟东甬道券顶外侧壁壁画局部。

18 第77窟 东甬道外侧壁 伎乐局部

图为第77窟东甬道外侧壁伎乐特写。外侧壁与券顶交接处绘有一条忍冬纹边饰,上有圆形橼头,悬瓶状饰物。一列伎乐下,为凭台状的栏墙,其下绘有承托的影作枋头。这类象征性的建筑,以表示伎乐是在天宫中。天宫伎乐均戴宝冠,或袒上身,或著世俗装。图左为一女性,右手立一鹦鹉,中者左手执花。

19 第77窟 东甬道外侧壁 菩萨及伎乐局部

图为该窟东甬道外侧壁天宫伎乐中心部分。中一菩萨,头戴宝冠,披帛,身饰璎珞,合掌于胸前,交足坐于一圆形莲座上。左侧一人,袒上身,戴冠,作礼拜状;右侧一人,束髮,袒胸,斜披帛带,双手合十。两伎乐均朝向菩萨。

20 第77窟 东甬道券顶外侧壁 菱形格壁画特写

图为第77窟东甬道券顶外侧壁南端菱形格壁画特写。菱形格中,山峦耸立,花树变形别致,富有装饰性。回首张望的猕猴、奔驰跳跃的老虎、悠然觅食的小鸟,生动活泼,各有情趣。

21 第77窟 东甬道券顶内侧壁 菱形格壁画特写

图为第77窟东甬道券顶内侧壁壁画之特写。画面中央左侧，有一男者交足盘坐于草垫上，右袒，赤足，双手置于腹前，前有一花树。其右侧另一菱形格内，绘有一供养菩萨，画面的左上方也是。供养菩萨均袒胸，戴花冠，帔帛绕肩。画面中央上方又一菱形格内，一花树栽于水池中，上有一对鸟，尾细长。

22 第77窟 东甬道券顶内侧壁 菱形格壁画特写

图为77窟东甬道内侧壁券顶北端菱格画特写。左下方，一持长巾状风袋的人物，与中心柱窟券顶中脊处的风神形象相似。右侧菱形格内为一草庐内修定的比丘像。

23 第77窟 西甬道券顶外侧壁 局部

第77窟西甬道券顶为菱形格壁画，其下内外侧壁各绘一列天宫伎乐，壁画布局与东甬道同。图为该窟西甬道券顶及外侧壁局部，可见墙皮剥落，壁画漫漶。

24 第77窟 西甬道外侧壁 伎乐局部

图为该窟西甬道外侧壁北起第2—4身伎乐，均袒上身，头戴宝冠，左盼右顾作听法、供养状。

25 第77窟 西甬道券顶外侧壁 菱形格壁画特写

图中左下方，为一身右袒比丘像，坐于水池旁，作静思冥想状。右方为一风神形象，左臂持长巾。上方菱形格山峦内，绘有一树，作辐射形排列，枝上栖立四鸟，两两相对。

26 第77窟 西甬道券顶外侧壁 菱形格壁画局部

图中上方，为西甬道券顶内外侧壁交接处，没有明显的中脊，因此所绘的风神和飞鸟形象很小。下方菱形格壁画中的树木、鸟兽、人物等，则相对地大，显得格外醒目。图中画面中部菱形格内，绘有一孔雀，昂首翘尾，注视着悄悄地伸过来的蛇头。左下方为一婆罗门，下方绘有云气纹和数条并列的蛇形龙状的长虫。综观77窟甬道券顶的菱形格壁画，大多情节简单，主要是起装饰作用的画面。

27 第77窟 西甬道券顶内侧壁 菱形格壁画特写

图为77窟西甬道券顶内侧壁北端菱形格壁画特写。图上方为券顶外侧壁与内侧壁连接处，两者之间没有明显的中脊。空隙处的风神和飞鸟似作分隔的象征。图左下方的禅定比丘，著右袒袈裟，但已用偏衫覆盖右肩。中部的立马，尾部细长，尾端上扬作拂尘状，形如狮尾。画工为填充菱格上部的空隙，而有意将马尾变形上扬。

28 第77窟 西甬道券顶内侧壁 菱形格壁画特写

右上方为一过水池的立马，其上方似为一鸟，凌空俯冲而来。左下方菱形格内似为一外道，赤身露体，作跪姿，壁面破坏，形象不清。

29 第77窟 后室东北隅内景

第77窟后室窟顶，为前后坡的梯形顶。梯形坡顶的中部绘有两列伎乐，前后坡各绘一列。窟顶中部两列伎乐，其头部均朝向窟顶中部，而站立方向则分别与前后坡伎乐相同，每身伎乐的四周，用边饰相隔，成为独立的画面。四壁壁画均遭破坏。

30 第77窟 后室券顶 伎乐特写(1)

图为后室窟顶伎乐之一。伎乐头部略倾，臀部向右扭摆，右足前伸，右手置于腰部，左手上举。戴冠，帔帛绕肩，至双臂下垂。

31 第77窟 后室券顶 伎乐特写(2)

图为后室窟顶伎乐之一。这一伎乐，戴冠，宝缯从头部两侧飘起。袒上身，其颈、胸、臂、腕均有饰物，下着裙，跣足。腹前悬一鼓，双手作击鼓之状。

32 第77窟 后室券顶 伎乐特写(3)

图为后室窟顶伎乐之一。这一伎乐，服饰同前图。上身微扭动，胸、腹挂璎珞，双臂弯曲，执华绳作供养状。

33 第77窟 后室券顶 伎乐特写(4)

图为后室窟顶伎乐之一。这一伎乐，头前倾，上身右转，右侧宝缯上扬，双手于胸腹前执一华绳，作供养状。

34 第77窟 后室券顶 伎乐特写(5)

图为后室窟顶伎乐之一。伎乐上身侧转，双手于腹前合十，作供养状。

35 第77窟 后室券顶 伎乐特写(6)

图为后室窟顶伎乐之一。头部微倾，双手执物。

36 第77窟 后室券顶 伎乐特写(7)

图为后室顶部南坡伎乐特写之一。伎乐双足并立,双手捧执排箫置于颏下,作吹奏状。帔帛的右侧一端挂于腰部束带上。

37 第77窟 后室券顶 伎乐特写(8)

图为后室窟顶伎乐之一。伎乐头部微俯,双目下视,双手前伸执一华绳。

38 第77窟 后室券顶 伎乐特写(9)

图为后室窟顶伎乐之一。伎乐上身微侧转,双手举于胸前合十,执一物,作供养状。

39 第77窟 后室券顶 伎乐特写(10)

后室顶部伎乐特写之一。头部微俯,左手叉腰,右手置胸前。

40 第77窟 后室券顶 伎乐特写(11)

后室顶部伎乐特写之一。身体微向左侧转,头微俯,双手于腹前执一花盘。

41 第77窟 后室券顶 伎乐特写(12)

图为后室顶部南坡伎乐特写之一。伎乐位于边框的右下角,作胡跪状。双手置于胸前合十供养。

42 第77窟 后室后壁 壁画局部

图为后室涅槃塑像右上方遗存的壁画残部。上方的方形凹孔,为嵌入木构件的遗迹,凹孔间绘有忍冬纹边饰和影作枋头。其下为举哀场面。左侧二身飞天状的天人,或捧乐器,或执华绳,作供养状。右侧一弟子,著右袒袈裟,右手前举一物,似作供养状。

43 第80窟 主室正壁 壁画局部

第80窟为一中心柱窟,主室及左右甬道顶均作纵券形。主室正壁中央,凿一圆拱形大龛,龛内塑像已毁,仅存背光、身光、双狮等壁画残迹。

44 第80窟 主室正壁龛上圆拱壁左侧 壁画局部

壁画位于主室正壁龛上方的圆拱壁内。中央一佛,著袒右袈裟,交足而坐于方形高座上。座前置一瓮,瓮口沿伸出

数个人头,下正用火焰燃烧(见上图)。交足坐佛上方,有一排小坐佛。左侧为听法、供养菩萨,共两列五身。上列二身一人执华绳,一人合十作供养状;下列三身并坐于高座上,或合十,或执花。

45 第80窟 主室正壁龛左侧 菩萨像特写

此像位于主室正壁龛右上方,下肢部分已残。从正壁龛左侧二身菩萨像推测,此二身菩萨,原也坐于方形高座上。前一身菩萨,头戴单珠形宝冠,袒上身,右手置于胸前,作捻指状。后一身菩萨,头戴花冠,著短袖上衣,作世俗打扮。右手于胸前上扬,左手于腹前反掌向下。

46 第80窟 主室正壁龛上圆拱壁右侧 壁画局部

图为第80窟主室正壁龛上方圆拱壁内右侧壁画的局部。此侧壁画,绘有六身人物,分成上下两列。上列左侧一人,头戴盔,身着甲,左手执拂尘,右手握金刚杵,为一密迹金刚形象。上列中部一人,红发红髯,为一外道形象。上列右侧一人,头戴花冠,为菩萨装打扮。下列三身,均为外道形象,交脚坐于覆帛束腰座上。头饰均束发于顶,虬髯,或上扬右臂、左手执净瓶;或双手置于胸前。在中央坐佛的佛座左侧,还绘有一身躯瘦小的半裸之人,上举双臂,惊恐万状,立于火瓮旁。

47 第80窟 主室正壁龛右侧 菩萨像特写

此像位于主室正壁龛左上方,二身菩萨并坐于方形高座上,双腿斜舒。前一身菩萨半裸,腹前置一箜篌,右手上举,左手置胸前作拨弦状;后一身菩萨,头戴花冠,著世俗装,裸身,右臂弯曲,倚于前者左肩上,左手置于左足膝部,执一花。

48 第80窟 主室南壁全景

图为80窟主室南壁,中部的木门,是近代安装的。全壁以因缘佛传故事画为主要题材。画面分为上下两列,每列原绘三组壁画,每组均以佛像为中心,两侧配有天人伎乐、弟子等像。全壁保存较好的仅为两侧的四幅壁画。此壁上部及东侧,还饰有花边图案。

49 第80窟 主室南壁 因缘佛传图局部

图为80窟主室南壁左侧因缘佛传故事画残存部分,壁画破损较甚。图中南甬道口可以看到外侧壁所绘舍利塔的一部分。

50 第80窟 主室南壁 因缘佛传图局部

图为第80窟主室南壁右侧因缘佛传故事画残存部分。上方一排,绘有枋头、椽头以及枋头间的边饰。画面以坐佛为中心,其他人物均围绕并面向坐佛。上下两列及横向两幅画面之间,不加边栏。坐佛两侧上方为伎乐天人,中部多为弟子,下部两侧,则为表现一定内容的有关人物。每幅主题画均有一定的情节。

51 第80窟 主室南壁 因缘佛传图特写

图为第80窟主室南壁右侧上方两坐佛间的因缘佛传故事画的特写。从图观之,左侧一人正作弯弓射箭状,其身前一人头部朝下,全身倒置,正作下坠姿势。右侧上方,画一执刀魔怪,其旁立一菩萨。下部两身菩萨,并列坐于高座上。

52 第80窟 主室北壁 菩萨像特写

此菩萨像位于主室北壁左上方,仅残存上身部分。此像头戴单珠形宝冠,双耳悬环,满身垂饰,右手置胸前,拇食两指相捻,作听法状。

53 第80窟 主室券顶南侧壁 菱形格因缘及本生画

图为第80窟主室券顶南侧壁菱形格因缘及本生壁画布局状况。中脊处的天象图中,尚可见到残存的有绕以四天鹅之月天、立佛、蛇形龙及金翅鸟下身。中脊下方,满壁以菱形山峦为背景,上下六列为因缘故事画,侧壁下部,半菱形上端绘动物形象,下端则绘本生故事。

54 第80窟 主室券顶南侧壁 菱形格因缘画局部

图为第80窟主室券顶南侧壁左侧上方四列菱形格因缘画的局部。每一菱形山峦内,绘有坐佛一躯,或作结跏趺坐,或作交足而坐。坐佛上方,均绘有一花树宝盖,有关人物多画在坐佛左侧,也有画在坐佛的右侧或佛座的下方。

55 第80窟 主室券顶南侧壁 菱格因缘画弊狗因缘特写

此图位于主室券顶南侧壁左侧第四列第二幅菱形格壁画内。从图所示,坐佛右侧,一犬卧伏于高座上,下有一钵。坐佛左侧立一人,头戴宝冠,袒上身,双臂绕以帔帛,腰间挎一长剑,左手握剑鞘,右手执剑出鞘。此图似为弊狗因缘。是说有一弊狗,常喜啮人,凡人不得妄入其门。有一比丘入门乞食,正值狗卧不觉有人入门,因而比丘得食。弊狗心念:汝若独食,必啮吞之。沙门知狗心意,自食一搏,与狗一搏,狗

遂喜生慈。后狗出门卧,被其啮人以剑砍头,即转生长者夫人腹中,短命寻即命亡。后又生于长者家,见一沙门,即前还为礼(参见《经律异相》卷四十七)。

56 第80窟 主室券顶南侧壁 菱形格因缘及本生画局部

此图局部位于主室券顶南侧壁左侧下部,上部为因缘画,下部本生画相隔在半菱形格内。下端又以鳞纹、波状忍冬纹作边饰。

57 第80窟 主室券顶南侧壁 菱形格因缘画局部

图为主室券顶南侧壁右侧上方五列菱形格因缘画的局部。每列菱形格内,以绿、灰或白、黑的色块作底,中多绘右祖的坐佛。

58 第80窟 主室券顶南侧壁 菱形格因缘画猕猴奉蜜缘特写

图中一佛,交足坐于方座上,其前一猕猴,躬身俯视,双手持器,作取水状,此似为猕猴奉蜜缘。是说佛与众比丘在泉边同憩,有一猕猴从阿难处索取其钵,佛令与之。猕猴持钵至蜜树处,盛满蜜以奉世尊。世尊令去不净,复令以水和之。猕猴如世尊之教,以水调和,奉于世尊。佛将蜜分给众比丘,咸共饮之,猕猴欢喜异常,图中表现的即是猕猴以水调蜜供奉佛的情景。故事出自《贤愚经》卷十二。佛经中常以猕猴比喻凡夫之心,"心轻躁动转,难捉难调……躁扰不住,犹如猕猴"(《涅槃经》卷三十一)。

59 第80窟 主室券顶南侧壁 菱形格因缘及本生画特写

图为主室券顶南侧壁右侧上方菱形格因缘及本生画特写。从图所示,为三个不同画面:上方左侧一菱形格中,坐佛左侧立一人,左手于腰间握一剑鞘,右手执剑上举,作砍佛之状,此似为鸯崛鬘遇佛。是说鸯崛鬘见世尊走来,心中默念:此一沙门,独自一人,我当杀之。鸯崛鬘即拔出腰中长剑,欲将砍去。世尊遥见,知其心意。鸯崛鬘尽力追逐,然终不能及(见《增一阿含经》卷十一)。鸯崛鬘,为信奉杀人为得涅槃邪说之人,"杀害人民,各取一指,用作华鬘,以是故名曰鸯崛鬘"(《经律异相》卷十七)。据佛经记载,佛陀在世时,鸯崛鬘住舍卫城,出市杀害九百九十九人,切取各人之指,戴于首为鬘。第千人,欲念杀害亲生之母,佛怜愍之,为说正法,即改悔而入佛门,后得罗汉果。上方右侧为一猴蹲

坐于象背上,猴头上又顶立一鸟,此似为象猴鹦本生。是说象、猴和鹦同作一尼枸律树,共忆往事,以定长幼。结果是鹦年最长,猴次之,象又次之,于是象以猕猴置其头上,猕猴以鹦置其肩上,共游于人世间(见《十诵律》卷六)。图中之下方,有一蛇绕于佛身上,坐佛左侧立一束发长髯之婆罗门,手中持一手瓶,此似为降伏火龙的故事。是说世尊入于迦叶火神堂禅定,彼堂之毒龙入于火堂,欲念毒害世尊。佛于毒龙各放猛火,使草堂如大火相聚。彼时摩那婆等,或将水瓶,或担梯子,以水灭火(见《佛本行集经》卷四十、四十一)。

60 第80窟 主室券顶南侧壁 菱形格壁画特写

图为第80窟主室券顶南侧壁中部下端壁画特写。画中半菱形格内,有一虎昂首张口,前足高举。牛俯首,弓背,竖双角正顶撞虎腹。内容待考。

61 第80窟 主室券顶南侧壁 菱形格因缘及本生画局部

图为主室券顶南侧壁右侧下方因缘及本生壁画局部,上部三列为因缘画,下列半菱形格内为本生画。

62 第80窟 主室券顶南侧壁 菱形格因缘画罗云洗佛足缘特写

此图绘于主室券顶南侧壁最后一列因缘画右侧。从图所示,佛侧身,双臂曲置于胸前,双足并拢,坐于方形高座上。坐佛右侧,为一圆拱草庐,内存放多件瓶罐等物;坐佛左侧,一人裸身,手持一瓶,作为佛洗足状。此似为罗云洗佛足的故事。是说佛令罗云盛水洗足,洗毕,佛语罗云,此水可用以食饮否?罗云答曰,水本洁净,现已洗足,不可复用。佛对罗云说:汝亦如是(见《譬喻经》卷十)。罗云,比丘名,即罗睺罗,释迦牟尼之子,可参见第1卷图版22之说明。

63 第80窟 主室券顶北侧壁 菱形格壁画局部

图为主室券顶北侧壁左上方残存的壁画局部。此壁的壁画,大部已残毁,仅存此左上方及右上方二块。

64 第80窟 主室券顶北侧壁 菱形格本生画释迦作鸽救饥人本生特写

此为主室券顶北侧壁右侧上方菱形格壁画特写。一菱形格内,一佛结跏趺坐,作说法姿态,前侧一人,交足而坐,双手持长竿,似作供养状,坐佛左侧,立一鸟。此图左上方,

有一树立于水池中,树下一人交足而坐,双臂曲伸,面向烈火中之一鸽,此似为释迦作鸽救饥人本生故事。是说释迦原为一鸽,在雪山中,时大雪,有一人失道,穷厄辛苦,饥寒交迫,命在须臾。鸽见此人,即飞求火,集薪燃之,以身投火,施此饥人(见《大智度论》卷十一)。

65 第80窟 后甬道内景

第80窟后甬道,为券形顶,其上绘有菱形格装饰,后壁为佛涅槃像。图中所见,为甬道前壁,上绘分舍利图。壁面中央,为一老婆罗门,双手捧持舍利罐,其左右二侧各为二身菩萨像,双手中均持一舍利盒。此壁下部,绘有一城,前有护城河。

66 第80窟 后甬道北端壁 菩萨像

此窟后甬道北端壁,绘有二身菩萨立像。左侧一身头戴单珠形宝冠,袒上身,以左臂倚于右侧菩萨的右肩上,双足交叉而立。其左侧一身,头戴花鬘宝冠,著世俗妇女装饰。图中还可见到北甬道外侧壁部分壁画,分上下二列,上列塔中为坐佛,下列塔中有舍利盒。

67 第81窟 东壁 须达拏太子本生画特写

68 第81窟 东壁 须达拏太子本生画特写

第81窟位于谷西区最东端,为一平面呈方形的窟。其顶已残,从残迹推测,应为穹窿顶。此窟下部长期被积沙覆盖,1982年夏清理积沙时,发现地面中央有方形坛基和若干塑像残物,窟内四壁下部,为本生故事画。同年夏秋,我们再度赴新疆,作了补摄工作。从残存壁画看,本生画分为上下两列,绕四壁一周。每壁每列似为五幅,加上窟门两侧前壁各一幅,估计原壁画应有三十四幅。由于窟内长期被积沙掩埋,残损较重,壁面大多已漫漶不清。现据残存壁画观之,这些画面多为连续的场面,应是须达拏本生故事。须达拏,释迦因位时,为叶波国太子,行种种布施行善之事,"以其二子布施婆罗门,次以妻施,其心不转"(《大智度论》卷十二)。本生故事可参见《太子须达拏经》。本卷图版,选入东壁二幅,从图所示,线条衣纹勾勒流畅,人物形态具有中亚画风。图中表现的似为太子以国中却敌之宝象布施怨家的故事(参见《太子须达拏经》)。

69 谷内区石窟群外景

图中的水池,由苏格特沟内流出的清泉汇合而成,位于

第123窟下方谷内。池中碧波荡漾,山谷秀丽景色尽入眼底。从这里向西北方向望去,可以看到沟北侧第110窟附近的一组洞窟。石窟位于山崖腰部,自洞窟至谷底,坡陡很大,攀登不易。由水池处向西行或向北行,各有山谷和泉水,一路上杂草丛生,绿树成荫,景色迷人,别有天地。向北折行,便可通达人们向往的泪泉。

70　谷内区石窟群外景

图为谷内区石窟群所在的山崖外景。山崖之间的谷地,树木成林,泉水清澈见底。

71　谷内区南口东部石窟群外景

图为苏格特沟口,远处为东崖第129、135诸窟,多为方形穹窿顶;与之相对的西崖处,即第82—85窟,亦多为方形窟。谷口内小溪潺潺,林木茂盛,一派生机。

72　谷内区石窟群外景(第114—118窟)

图为谷内区第114—118窟外景,此组洞窟位于谷内北侧山崖上,包括方形窟、僧房窟和中心柱窟,是一组内容丰富、变化多样的洞窟,多属克孜尔中期开凿。

73　第85窟　主室券顶及东壁　壁画局部

第85窟为一小型窟,有前室,主室为方形,纵券顶。券顶中脊绘天象图,有弯月,外绕以星点;托钵通肩立佛、人头鹰身金翅鸟、托钵立佛和日。券顶两侧壁,各绘两列菱形格坐佛,佛著通肩袈裟,作禅定状,坐于方形高座上。坐佛头上绘剑形花树,座下绘叶状水池。东壁门上圆拱壁内,原塑坐佛,已毁损无存。

74　第85窟　主室券顶北侧壁　菱形格壁画局部

图为券顶北侧壁的以菱形格山峦为背景的千佛像。佛均著通肩袈裟,双手拱于腹前,结跏趺坐,作禅定状。佛下方之方形高座置于叶状水池中,在上下三角形山峦中,不绘人物,仅在圆形水池或曲边形水池中绘一剑形花树,装饰意味较强。据佛经,千佛谓过去、现在、未来三劫各有一千佛出世之通称。单言千佛,即贤劫千佛,为释迦第四佛。此图似为贤劫千佛之因缘(参见《千佛因缘经》)。

75　第92窟　主室西壁　因缘佛传图局部

图为第92窟西壁上方壁画局部。上方绘有枋头与柱头

间的边饰图案,其下为一条花边。下方胁侍人物,是因缘佛传图中分属两幅不同画面的形象,主要为听法弟子、菩萨以及护法神像等。

76　第92窟　主室西壁　因缘佛传图局部

图中上方为装饰枋头及花纹边饰。此窟正壁(即西壁)绘出四铺因缘佛传图,铺间无格界。图为该壁一幅因缘佛传图局部,坐佛右上侧,有一人物,袒上身,作飞天状,但形象与通常作菩萨装的飞天不同。其外侧是一身作听法状的外道。

77　第92窟　主室券顶南侧壁　菱形格壁画特写

在菱形山峦内,绘一庐,内坐一禅僧,著通肩袈裟,双手置于腹前,作禅定静坐状。周围衬以圆形水池以及饮水的羊、鸟、兽等。从图观之,以动物的喧闹、动态来烘托出坐禅僧人的清静、苦修的境界。按照佛教说法,僧人于山林岩窟中坐禅,定心于一境,冥想妙理,为成佛的基本功之一。《法华经安乐行品》曰:"深入禅定,见十方佛"。这种以静制动的对比手法,处理得十分自然,恰到好处。

78　第92窟　主室券顶南侧壁　菱形格壁画特写

图中以菱形山峦为背景,绘有二身菩萨装人物,头戴宝冠,并肩而立。背景山峦耸峙,水池穿插其间,旁配以饮水的大角羊、鸟禽等。

79　第92窟　主室券顶南侧壁　菱形格壁画特写

第92窟是一个平面呈方形、纵券顶窟。券顶南侧壁保存的壁画较多,在菱形格山峦为背景的画面内,绘有人物、动物等形象。图中一老猴,背负一小猴,老猴仰首,左后腿前跨,作奋力登高状,形象颇为生动。德人以此将窟命名为"母猴洞"。

80　第97窟　主室正壁龛上圆拱壁　壁画全景

第97窟是中心柱窟,主室作纵券顶。图为主室正壁龛上方圆拱壁内的壁画。画面大部已被烟火薰黑,当年香烛旺盛、烟火缭绕的情景,可以想见。从图所示,佛居中,著袒右袈裟,坐于方形高座上。佛之上方,为三身结跏坐佛。壁画左侧,绘六身听法菩萨像,壁画右侧,为六身外道形象。

81　第98窟　主室南壁　因缘佛传图局部

第98窟是一中心柱窟,主室顶为纵券形。主室左右两壁

绘有因缘佛传图,每壁又分为上下二栏,每栏内的画面,没有明显分界,图为主室南壁上栏因缘佛传图局部。从图观之,坐佛左右两侧的胁侍人物较少,多成上下二列的布局,在克孜尔石窟的因缘佛传图中,此窟的构图,已趋于简化。

82　第98窟　主室南壁　因缘佛传图特写

图为主室南壁上栏一幅因缘佛传图中的下部特写。坐佛居中,双足斜交于方形座上。左右两侧下方,分别各为一身菩萨和护法像,双足斜交,坐于方座上,双手于胸前合十,作听法状。佛座前侧,有一裸女,仰卧于地。这种佛传图,在克孜尔石窟中较多见,其内容待考。

83　第98窟　主室北壁　因缘佛传图特写

图为第98窟主室北壁上栏两幅因缘佛传图中的人物特写。图中所示,由其面侧方向可知分属于不同画面。上下两排,共六身,均戴冠,双手合十,或裸身,或著盔甲装,作听法状。

84　第99窟　主室西南隅内景

第99窟是一个中心柱窟,主室前有一进深较小的前室,为平顶。前室前端,现呈敞口,原结构不明。前室南、北壁各有竖向凹槽,前部地面,有东西向的地栿凹槽,共四条。主室正壁,凿一圆拱形龛,主室南、北壁上部,各凿二列小龛。图为主室西南隅内景,可以看到正壁和南壁的圆拱龛。中心柱两侧的南、北甬道,均为券顶形。正壁龛及侧壁各小龛内的塑像,均已残毁。

85　第99窟　主室正壁左侧　壁画特写

第99窟主室正壁上部,是以菱形山峦为背景的菱形格本生画,大部已被烟火薰黑,但仍可辨识有兔王本生、狮王本生等。正壁龛外两侧壁面为听法菩萨及弟子像。图为正壁龛左侧与南甬道之间壁面的两身菩萨像特写。从图观之,两身菩萨像,头戴宝冠,双腿斜交,坐于方形高座上,作听法姿态。座前还有一身躬身伏地作叩拜状的弟子像。

86　第99窟　主室正壁右侧　菩萨像特写

图为主室正壁右侧二身菩萨像特写。菩萨头戴花鬘冠,身饰珠宝、璎珞。内侧一身菩萨像,裸露上身,双乳丰腴,作扭腰曲肢之状。

87　第99窟　主室西北隅　窟顶局部

图为主室西北角及窟顶局部。此窟主室顶部,近于长方形,前端略低,形成一面坡形。这种形制的窟顶,在克孜尔石窟中,仅存此例。窟顶部分,在原岩壁面上,凿出六条东西纵向的石枋,后端与正壁交接,前端与前壁相连。前壁上部在石枋下又各雕出一枋头承托。正壁上部,在窟顶与龛顶之间,凿出一横枋,其下有六个枋头承托。横枋侧面凿成凸棱状,横枋两端,置于南、北壁上部的东西向横枋上。侧壁横枋形制同于正壁,唯承托枋头,每壁仅五个。

88　第100窟　主室内景

第100窟为一中心柱窟。从图观之,其主室顶为纵券顶,正壁中央凿有一圆拱形大龛,大龛左右两侧又各凿一拱形小龛。中心柱两侧南北甬道口,上部增加了圆拱形门楣,其下端与甬道侧壁交接处,呈圆弧状转折。与此相应的是,甬道内的券顶高于门楣,顶与侧壁连接处,凿出凸棱状枭混线。主室左右两侧南、北壁,所绘因缘佛传图分为下上三栏,每栏间以花饰相隔。

89　第100窟　主室南壁　因缘佛传图特写

图为主室南壁上栏因缘佛传图中的一幅。托钵坐佛居中,右袒,坐于方形座上。坐佛左右两侧,各绘托钵比丘像两身。左右侧上部两身比丘,著袈裟,手中各托一钵。左侧下方一身,双手托钵,双膝跪地,作供养状;右侧下方一身,著袈裟,似交足坐于座上。

90　第100窟　主室北壁　因缘佛传图特写

图为主室北壁上栏两幅因缘佛传图。从图所示,佛陀居中,著右袒袈裟,曲臂作交足或结跏趺坐状。坐佛两侧人物,布局死板,构图简单,均作听法或供养状。

91　第100窟　主室北壁　因缘佛传图特写

图为主室北壁因缘佛传图中的胁侍人物特写,位于坐佛左侧下方。从图所示,胁侍人物头戴毡帽,袒露上身,交足而坐,右手上举,执一物,左手于胸前持一金刚杵,应是护法神像。

92　第101窟　主室南壁　因缘佛传图特写

第101窟为一中心柱窟,主室纵券顶,南北两壁绘因缘佛传图。图为南壁两幅因缘佛传图之间的听法菩萨群特写。壁画剥落甚重。

93 第101窟 主室南壁 因缘佛传图特写

图为第101窟主室南壁因缘佛传图中的一身人物特写，位于坐佛之左侧。此人物头戴宝冠，袒裸上身，颈部戴项饰，胸前饰璎珞，作曲肢扭腰之状，姿态优美，宛若舞蹈。

94 第101窟 主室券顶南侧壁 菱形格因缘画局部

第101窟主室券顶南北两侧壁，在菱形格山峦中，绘因缘故事画，在两侧壁下方半菱形内，绘本生故事画。图为主室券顶南侧菱形格因缘画局部。每菱形格中，坐佛居中，着右袒袈裟，或结跏趺坐，或交足而坐。坐佛一侧画一人物，表现一定的故事情节，其另一侧绘花树或动物，成左右对称的构图。图中左侧上方，坐佛之左，有一比丘，头顶、肩部及双手中各置一灯，此似为梵志燃灯供养。一转轮王，头顶戴一灯，肩荷二灯，左右手各持四灯，两足趺上亦各有一灯，作昼夜供养(参见《经律异相》卷二十四)。转轮王为一婆罗门，剃身燃千灯以供养之，也出自《大方便佛报恩经》卷三。"梵志名清净，除去诸乱想"(《增一阿含经》卷四十一)，可参见第1卷图版32之说明。梵志燃灯供养也见于第38窟券顶西侧壁菱形格因缘画(参见第1卷图版127及其说明)右侧下方之菱形格中，坐佛右侧为一身作世俗打扮的男子，作供养状，此似为婆罗门施珠。有一婆罗门，善别如意珠，他将此珠供奉于佛。佛称：善来比丘。于是婆罗门须发自落，法衣着身，即得罗汉果(参见《杂宝藏经》卷七)。

95 第101窟 主室券顶南侧壁 菱形格因缘画局部

画面中央一菱形格山峦内，一佛着袒右肩袈裟，结跏趺坐。佛右侧为一袒露上身的女子，饰项环，巾帛绕身，左手上扬，长巾飞舞于佛顶上，作以巾供佛状。

96 第101窟 主室券顶南侧壁 菱形格因缘及本生画特写

图为第101窟券顶南侧壁下部两列因缘故事，其左右两侧半菱形格内，为本生故事。

97 第101窟 主室券顶北侧壁 菱形格因缘画局部

第101窟主室券顶北侧壁壁画，残损较甚。图为该窟主室券顶北侧壁仅存的部分因缘画。

98 第104窟 主室南壁 因缘佛传图特写

第104窟亦为一中心柱窟，主室顶作纵券形，主室南北侧壁绘因缘佛传图。每壁上下分为三栏，各栏之间隔以边饰。每栏内，各幅画之间也以边饰分隔。其布局情况与第100窟极为相似。图为因缘佛传图的特写。从图中可以看到，佛居中坐于方形高座上，左右侧各两身人物，分别位于上下两角处。每幅画的构图，人物不多，位置多固定，故显得呆板、简单。

99 第104窟 主室券顶南侧壁 菱形格壁画

第104窟为一中心柱窟，主室券顶作纵券形。主室南北两侧壁作因缘佛传图，每壁上下分三栏，各栏之间以边饰相隔。其布局与第100窟相似，构图简单、人物不多，较呆板。主室券顶两侧壁，自上而下各绘五列因缘故事，因缘故事画之下一列半菱形格内，为本生故事画。纵观克孜尔石窟诸窟，因缘故事画占突出地位，但由于情节简单，人物动态不甚明显，有些内容难以识别，能识别的因缘佛传故事，总计约六十余种。图为第104窟主室券顶南侧壁之菱形格因缘画的局部。图中上部已损毁，但从残迹中仍可看出，在券顶中脊部位中央为金翅鸟尾部之残画。据此，中脊处原为天象图。右侧下方所见处为盗窃者遗留的切割痕迹。

100 第104窟 主室券顶南侧壁 菱形格因缘画局部

图为主室券顶南侧壁右侧菱形格因缘画局部。图中左侧菱形格内，佛着右袒袈裟，结跏趺坐，右臂曲伸，拇指与食指相捻，作说法状。佛前方绘有一老人，身躯倒置，屈成一团，此为长老比丘在母胎中六十年缘。

101 第104窟 主室券顶北侧壁 菱形格壁画

图为主室券顶北侧壁菱形格因缘画全景。窟顶部分，壁画剥落残损。从图观之，菱形格因缘画，自上至下共为五列，最下端一列半菱形格内，为本生故事画。

102 第104窟 主室券顶北侧壁 菱形格因缘画局部

图为主室券顶北侧壁左侧菱形格因缘故事画局部。下列左侧菱形格内，坐佛前跪一胡人，头戴毡帽，身着翻领袍，足穿长靴，双手捧珠，此似为婆罗门施珠供养。中列右侧菱形格内，在佛座下方，绘有火焰，中为一骷髅，坐佛左侧绘一裸身男子，作跪状(参上图101)。这一情节，在克孜尔石窟因缘画中较多见，内容待考。

103 第104窟 南甬道外侧壁 供养人特写

图为南甬道外侧壁男供养人像特写。供养人着交领窄袖长袍，右领大翻，腰束带。供养人脸部圆浑，五官集中，双眼细小。头部发式整齐,长发齐项,发自顶中央分开,左右翘角,富有特色,此为唐书所载典型的龟兹人发式。颈部后方,尚有飘带饰物,可能是束发织物。供养人左手置于腰部,腰左侧多挎有长剑。此供养人打扮,当为龟兹人形象。

104 第107窟A 南甬道外侧壁 壁画局部

第107窟A为一中心柱窟,此窟北甬道与第107窟B的南甬道连通(第107窟B亦为一中心柱窟)。第107窟A甬道之壁面,绘塔中坐佛,与第107窟甬道绘千佛,迥然有别。图为第107窟A南甬道外侧壁之壁面所绘塔中坐佛局部。画面以长方形方格划分,纵向长方形格内,每格上下以塔刹、覆钵与坐佛相隔,纵向结合形成塔中坐佛的格局;上下分隔,又各自成为单独的画面。从横向观之,龛中坐佛与塔顶,形成交错排列的形式。从斜向观之,龛中坐佛与塔顶,又各自成斜行,错落有别。这种布局形式富有变化,与单纯的舍利塔中画坐佛的构图迥然不同。

105 第107窟A 后甬道后壁 涅槃图局部

第107窟A后甬道后壁绘佛涅槃图像,图为佛涅槃图腿部特写。右下侧,跪一年老弟子,身著袈裟,双手合十,面部哀戚。佛的身光外围,绘出火焰。此窟除后甬道后壁绘涅槃外,左右甬道及后甬道前壁均绘出塔中坐佛。壁画题材单一,已趋简化。

106 第110窟 北壁 佛传图娱乐太子特写

第110窟为一方形窟,北壁为正壁,东西为二侧壁。在这西、北、东壁位置上,绘有佛传故事。每壁上下,分为三栏,而东、西壁的每栏中,又分隔成七幅画面。北壁画面,残损较甚,从残迹推测,每栏应有画面五至六幅。全窟佛传内容,前后连续,从佛诞生至涅槃,绘出了释迦牟尼一生的事迹。从现存壁画内容来看,故事从西壁上栏左侧开始,接续北、东壁的上栏;而后又从西壁中栏,依次延接北、东壁中栏;接着,从西壁下栏至北壁下栏及东壁下栏,最后一幅涅槃图,止于东壁下栏的右侧。原有壁画当在57—60幅之间。现存壁画,上栏被德人盗凿甚多,其余残存壁画也多破损、漫漶。本卷选入的11幅佛传图,大致是按佛传故事的顺序编排的。图为第110窟北壁上栏佛传图特写。图中悉达多太子坐于方形高座上,右腿盘曲,左腿舒展。两侧为伎乐婇女,右者全身袒露,似在舞蹈;左者身著盛装,怀中抱一箜篌,双手作弹奏状。画面表现的是太子出家前的某一情节,似为娱乐太子图(参见《毗奈耶破僧事》卷三)。

107 第110窟 西壁 佛传图树下静观特写

图为西壁中栏左侧之佛传特写。图中左侧,坐于阎浮树下,以手支颐,若有所思,其前跪一人,其前站一人。图中右侧,有一人举臂扬鞭,驱牛犁地。此为太子观耕、树下思惟的情景。是说太子年遂长大,与群臣俱行至村落,观耕者犁地,虫随土出,乌鸟寻啄,心生忧愁,复于树下,静坐思惟(参见《佛本行集经》卷十二)。

108 第110窟 西壁 佛传图四门出游特写

此图接在上图太子观耕之后。从残图视之,左侧绘有太子骑一马,乘马返宫,右侧绘有宫城之门。悉达多太子16岁时,和拘利城公主耶输陀罗结婚,后生一子,名罗睺罗。这时期,释迦牟尼过着奢侈豪华的生活。但是,宫廷生活并没有能使他忘记人生的痛苦。据说他出游四门,见一老人,一残废者,一死人,一修行者,感到人生皆苦,"若当如此,我亦出家",他终于在29岁那一年,弃家外出求道(参见《佛本行集经》卷十四、十五,《毗奈耶破僧事》卷三等)。图为太子出游后返宫的情景。

109 第110窟 西壁 佛传图出家前夜特写

图为西壁中栏佛传特写。悉达多太子坐于方形高座上,其右侧一女,依坐于太子身旁,其左侧跪有二女,此似为太子返宫后被诸婇女娱乐的情景。是说净饭王为了打消太子出家的想法,别立宫殿,令太子坐于狮子座上,咸集所有童女,任其意愿,随时妆饰,著诸璎珞,娱乐太子(参见《毗奈耶破僧事》卷三)。

110 第110窟 西壁 佛传图出家决定特写

图为西壁中栏佛传图之特写。图中右侧,绘一太子俯视诸婇女之情景,其他画面,表现诸婇女之种种睡态,图中左侧一婇女,衣饰不整,身态放纵。太子见诸婇女在宫中睡姿异于常态,遂自思惟,意欲出家(参见《佛本行集经》卷十六、《毗奈耶破僧事》卷四)。

111 第110窟 西壁 佛传图逾城出家特写

图为西壁中栏佛传中之太子逾城出家的情景。画面作太子骑马王乾陟,四天王各扶马足,帝释后随,车匿前导,逾城出家。《佛本行集经》卷十六:"尔时太子仰瞻虚空,如是思惟:今中夜静……宜出家也",即令车匿,牵马备鞍,"梵王帝释令四天王,共扶乾陟,拥卫菩萨","菩萨诸天,威力感故,即腾虚空"(《毗奈耶破僧事》卷四)。

112 第110窟 西壁 佛传图牧女奉糜特写

图为西壁中栏佛传图中之乳女奉糜供养释迦的特写。图中左侧站一人，著右袒袈裟，左手持钵，其左侧为二女，一立一跪，双手捧钵，均面向僧者。图中右侧，亦站一人，手持一钵，其左一人，双手托钵作供养状。此左图，似为军将二女施食供养释迦的情景；此右图，似为牧羊子以乳汁供养释迦的场面(参见《佛本行集经》卷二十五)。释迦牟尼弃家出家后，最初，向一些著名的婆罗门教学者求教，但并未找到超脱"生死轮回"的办法。于是，他自己来到尼连禅河畔的森林中苦修，经过了六年时间，"身体肢节皆悉萎瘦无肉"、"两胁皮骨枯虚高下"(《毗奈耶破僧事》卷四)，历尽了千辛万苦。由于营养不良和体力消耗过度，终于在某一夜里，突然晕倒。醒来后，用尼连禅河的河水洗净了身上多年的积垢，后来又吃了牧女善生送给他的乳粥，"气力充盛，六根满实"(《毗奈耶破僧事》卷五)，使身体和精神都得到了恢复。此图即表现这一情节。

113 第110窟 东壁 佛传图龙女供养特写

图为东壁中栏佛传图之特写。画面左侧，为一著右袒袈裟的立佛，其左一女，身著璎珞等饰物。画面右侧，亦绘有一立佛，其前方为一跪女，头戴花冠，双手持一物，作供奉状，佛以手接之。此疑为尼连禅河龙女，以庄严天妙筌提奉献于佛的情节(参见《佛本行集经》卷二十六)。

114 第110窟 东壁 佛传图吉祥施座特写

图为东壁中栏之佛传图特写。图中左侧，画一立佛，著右袒袈裟。右侧一人，上身袒露，右手指向一方座。图中部上方，为一花树，树下有一方形高座。此似为刈草人吉祥以吉祥妙草奉于释迦为佛座(参见《普曜经》卷五)。吉祥施座的故事，也见于其他佛经，《毗奈耶破僧事》卷五："菩萨闻迦陵迦龙王赞已，诣金刚地作是念云：我应须草。于时帝释知菩萨心，即往香山，取彼柔软吉祥妙草，即自变身作傭力者，持吉祥草至菩萨前。菩萨见之，即从乞之，帝释前跪奉施菩萨。既得草已，即诣菩提树下，欲敷草座，草自右施。"

115 第110窟 东壁 佛传图降魔成道特写

图为东壁中栏之佛传图特写。图中之佛，坐于方形高座上，其左侧为三身盛装妖女，头戴花鬘，身饰珠宝，合十向佛。坐佛右侧，上方为三身老年外道，下方跪一菩萨。此似为降魔成道的一个场面。魔王惧怕释迦成道，令其三女至释迦住处，以种种媚态，扰其成道，释迦不为所动。魔女惭于"菩萨威神，衰变冶容，扶羸策杖，相携而退"(《大唐西域记》卷八)，遂化为三老妪(参见《过去现在因果经》卷三)。

116 第110窟 东壁 佛传图四天王奉钵特写

图为东壁中栏佛传之特写。从残存壁画观之，中央为释迦，坐于方形高座上。上方左右两侧，各绘二天王，均头戴宝冠，身著甲胄，各以双手捧持一钵。释迦坐佛下方左右两侧，各跪一俗装男子，著翻领装，束腰，佩短剑，亦各持食物供养。此图似将二商奉食与四天王奉钵布局在同一画面内。二商主以面酪蜜𫗦，奉于释迦。释迦心念，当以何器受之。时四天王即从四方飞来，共持四金钵器，往至佛所，以钵奉于释迦。佛乃以金钵受二商主食(参见《佛本行集经》卷三)。

117 第110窟 券顶东侧壁 菱形格壁画局部

第110窟顶，作纵券形。此窟的前室，已崩毁。窟前左侧，在岩壁上凿有登临洞窟的台阶，故德人命名为"台阶洞"。图为此窟券顶东侧壁所绘菱形格壁画的局部。从图所示，每菱形格山峦中，绘一身着通肩袈裟而结跏趺坐的坐佛。在坐佛两侧，不绘胁侍人物，故画面没有故事情节。为了装饰画面，以对称的形式，在坐佛一侧绘一箭形树，另一侧绘一鸟。整个壁面的菱形格壁画，与菱形格千佛壁画的构图比较接近，可以看出，在克孜尔石窟券顶以因缘画及本生画为主的菱形格壁画，在这类石窟中已被新的内容所代替。从图中还可看到，此窟券顶两侧壁之下端，还绘有一条明显的边饰，这也是其他石窟中不多见的。

118 第110窟 券顶西侧壁 菱形格壁画局部

图为券顶西侧壁之菱形格壁画局部。在菱形格山峦内，绘禅定坐佛。图中下列左侧，绘一身禅定比丘坐像，身著通肩袈裟，坐于圆形莲座上。在此壁下端半菱形格内，或绘一兽头，或绘一水树和鸟，或绘作禅定状之猕猴，没有具体情节，含义不明。

119 谷内区第114-116窟外景

图为第114-116窟之窟外景观，这群石窟位于谷内东侧崖上。第114窟窟前西已残断成峭壁。在其窟门上方，可以见到一列方孔，是为窟前原有建筑之遗迹。

120 第114窟 主室正壁全景

第114窟为一中心柱窟，主室作纵券形顶。图为该窟主室正壁及左右两甬道全景。从图所示，正壁中部凿一圆拱形大龛。龛外正壁上凿有密密麻麻的圆孔,圆孔与壁面斜交,当是内插木棍,以固定泥塑菱形山峦的遗迹,现菱形山峦已全毁。龛内后壁绘一菩萨像,头戴宝冠,宝缯下垂于双肩两侧,全身饰以珠宝璎珞,双腿作结跏趺坐于圆座上。龛内是否原有塑像,已不明。东西两甬道,顶作纵券顶。正壁中上部两侧,各凿有一长方形凹孔,置于券顶两侧壁下端,当是券顶下端安置纵向木枋的遗迹。

121　第114窟　主室前壁门上圆拱壁　壁画全景

图为主室前壁圆拱壁内壁画全景。佛居中而坐于方座上,其双肩绘有火焰纹。佛座前跪一弟子。佛两侧听法人像,或站或坐,均束发于顶,大髯,半裸,为外道形象。壁画下端之横向凹槽,是原置木枋的遗迹。其下端有插入枋头的方形凹孔一列,枋头之间画有边饰。门道上方绘坐佛七身。

122　第114窟　主室东壁　因缘佛传图

第114窟主室左右两壁,绘因缘佛传图,均作两栏,每栏三铺,铺间无格界,图为东壁因缘佛传图。壁面上方,与前壁同,也有一列方形凹孔,是原插入木枋头的遗迹,枋头之间也有边饰。在壁面上,还可看到被盗凿的痕迹。

123　第114窟　主室东壁　因缘佛传图特写

这一特写,位于主室东壁中上部。图中左侧一菩萨像,头戴花鬘冠,双手合十,面向左侧坐佛。右侧二比丘,均著右袒袈裟,拇食两指相捻,面向右侧坐佛,作听法状。

124　第114窟　主室东壁　因缘佛传图特写

图为主室东壁左侧上方因缘佛传图的特写。从残迹看,佛座前有一双臂前伸,应是一俯卧弟子的手臂。佛左侧二身供养人像,仅一身较为完整,色彩也较鲜丽。

125　第114窟　主室西壁　因缘佛传图局部

第114窟主室西壁因缘佛传图残损较甚。图为西壁上栏左侧壁画局部。从图所示,为坐佛两侧三列菩萨装人物。

126　第114窟　主室西壁　因缘佛传图局部

第114窟主室西壁壁画残损较重,上方可见被切割盗走的痕迹,右侧壁画已被烟薰黑,本卷仅选入此壁一幅。

127　第114窟　主室西壁　因缘佛传图特写

图为第114窟主室西壁上栏右侧因缘佛传图的局部。上

方为方形凹孔一列,横贯全壁。图中左侧一佛,著右袒袈裟,侧身坐于方座上,佛两肩处,有火焰状光圈。佛左侧人物,或立或坐,已被烟薰黑。图右侧可见一条竖向的边饰。

128　第114窟　主室券顶东侧壁　菱形格本生画残存部分

第114窟主室券顶东西两侧壁,均绘有菱形格本生画。由于烟薰过甚,壁画很难辨清,我们作了二次摄影才成现在的样子,拍摄工作的困难可以想象。此窟的本生画,技法熟娴,线条流畅,富有笔墨情趣,虽然内容辨认困难,我们还是尽量地介绍给读者,故本卷选入的特写较多。图为该窟主室券顶东侧壁左侧的菱形格本生故事局部。图中右侧空白处,为德人大面积盗凿留下的痕迹。这些劫后余存的壁画,显得格外的珍贵了。

129　第114窟　主室券顶东侧壁　菱形格本生画昙摩钳太子本生特写

图为主室券顶东侧壁左侧上方菱形格本生画特写。从图观之,菱形格山峰,层峦叠嶂,有一菩萨装人物,半裸上身,正立于水池中。其背后烈火熊熊,火焰升腾。两侧各站一天人,抓其双臂。此为昙摩钳太子本生故事。昙摩钳太子乐闻正法,天帝释化为一婆罗门语之曰:汝能投之于火坑中供养,吾即予法。太子即投入火坑,以示决心。时帝释并梵天王,各持其一手复难之,太子不为所动,仍投于火坑。火坑即变为一莲池(出自《贤愚经》卷一),并参见第1卷图版38、68之说明。

130　第114窟　主室券顶东侧壁　菱形格本生画局部

图为主室券顶东侧壁右侧上部菱形格本生画局部。从图视之,左侧菱形格内,有一人,袒上身,飘带绕身飞舞,作跪状。右侧菱形格内,绘一花树,其旁一猕猴,背负一人,正作攀登状。表现的似为穷陷人背恩的故事。是说一穷陷人陷入山谷中,不能自出。猕猴见之,遂下山谷,救出穷陷人。穷陷人心起杀机,遂投石樵猴头,血染满地。一般画面多作穷陷人以石樵猴的场面,如第1卷图67即是。而此窟着力表现猕猴救穷陷人的情景。这种以不同情景表现同一内容的画面,可互相比较参阅。故事出自《六度集经》卷五。两菱形格内还绘有一鸟、二作跳跃状的卷角羊。图上部边缘处,还见到中脊处壁画残迹,云中的蛇形龙、风神的手臂、托钵立佛的手以及背后的火焰等。

131 第114窟 主室券顶东侧壁 菱形格本生画叔伯二人杀龙济国本生特写

此图为主室券顶东侧壁左侧下方的菱形格本生画特写。画面中有一双头巨龙，委曲成圆状，双头口中各吞一人。龙身之内绘有三人，各作惊骇状。此图左侧半菱形格内，有一大象，象身上一狮，张牙舞爪，前足扑向双头龙，作搏斗状。此图将菱形格与半菱形格相结合，表现一个故事内容，一般来说，同一个故事画面中，多不画出象和狮子的形象。此当是叔伯二人杀龙济国本生。有一国中，蛟龙作怪，舌食黎庶。伯、叔二人欲杀龙救国，结果叔化为一象，伯变为一龙。象至龙所，狮子登之，与龙踊斗(出自《六度集经》卷六)。第1卷图66，绘有这一场面，可参见。

132 第114窟 主室券顶东侧壁 菱形格本生画特写

图为主室券顶东侧壁中部的菱形格本生画特写。图中左侧立一夜叉，尖耳长发，半裸上身。右侧树下有一庐，庐内置一束帛座，庐外胡跪一菩萨装人，以右手置于左手腕部，似作施舍状。

133 第114窟 主室券顶东侧壁 菱形格本生画局部

这一局部，位于主室券顶东侧壁现存壁画的右下侧，右侧已全部被德人盗走。从图所示，有三个菱形格组成的不同画面。图中央菱形格内，有一人站于中，全身裸露，双臂前伸，似持一物，其后绘有一花树。左下侧菱形格内，绘有二人，一人侧身坐于方形高坐上，张开双手，二鸟飞离而去，其左侧一人，似作张弓欲射状。右侧菱形格内，有一圆形水池，池中站立一象，池边一猴，躬身前倾，双手扶住象鼻，作牵拉状。

134 第114窟 主室券顶西侧壁 菱形格本生画全景

图为主室券顶西侧壁，遍绘菱形格本生故事。中脊原绘天象图，现仅看到立佛、蛇形龙残迹。其下有一南北向凹槽，是原嵌入木椽的遗迹，现已脱落，致使天象壁画大部残去。

135 第114窟 主室券顶西侧壁 菱形格本生画龟王本生特写

图为主室券顶西侧壁左侧之菱形格本生画特写。画面作一圆池，池内绘一大龟，正作爬行状。龟背上乘三人，腰束带，足着长靴。上部残去。此似为龟王本生。有五百商人入海，遇罗刹船不能行。海中一龟，心生慈悲，载负商人，游渡

出海(参见《杂宝藏经》卷三)。罗刹，恶鬼之总名，暴恶可畏之意。慧琳《一切经音义》卷二十五："罗刹，此云恶鬼也。食人血肉，或飞空，或地行，捷疾可畏也。"

136 第114窟 主室券顶西侧壁 菱形格本生画鹿王救兔本生特写

图中有一河，岸边绘一只大角鹿，背负一兔，跨步跃河，救兔之彼岸。此似为鹿王救兔本生故事。一林中大火，众兽欲逃，前有急流阻挡。时鹿王心生恻隐，以身踞横流之上，令诸兽渡河。时蹇兔晚至，鹿王已力竭，强忍痛楚，令兔得过。后，鹿王终于背折，坠水而死(参见《大智度论》卷二十六)。

137 第114窟 主室券顶西侧壁 菱形格本生画一切施王本生特写

图中方形高座上，坐一王，其右侧站立一人，双手缚于背后。此人身后，站一老婆罗门，上身祖露。此似为一切施王本生。一切施王亡命于外，怨王告示，以重赏缉拿一切施王。时一贫苦婆罗门，遇一切施王求乞。一切施王无财物相济，乃自缚己身，令婆罗门送于怨王求赏。图中表现的似为婆罗门送一切施王见怨王的情景(参见《菩萨本缘经》卷上)。

138 第114窟 主室券顶西侧壁 菱形格本生画跋摩竭提施乳本生特写

图中左侧，胡跪一女，怀中抱一婴儿。右侧一妇裸上身，亦作跪状，左手托乳，右手似作割乳之状。此似为跋摩竭提施乳的故事。有一妇人，产儿后，饥饿无食，欲自食其子充饥，以求一命。时跋摩竭提夫人见而问之：食其他之肉食可否？饥妇答曰：果能济命，不问好丑。于是，跋摩竭提乃取刀自割其乳，施给饥妇(参见《菩萨本行经》卷上)。第1卷图67，也绘有此场面，可参见。

139 第114窟 主室券顶西侧壁 菱形格本生画特写

图中一半裸人物，束发于顶，双手合十，俯身下视，双足立于折帛上，身背火焰升腾。其前坐一夜叉，长发裸身，左手托一钵，右手指向立者身躯。此当为夜叉向立者施求身肉或髓血的情景。内容待考

140 第114窟 主室券顶西侧壁 菱形格本生画智马本生特写

图中一水池，绘有水中浮莲。一身著甲胄的王者，手持

一弓,乘马于水池中驶过,马之四足,各踏一莲花。此似为智马本生故事。波罗捺国梵授王访得一智马,时诸小国兴兵来犯,王乘智马率众与彼战斗。贼军以槊刺中智马,肠胃皆出,楚痛异常。王遭围困,无法脱逃。城外有一大水池,临近宫阙,池中有四莲花。智马不顾疼痛,载王踏池中叶上,跃驶而过至于宫中。王才下马,智马便倒地命绝(出自《根本说一切有部毗奈耶杂事》卷三十八)。第1卷图版46之说明,可参见。

141 第114窟 主室券顶西侧壁 菱形格本生画羼提婆梨本生特写

图中一圆拱形庐内坐一人,束发于顶,双臂前伸。庐外右侧站一王者,腰佩长剑,右手拔剑作欲砍之状。此似为羼提婆梨本生故事。羼提婆梨仙人,在山中修行忍辱。迦梨王率彩女,入此山中游玩。婇女就仙人所听法,王见此大怒。王闻仙人在此修行忍辱,即拔剑语之曰:今试汝能忍否? 遂断仙人两臂。仙人犹称忍辱,王复断其两足,又截其耳鼻。仙人颜无变色,犹称忍辱(出自《贤愚经》卷二)。第1卷图60,也有此题材,可参见。

142 第114窟 主室券顶西侧壁 菱形格本生画快目王施眼本生特写

图中菱形格内,中间方形高座上坐一王者,其右侧一人,手执一物刺取王者眼睛。菱格左侧为一老婆罗门,双脚盘坐于覆帛藤座上,婆罗门右手前伸。此似为快目王施眼。一盲婆罗门向快目王乞眼,王即答允,授以利刀,令剜己眼。剜下一眼置于王掌中,王即以眼用于布施(出自《贤愚经》卷六)。快目王施眼本生故事,可参见第1卷图版70之说明。

143 第114窟 主室券顶西侧壁 菱形格本生画局部

左图中菱格内,一裸体罗刹,抱持一人凌空飞去。此似为驳足王本生。驳足王因吃人肉,后变为飞行罗刹,常飞行力人,担以为食。须陀素王将诸婇女于园中洗浴时罗刹王飞行至此,将须陀素王担到山中。图中表现的是罗刹飞行担取须陀素王的情景。此本生的画面,一般多在菱格下方画出池中婇女洗浴的场面,唯此图仅画担取王身,飞行而去的情景(故事出自《贤愚经》卷十一)。第1卷图版118之说明,可参见。

右图中菱形格内,花树下坐一菩萨装人物,头戴冠,坐于覆帛藤座上,双手合十,右足前伸。前侧一兽,以口咬住坐者之足。

144 第114窟 主室券顶西侧壁 菱形格本生画设头罗揵宁王本生特写

图中菱形格内一圆池,池中横卧一大鱼。旁有二人,举斧持刀,作割取鱼肉状。此似为设头罗揵宁王本生。一国中,民众饥馑,食不可得。有一设头罗揵宁王,立誓愿为大鱼,以身济众生。即自投于池,命终化为鱼。彼国有五木工,持斧至河边,鱼令五人取身肉食之。五木工饱食携肉而归(出自《贤愚经》卷八)。第1卷图版64之说明,可参见。

145 第114窟 主室券顶西侧壁 菱形格本生画勒那阇耶本生特写

图中左上菱形格内,为一圆形大海浮卧一人,另有四人在水中分别浮托此人。上方另一人抱一木板浮游而来。此似为勒那阇耶本生。商主勒那阇耶与五百商贾入海,遇风暴船破。众人呼救,恐惧万分。勒那阇耶谓众人曰:大海不宿死尸,汝等各捉持我身。遂以刀自割而死。众人扶持其尸,至于彼岸(参见《贤愚经》卷十)。

146 第114窟 主室券顶西侧壁 菱形格本生画 摩诃萨埵本生特写

图中菱格内,上方一人作菩萨装,从上凌空跳下。下方一菩萨,横卧于地,旁有一大虎二小虎,咬食其肉。此为萨埵舍身饲虎。太子萨埵与二兄游于林间,见一虎乳二小虎,饥饿无食,虎欲食子。萨埵乃以身饲虎,饿虎无力不能咬食,太子复取木刺,刺身出血,令虎舐食,乃救虎及二子命(出自《贤愚经》卷一)。可参见第1卷图版32之说明。

147 第114窟 后甬道后壁 壁画局部

图为第114窟后甬道后壁左侧壁画局部。图中左侧为一棺,棺外火焰腾起。右侧站立一弟子,俯首视棺。右侧上方为一菩萨,双手执一杆,上缚一器,似作取舍利状。图为释迦涅槃后,弟子等焚棺致哀的局部特写。

148 第114窟 后甬道后壁 壁画局部

图中为几身弟子像,是第114窟后甬道后壁右侧壁画局部特写。图中下方比丘,有年长的,有年少的,作聚会讲说状。此图似为释迦涅槃后弟子们第一次结集时的情景。

149 第118窟 北壁 因缘佛传图

第118窟,为一方形窟。窟门开于前壁中间,前壁窟门两侧各有一窗,窟顶作横券形。图为窟中北壁之画。画面占据了全壁大部分壁面,作横长方形构图,左右两侧和上方围以多重繁杂的边饰。中间坐一王者,头戴宝冠。右侧为盛装婇女三列,或演奏乐器,或托抚乳房,或怊怍作态。左侧上列四人作菩萨装。下列似为外道四人,半裸,束发。中坐王者右手执一串璎珞施于外道。左侧一外道伸手接持。此图似为佛传的某一情节,具体内容待考。

150　第118窟　券顶北侧壁　菱形格壁画全景

第118窟券顶两侧壁画菱形格壁画,中脊为天象图。南侧壁部分已被德人凿割盗走。图为残存的券顶中脊和北侧壁上部。中脊处的天象图大体完好。两侧分别绘日、月,中部画持猴老鹰、蛇形龙和二立佛。

151　第118窟　券顶北侧壁　菱形格壁画局部

图为第118窟券顶北侧壁左侧壁画局部。在菱形格山峦背景中,画以不同人物。人物形体高大,或充满菱形格,或超过菱形格界限。菱形格内树形多样,变形奇特而富于装饰性。水池或圆或方,形状不一。菱形格内所画内容,比较简单,无具体故事情节,似表现山林中修定僧人不为周围喧闹环境所动摇。

152　第118窟　券顶北侧壁　比丘像特写

图为第118窟券顶北侧壁右侧壁画特写。一著右袒袈裟之比丘,左手握袈裟一角,右手执一禅杖。比丘横置于菱格形山峦背景前,占据了两个菱形格。

153　第118窟　券顶中脊　壁画特写

图为第118窟券顶中脊中部壁画特写。图中为一展翅飞翔的老鹰,以双爪捉持一猴。此图所在位置正值中脊中部,在克孜尔石窟习见的天象图内,中部多画金翅鸟,或人头鸟身,或鹰头口中衔蛇。此图作捉持猕猴老鹰,比较别致。

154　第118窟　券顶北侧壁　菱形格壁画局部

图为第118窟券顶北侧壁菱形格壁画右侧局部特写。图中一伎乐菩萨,头戴宝冠,怀抱一琵琶,作演奏状。琵琶为直颈、四弦。

155　第123窟　主室北壁　立佛像特写

第123窟为一中心柱窟,主室顶部作穹窿形顶。图为主室北壁立佛特写。上方边饰两条,为云气纹和四出忍冬纹。佛著通肩袈裟。背光中画出站立的化佛。图中右侧可见壁画

被切割盗取的残迹。

156　第123窟　主室北壁　壁画特写

图为第123窟主室北壁佛左侧部分壁画特写。左侧上方一菩萨合十礼佛;一执金刚杵、著甲胄之密迹金刚,俯首视佛。左侧中部二人,或合十或持物礼佛。左侧下方有一圆拱形庐,前为一供养者,头戴花鬘冠,仰首视佛,双手上举托璎珞供养。

157　第123窟　主室北壁　比丘像特写

图为主室北壁的立佛左侧上方之比丘特写。二比丘头略前俯,作虔诚听法状。

158　第123窟　南甬道外侧壁　立佛像局部

第123窟南甬道外侧壁,绘有二身立佛像。图中右侧立佛,位于西侧。立佛著通肩袈裟,右手托钵。立佛头光,绘有七身坐佛,著通肩袈裟,作禅定状,坐于圆莲座上。立佛身光中左右两侧,各绘三身袒右立佛。头光及身光外圈,各饰以鸽子衔环图案一周。立佛左上方绘一供养菩萨。东侧立佛,着袒右肩袈裟,右手作说法印,左手捉衣襟。头光及身光各饰一周同心圆图案作装饰。

159　第123窟　南甬道外侧壁　立佛像特写

图为第123窟南甬道外侧壁东侧之立佛特写。从图所示,立佛身著袒右肩袈裟,右手拇指与食指相捻,作说法印,背光和头光的处理,与西侧立佛迥然不同。

160　第123窟　南甬道外侧壁　立佛像特写

图为该窟南甬道外侧壁西侧立佛特写。从图观之,立佛头光及身光外圈所绘的鸽子衔环图案装饰,鸽子变形别致,仅见于此窟及47、69等窟。

161　第129窟　正壁　因缘佛传图局部

第129窟为一平面作方形的穹窿顶窟。窟内各壁面均绘因缘佛传图,每壁三栏,每栏内分隔成若干方形画面。图为正壁因缘佛传图局部。从图所示,每幅画面中,在方形高座上坐一身坐佛,两侧各绘一身人物,或坐或立或跪,作供养状。由于两侧人物减少,情节不明显,难于辨识具体内容。这种构图,似是因缘佛传故事画的一种简化形式。

162　第129窟　南壁　因缘佛传图局部

图为该窟南壁因缘佛传图局部。图中坐佛两侧的供养者中,或献衣物,或供佛塔,或执伞盖,作种种供养之状。

163 第135窟 穹窿顶残部

第135窟为一方形窟,是利用一僧房窟居室部分改建而成,窟顶凿成穹窿形。此窟前部已残去,现存穹窿顶西侧一半。穹窿顶下沿至东壁的平顶壁面,绘有供养菩萨一列。图为窟顶壁画仰视。

164 第135窟 穹窿顶 伎乐特写

穹窿顶壁面分隔成若干条幅,每幅绘一身伎乐。伎乐头戴冠,袒上身,下着裙,身佩饰物,或舞披巾,或奏乐,或持双耳瓶,作种种姿态。图为该窟穹窿顶伎乐特写之一。

165 第135窟 穹窿顶 伎乐特写

图为第135窟穹窿顶伎乐特写之二。这二身伎乐,头戴宝冠,耳饰环,戴项圈,身饰珠宝璎珞,披长巾,扭动臀部,立于圆座上。

166 第135窟 穹窿顶 伎乐特写

图为第135窟穹窿顶伎乐特写之三。左侧一伎乐,单足独立,挥巾起舞;右侧一伎乐,双手执排箫,全神吹奏。

167 第135窟 穹窿顶 伎乐特写

图为第135窟穹窿顶伎乐特写之四。左侧一伎乐,右手提一双耳瓶,左腿后曲;右侧一伎乐,腹前似横置一鼓,右手作击鼓状。

168 第135窟 窟顶下皮 菩萨像特写

图为第135窟窟顶下皮处之供养菩萨像特写。菩萨均头戴冠,交足坐于方形高座上,或双手合十,或托盘散花,作供养之状。

169 第163窟 主室券顶东侧壁 菱形格壁画全景

第163窟是一个中心柱窟,主室为纵券形顶,图为此窟主室券顶东侧壁壁画全景。从图中可以看到,券顶中脊部分画天象图,尚残存日天、风神和持钵立佛。券顶侧壁画菱形格因缘故事,计四列。券顶下端的半菱形格内,画本生故事。菱形格内,佛坐于方形高座上,佛之一侧画出故事情节,皆为一身人物。

170 第163窟 主室券顶东侧壁 菱形格因缘梵志燃灯供养特写

图为第163窟主室券顶东侧壁菱形格因缘故事特写。图中坐佛左侧,跪一比丘。比丘头顶上一灯,双肩和双手各置一灯。此为梵志燃灯供养。

171 第163窟 主室券顶东侧壁 菱形格本生画特写

图为第163窟主室券顶东侧壁下端半菱格内本生故事特写。图中为两身全身赤裸的小男孩,各持一棍,拭弄地上之蛇。内容待考。

172 第163窟 主室券顶东侧壁 菱形格因缘画特写

图为第163窟主室券顶东侧壁菱形格因缘故事特写。图中坐佛右侧一人交足坐于地上,全身半裸,胸前斜披一巾,仰头视佛。佛座前放置三个尖底罐。内容待考。

173 第163窟 主室券顶西侧壁 菱形格壁画全景

图为第163窟主室券顶西侧壁菱形格因缘故事画全景。图下方的一列长方形凹孔,位于此窟主室西壁上方。这些凹孔之间画有边饰花纹,凹孔似是壁面插置木质枋头的遗迹。

174 第163窟 东甬道内侧壁 八王争舍利特写

图为第163窟东甬道西壁八王争舍利之局部特写。八王分乘象马前来争分舍利,图为右侧部分的四王,骑马并肩而行。王皆著甲胄,腰挎箭囊,手握弓箭。画面表现八王为争分佛舍利,剑拔弩张的紧张情景。

175 第163窟 西甬道内侧壁 顶塔夜叉特写

图为第163窟西甬道内侧壁顶塔夜叉特写。夜叉肌肉肥硕,半裸,作胡跪状。长发上扬,头上顶一塔,以双手托持塔座。中心柱窟在甬道侧壁画夜叉顶塔,克孜尔石窟仅见此例。

176 第163窟 后甬道及西端壁内景

图为第163窟后甬道及西端壁内景。甬道顶为券形,前壁画荼毗场面,后壁为涅槃图。后甬道西端壁画两身立像,左侧为半裸戴宝冠的男像,右侧为戴花鬟冠的女像。男像将左臂倚于女像右肩上。

177 第165窟 窟顶特写

第165窟为一方形窟,窟顶作斗四套斗形顶。图为此窟顶部的局部特写。在斗四套斗顶的三角形壁面上，画一双头老鹰，展开双翅成三角形，其双爪抱持一人。

178　第167窟　窟顶局部

第167窟为平面作方形的洞窟，窟顶为斗四套斗形，窟顶南侧略残。窟顶底层平面近于方形，方形各边中点连线形成一套于方形内的小方形，二方形边成45°夹角。如此层层套叠，向上隆起。此窟套斗升起六层，中央向上隆起一圆形小穹窿。每层套斗的四个三角形壁面，画以图案。第二层之四角处，各画一双头金翅鸟。图为该窟窟顶图案特写。

179　从82窟洞口眺望谷东区石窟

图为从谷内区南口西崖第82窟洞口拍摄的谷东区部分石窟的外景。谷东区石窟与谷西区石窟的方位大体一致，多数洞窟坐北朝南，面向木札提河，隔河可南望雀尔达格山麓。谷东区石窟，大多为中心柱窟，僧房窟较少。这一区洞窟中，中心柱窟的分布又多毗邻成组。

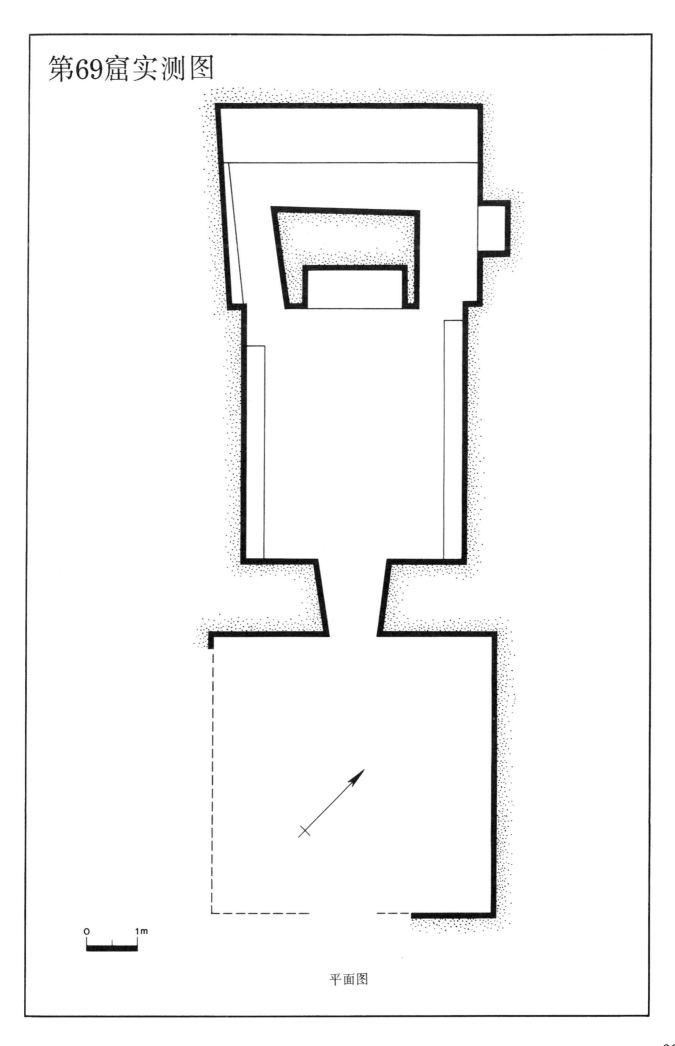

第69窟实测图

O   1m

平面图

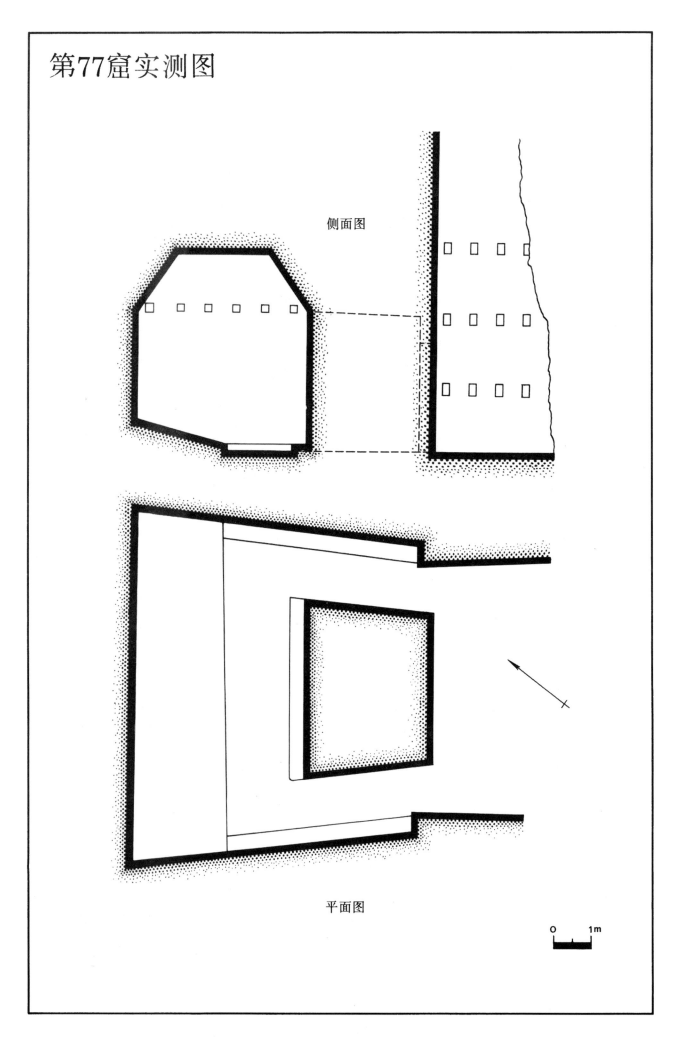

第77窟实测图

侧面图

平面图

0 1m

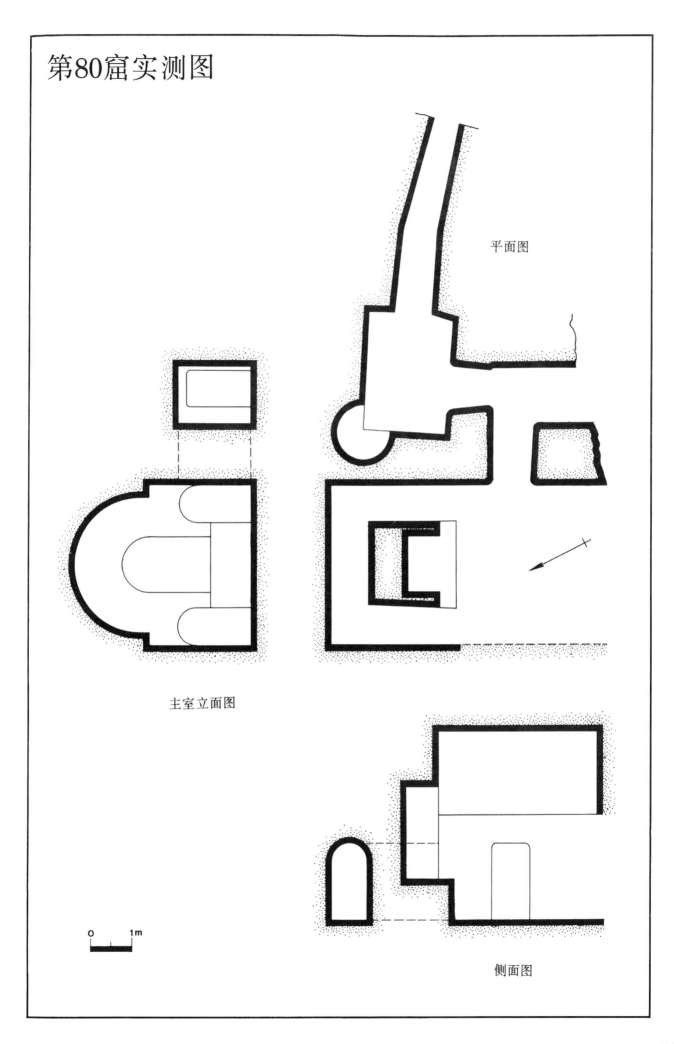

第80窟实测图

平面图

主室立面图

侧面图

0 1m

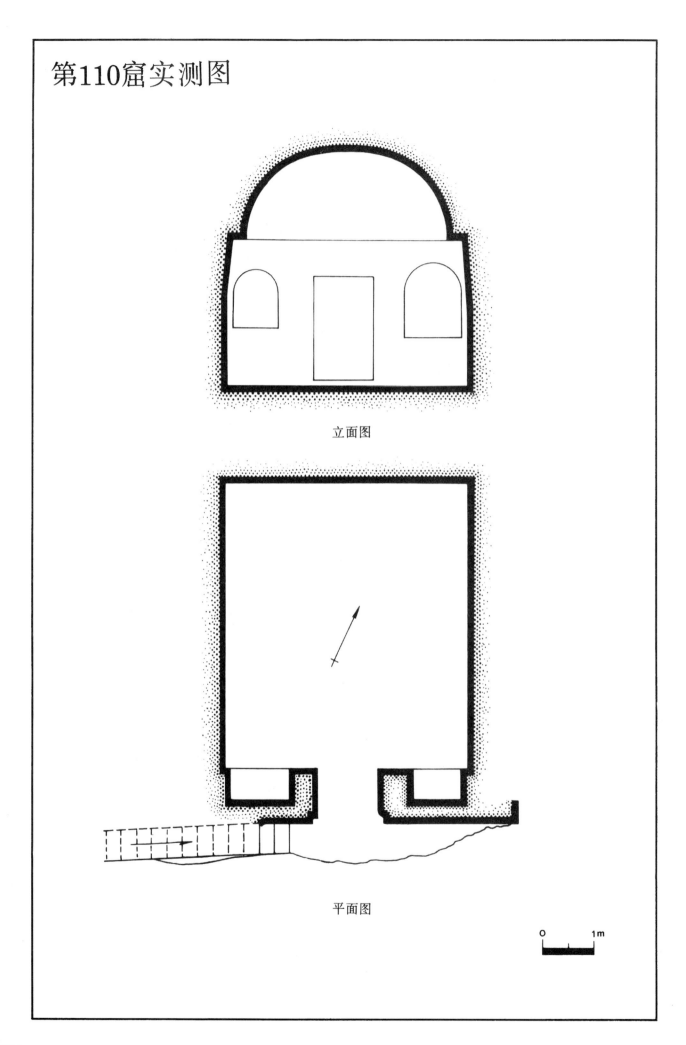

第110窟实测图

立面图

平面图

0 1m

第114窟实测图

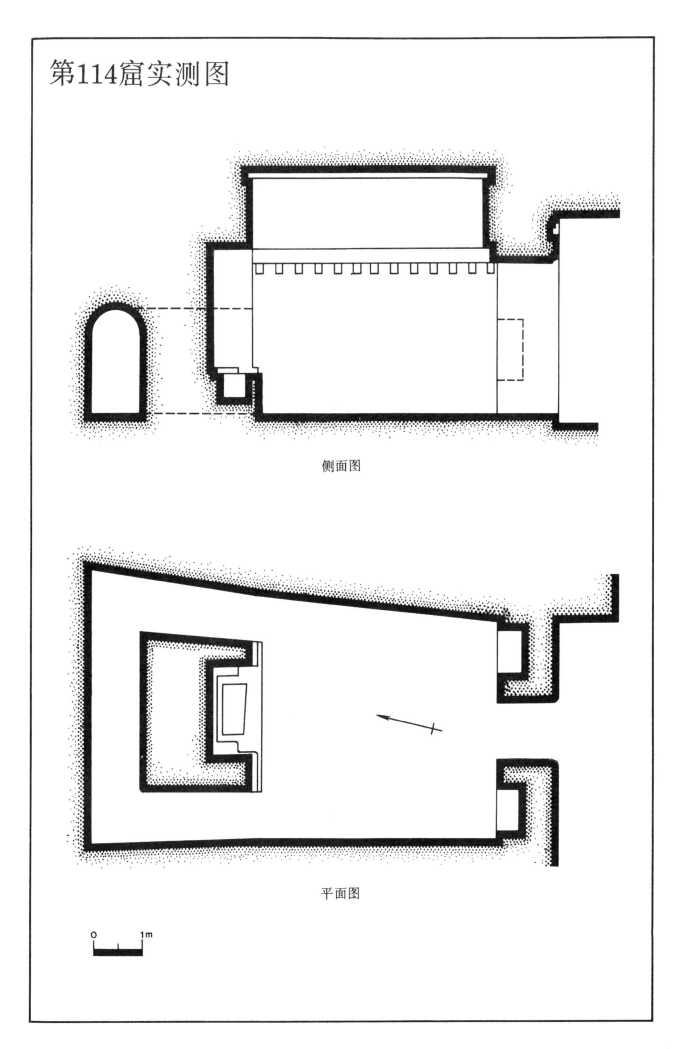

侧面图

平面图

0 1m

第118窟实测图

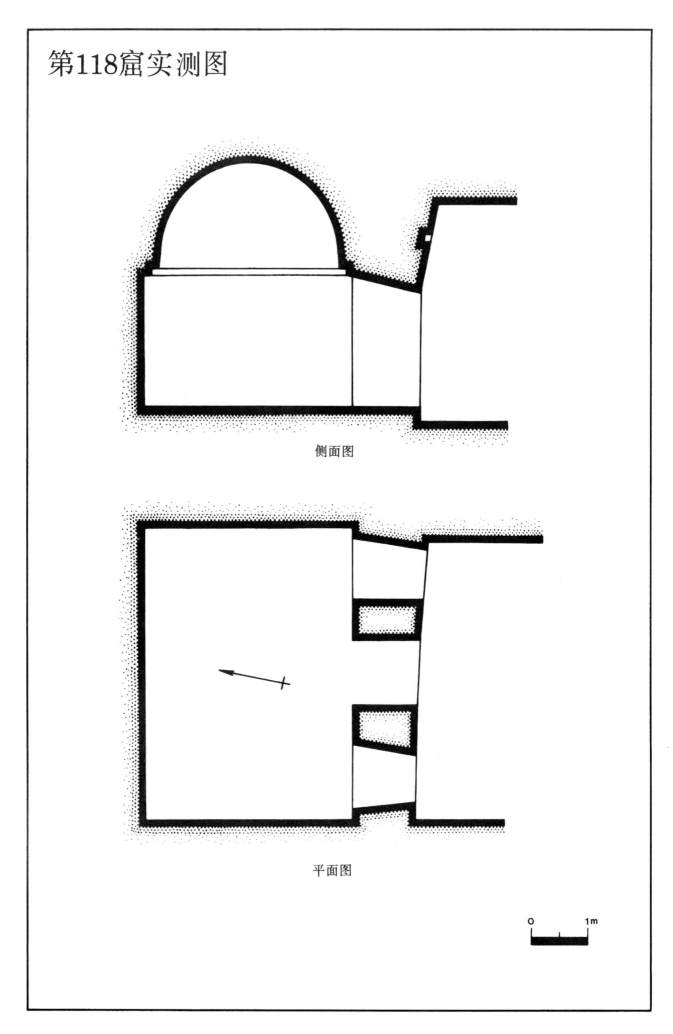

侧面图

平面图

龟兹事辑

(二)

许宛音　辑

例　言

※　龟兹文献资料的搜集工作，我早在1979年上半年就着手进行。当时，只是为了在同年8月去新疆库车、拜城等地对龟兹石窟遗迹进行考古实习作些准备。《龟兹事辑》则是在这个基础上重新整理、辑录而成的。辑文内容分三部分，即：（一）正史；（二）其它古籍；（三）佛典。最后，附有《龟兹事辑书目》。考虑到辑文内容的庞大，除正史部分在本卷刊出外；其它古籍和佛籍部分，将分别在《克孜尔石窟》第二卷及《第三卷》中刊出。

※　《龟兹事辑》的编排，正史部分以各书内容的时代先后为序；其它古籍和佛典部分，则以各书的成书年代的先后为序。《龟兹事辑》的体例，首行标明每种书的书名、撰者及版本，次行标明卷数和卷名，细目则标于第三行。

※　同一史实见于数书者，择其年代最早或最详者辑入；细目有重要出入者，则分别录入之。

原文中原校改处照录。原校勘记择要以小号字体排于该卷辑文之末。原文的夹注和注释，亦择要以小号字体加圆括号排于被注释的文句之后。辑者的注文则以小号字体附于辑文之末。

※　原文中的年号、谥号及庙号，均加上圆括号的阿拉伯数字来标明其公元纪年。原文中出现书有年号的校文时，则按校文标明公元纪年。

※　辑文有省略号的，表示此段原文在过录时有删节。段落之间占一行的省略号，表示此处有一段或数段原文被删节。

为使辑文醒目起见，〔　〕中的文字系辑者所加。

《後漢紀》 〔晉〕 袁宏 (四部叢刊初編——無錫
小淥天藏明刊本,商務印書館1922年影印
版)

卷七 《後漢光武皇帝紀》

〖建武〗二十一年(45)……冬十月……西域鄯善王安、莎
車王賢等十六國遣使奉獻,咸願請都護。上以中國初定,未
遑外事,厚加賞賜,遣之。

卷十 《後漢孝明皇帝紀》

……先是龜茲王建,爲匈奴所立,倚其威功,破疏勒,殺
其王忠,誅貴臣,因立左侯兜題所爲**疏勒**。超令廣德發專驛,
自到疏勒,去兜題所治盤囊城九十里,遣吏陳憲等往降之,
:"兜題本非**疏勒**種人,如不降,便劫之。"①憲既見兜題無
降意,又輕其單弱無備,憲遂前劫縛兜題,左右皆驚走,留二
人守之,超馳白超。超即往,悉召疏勒掾吏,告以"龜茲爲匈
奴擊疏勒,盡殺汝貴人,而立兜題。兜題非汝本種,今漢使
來,欲立故王種,爲汝除害,無得恐怖。"衆皆喜。超亦求索故
王近屬,得兄榆勒立之,更名忠,國中大悦。超問忠及官
屬:"當殺兜/題邪! 生遣之邪?"咸曰:"當殺之。"超曰:"殺
之無益於事,當令龜茲知漢威德。"遂解遣之。疏勒由是與龜
茲結怨,專心向漢。起守盤囊城,忠據疏勒城。②……

〖永平〗十七年(74)……冬十月,竇固、耿秉將萬餘騎師
擊車師,王請降。於是固奏置西域都護。戊己校尉陳穆爲都
護,耿恭爲戊己校尉,關寵爲戊己校尉。恭屯金蒲城,寵屯折
中城,相去千餘里。……

十八年(75)……三月,北匈奴左鹿蠡王將二萬騎,率焉
耆、龜茲來車師。王安得死,焉耆、龜茲殺都護陳穆、副校尉
郭恂,遂攻金蒲城。耿恭令軍士皆持滿勿得發,告匈奴
曰:"漢家神箭所中,創中皆沸。"於是乃發弩,皆應弦而倒,
虜中矢者創中沸,大驚曰:"漢神可畏!"遂皆遁去。恭以
疏勒傍有水,去五忠所據近,引兵居之。匈奴後來攻恭,恭募
先登士十人,出城奔斬首數十級。匈奴乃相與議曰:"前疏
勒王守此城,攻不能下,絕其澗水即降。"因絕澗水。吏士無
飲,窮困至柞馬糞汁飲之。恭於是城中穿井十五丈,不得水,
吏士失色。恭……/爲吏士禱水,身自率士輓籠。有頃,飛泉
涌出,大得水。……於是將水以示虜,虜兵大驚而去。……秋
八月壬子,帝崩於東宫。……/初,耿恭被圍,明帝(57~75)怒
甚,將遣兵救之,師未出而帝崩。匈奴聞中國有喪,遂復圍
之。……

卷十三 《後漢孝和皇帝紀上》

〖永元〗四年(92)春正月,龜茲王遣子奉獻。……

卷十五 《後漢孝殤皇帝紀》

延平元年(106)……/冬,西域諸國友。都護任上尚書求

救,遣騎都尉班雄、校尉梁 將五千人出塞③。會尚自 勒
還,與 共保龜茲。温宿、姑墨二國將數萬人圍 月餘,擊
破之,斬首數萬級。道不通, 遂留龜茲。……王莽時數遣五
威德軍出西域單師,諸國貧困,/由是故叛,而諸都護李宗抄
暴南道,攻其國號,以 勒爲世善,姑墨爲積善,或易置五
侯,於是西域與中國遂絶。……

卷十六 《後漢孝安皇帝紀》

永初元年(107)……十二月……騎都尉王仁將兵迎悝,
將吏還入塞,遂棄西城,都護任尚抵罪。

卷十八 《後漢孝順皇帝紀》

〖永建〗二年……秋七月丙戌朔,日有蝕之。西域長史班
勇請兵擊焉耆者,漢發河西四郡兵三千人詣勇。敦煌太守張朗
有罪,欲以功自贖,即便宜領諸郡兵出塞。初,勇發諸國兵,
使龜茲、鄯善自南道入,勇將諸郡兵率車師六國兵自北道
入,會張朗乃要經自尉黎入焉者,王請降於朗,既而不出,漢
兵罷還,焉者王率不加誅④。漢以兩將不和,皆徵免,故勇不
論。

卷二十一 《後漢孝桓皇帝紀下》

〖延熹〗二年(159)……六月,鮮卑寇/遼東,度遼將軍李
膺擊破之。……會匈奴攻雲中,殺略吏民,膺親率步騎臨陣
交戰,斬首二千級,寇遂遠退,邊城安静,後以公事免官。天
子賢劉陶之言,而嘉膺之能,還度遼將軍。先時,疏勒、龜茲
數抄張掖、酒泉、雲中諸郡,吏民苦之,自膺在邊,皆不復爲
害。匈奴、莎車、烏孫、鮮卑諸國常不賓附者,聞膺威名,莫不
畏服,先時略取民男女皆送還塞下。……

卷二十三 《後漢孝靈皇帝紀上》

〖建寧〗五年(172)春正月,車駕上原陵諸侯王、公王及外
戚家婦女、郡國、計吏、匈奴單于、西域三十六國侍子皆會
焉⑤。……

① "盤囊城",《後漢書》卷四十七《班超傳》,作"盤橐城"。
② "起守盤囊城",據上下文及《後漢書》卷四十七,作"超守盤橐城"。
③ "任上尚書",下文作"任尚上書"。
④ "焉者王",上文作"焉耆王"。
⑤ "公王"當爲"公主"之訛。

《水經注》 〔後魏〕 酈道元撰 (四部叢刊初
編——武英殿聚珍本,商務印書館1922年
影印版)

卷二 《河水》

釋氏/《西域記》曰:……註濱河又東逕鄯善國北治伊

269

循城，故樓蘭之地也。樓蘭王不恭於漢，天鳳四年(17年)，霍光遣平樂監傅介子刺殺之，更立後王。漢又立其前王質子尉屠耆爲王，更名其國爲鄯善，百官祖道橫門。王自請天子曰：身在漢久，恐爲前王子所害，國有伊循城，土地肥美，願遣將屯田積粟，令得依威重。遂置田以鎮撫之。敦煌索勱，字義，有才略，刺史毛奕表引貳師將軍。將酒泉敦煌兵千人，至樓蘭屯田，起白屋。召鄯善、焉耆、龜茲三國兵各千，橫斷註濱河。河斷之日，水奮勢激，波陵冒堤，勱厲聲曰："王尊建節，河堤不溢，王霸精誠，呼沱不流，水德神明，古今一也。"勱躬禱祀，水猶未減，乃列陣被杖，鼓譟讙叫，且刺且射，大戰三日，水乃回減，灌浸沃衍，胡人稱神。大田三年，積粟百萬，威/服外國。其水東註澤。澤在樓蘭國北扜泥城，其俗謂之東城，去陽關千六百里，西北去烏壘千七百八十五里，至墨山國千八百六十五里，西北去車師千八百九十里。……彼俗謂是澤爲牢蘭海也。釋氏《西域記》曰：南河自于闐東於北三千里至鄯善入牢蘭海者也。北河自岐沙東分南河。即釋氏《西域記》所謂二支北流，逕屈茨、烏夷、禪善，入牢蘭海者也。北河又東北流，分爲二水，枝流出焉。……/枝河又東逕溫宿國南。治溫宿城，土地、物類與鄯善同。北至烏孫赤谷六百一十里，東通姑墨二百七十里。于此枝河右入北河。北河又東逕姑墨國南，姑墨川水註之。水導姑墨西北，歷赤沙山，東南流逕姑墨國西，治南城，南至于闐馬行十五日，土出銅、鐵及雌黃，其水又東南流，右註北河。北河又東逕龜茲國南，又東，左合龜茲川。水有二源，西源出北大山南，釋氏《西域記》曰：屈茨北二百里有山，夜則火光，晝日但烟。人取此山石炭，冶此山鐵，恒充三十六國用。故郭義恭《廣志》云：龜茲能鑄冶。其水南流，逕赤沙山。釋氏《西域記》曰：國北四十里，山上有寺，名雀離大清净。又出山東南流，枝山左派焉。又東南，水流三分，右二水俱東南流，/註北河，東川水出龜茲東北，歷赤沙積梨南流，枝水右出，西南入龜茲城，音屈茨也，故延城矣。西去姑墨六百七十里。川水又東南流，逕於輪臺之東也。……其水又東南流，右會西川枝水，水有二源，俱受西川，東流，逕龜茲城南，合爲一水。水間有故城，蓋屯校所守也。其水東南註東川，東川水又東南，逕烏壘國南。治烏壘城，西去龜茲三百五十里。

《唐六典》 (日本近衛1724年家熙校刻版)

卷十四 《太樂署》

凡大燕會，則設十部之伎於庭，以備華夷……六日龜茲伎，豎箜篌、琵琶、五弦、笙、簫、橫笛、觱篥各一，銅鈸二，答臘鼓、毛員鼓、都曇鼓、羯鼓、侯提鼓《隋志》、《舊唐志》及《通典》無侯提鼓。按《樂書》作提鼓，疎勒伎亦同。署鼓、雞婁鼓、貝各一，舞四人①。

① 關于龜茲伎樂器，此條記有十六種。《隋書》卷十五《音樂志下》記有十五

種，無侯提鼓。《通典》卷一四六《四方樂》記有十四種，無都曇鼓、侯提鼓，又云"毛員鼓一今亡"，實爲十三種。《樂府雜録》中的《龜茲部》記有六種：

箜篌、琵琶、五弦、笙、簫、銅鈸、答臘鼓、毛員鼓、都曇鼓、侯提鼓、腰鼓、貝，但有拍板和四色鼓(守山閣叢書本《樂府雜録》錢熙祚校註曰，龜茲部樂器"此似有脱簡")。《舊唐書》卷二十九《音樂志二》記有十五種，無侯提鼓，又云"毛員鼓今亡"，實爲十四種。《新唐書》卷二十一《禮樂志十一》記有十八種，無羯鼓，但有彈筝、齊鼓與檐鼓。

關于龜茲樂工人數，僅《隋書》卷十五有記載，爲二十人。工人衣著，《通典》卷一四六與《舊唐書》卷二十九均有記載。

關于龜茲舞，《隋書》卷十五記有二首舞曲名。《唐六典》卷十四、《通典》卷一四六、《舊唐書》卷二十九、《新唐書》卷二十一皆記舞者爲四人，其中《通典》、《舊唐書》和《唐會要》卷三十三又記載有舞者之衣著。《樂府雜録》與《新唐書》卷二十一還有龜茲戲五方獅子的記載。《唐會要》卷三十三《讌樂》云立部伎之二的太平樂，"亦謂之五方師子舞"。

《通典》 〔唐〕 杜佑撰 (萬有文庫第二集乾隆刻本，商務印書館1935年影印版)

卷一百四十二 《樂二》

《歷代沿革下齊、梁、陳、後魏、北齊、後周、隋、大唐》

後魏……自宣武(499—515)已後始愛胡聲。洎於遷都，屈茨琵琶、五弦、箜篌、胡箛、胡鼓、銅鈸、打沙羅、胡舞，鏗/鏘鏗鎝，洪心駭耳。撫箏新靡，絶麗歌音，全似吟哭，聽之者無不悽愴。琵琶及當路，琴瑟殆絶。音皆初聲，頗復閑緩，度曲轉急躁，按此音所由，源出西域諸天諸佛韻調。娑羅胡語，直置難解，況復被之土木？是以感其聲者，莫不奢淫躁競，舉止輕飈，或踴或躍，乍動乍息，蹻脚彈指，撼頭弄目，情發於中，不能自止。……非唯人情感動，衣服亦隨之以變，長衫慧帽，闊帶小靴，自號驚緊，爭入時代。婦女衣髻亦尚危側，不重從容，俱笑寬緩。……

卷一百四十四 《樂四》

《木六柷 敔 舂牘 拍板》

拍板長闊如手，重十餘枚，以韋連之，擊以代抃拊，擊其節也。情發於中，手抃足蹈。拊者因其聲以節舞。龜茲伎人彈指爲歌舞之節，亦抃之意也。

卷一百四十六 《樂六》

《坐立部伎》

《安樂》……《太平樂》……《破陣樂》……《慶善樂》……《大定樂》……《上元樂》……《聖壽樂》……《光聖樂》……/自《安樂》以後，皆雷大鼓，雜以龜茲樂，聲振百里，并立奏之。

《四方樂》

龜茲樂，二人阜絲布頭巾，緋絲布袍，錦袖，緋布袴。舞

四人,紅抹額,緋白袴奴,鳥皮靴。樂用豎箜篌一、琵琶一、五弦琵琶一、笙一、橫笛一、簫一、篳篥一、答臘鼓一、腰鼓一、羯鼓一、毛員鼓一今亡、雞婁鼓一、銅鈸二、貝一。

……

龜茲樂者,起自呂光破龜茲,因得其聲。呂氏亡,其樂分散。後魏平中原,復獲之。有唐婆羅門,受龜茲琵琶於商人,代傳其業,至於孫妙達,爲北齊文宣所重,常自擊胡鼓和之。周武帝聘突厥女爲后,西域諸國來媵,於是有龜茲至隋有西龜茲、齊龜茲、五龜茲凡三部,開皇(581—600)中大盛於閭閻,疏勒、安國、康國之樂。……至煬帝(604—617),乃立清樂、龜茲、西涼、天竺、康國、疏勒、安國、高麗、禮畢爲九部。……

卷一百七十二 《州郡二》

《序目下大唐》

高宗(649—683)……又開四鎮,即西境拓數千里,于闐、疏勒、龜茲、焉耆諸國矣。……鎮西節度使理安西二萬四千人,馬二千七百匹,寧西域,統龜茲國、焉耆國在理所東八百里、于闐國在理所西南二千里、疏勒國在理所西二千餘里。

卷一百七十四 《州郡四》

安西府東至焉耆鎮守軍八百里。去交河郡七百里。南至吐蕃界八百里,西至疏勒鎮守捉軍三千里。去葱嶺七百里。北至突騎施界鷹婆川一千里。東南到吐蕃界屯城八百六十里。西南到于闐二千里。西北到疏勒一千里。東北到北庭府二千里。去西京七千六百里。去東京八千三百三十里,戶一萬二千一百六,口六萬三千一百六十八。

安西都護府,本龜茲國也。大唐顯慶(656—661)中置貞觀(627—649)中初置安西都護府於西州,顯慶中移於龜茲城。東接焉耆,西連疏勒西去葱嶺七百里,南鄰吐/蕃,北拒突厥。

卷一百九十一 《邊防七》

《西戎三》

《西戎總序》

……至武太后如意(692)初,武威軍總管王孝傑大破吐蕃,復龜茲、于闐、疏勒、碎葉四鎮,自是諸國朝貢伻於前代矣。神龍(705—707)以後,黑衣大食強盛,漸并諸國,至於西海,分兵鎮守焉。族子環隨鎮西節度使高仙芝西征,天寶十載(751)至西海。寶應(762)初,因賈商船舶自廣州而回,著《經行記》。

《龜茲》

龜茲一曰邱茲,又曰屈茨,漢時通焉。王理延城今名伊邏盧城,都白山之南二百里隋《西域圖》云,白山一名阿羯山,常有火及煙,即是出礪砂之處。東去長安七千五百里,戶七千。南與精絕,東南與且末、西南與杅彌、北與烏孫、西與姑墨接。能鑄冶。俗有城郭。東至都護理所鳥壘四百里。鳥壘戶百十,與都護同理。其南三百里至渠犁。……

大唐貞觀二十三年(649)將軍阿史那社爾伐龜茲,虜其王如歸,立嗣子素稽爲王。今安西都府所理則龜茲城也。今王則震之後也。今并有漢時姑墨、温宿、尉頭三國之地。

《羯鼓錄》 〔唐〕 南卓撰 (叢書集成初編——守山閣叢書本,商務印書館1936年影印版)

羯鼓出外夷,以戎羯之鼓,故曰羯鼓。其音主太蔟一均,龜茲部、高昌部、疏勒部、天竺部皆用之。次在都曇鼓、答臘鼓之下,雞婁鼓之上。蘁如漆桶,下以小牙床承之,擊用兩杖。其聲焦殺鳴烈,尤宜促曲急破,作戰杖連碎之聲。又宜高樓晚景,明月清風,破空透遠,特異衆樂。杖用黃檀、狗骨、花楸等木,/須至乾緊,絕濕氣而復柔膩,乾取發越響亮,膩取戰褭健舉。捲用剛鐵,鐵當精煉,捲當至勻。若不剛,即應條高下,揭揳不停;不勻,即鼓面緩急,若琴徽之㤭病矣①。……

……

廣德(763—764)中,前雙流縣丞李琬者亦能之。調集至長安,僦居務本里。嘗夜聞羯鼓聲,曲頗妙,於月下步尋,至一小宅,門極卑隘,叩門請謁,謂鼓工曰:"君所擊者,豈非《耶婆色雞》乎?雖至精能而無尾,何也?"工大異之,曰:"君固知音者,此事無人知。某,太常工人也,祖父傳此藝,尤能此曲。近張通獵入長安,某家事流散,父没河西,此曲遂絕。今但按舊譜數本尋之,竟無結尾聲,故夜夜求之。"琬曰:"曲下意盡乎?"工曰:"盡。"琬曰:"意盡即曲盡,又何索尾焉?"工曰:"奈聲不盡,何?"琬曰:"可言矣!夫曲有不盡者,須以他曲解之,方可盡其聲也。夫《耶婆色雞》,當用掘柘急遍解之。"工如所教,果相諧協,聲意皆盡。工泣而謝之,即言於寺卿,奏爲主簿。後累官至太常少卿宗正卿②。

……

諸宮曲

……

太蔟商

……

《耶婆色雞》③

……

食曲

……

《龜茲大武》

---

① 《太平廣記》(人民文學出版社1959年版)卷二百五引《羯鼓錄》,其中"外出夷樂"作"出外夷樂","蘁"作"臊";"小牙床"作"牙床";"戰杖"作"戟杖";"連碎之聲"作"連碎之";"高樓晚景"作"高樓靚景";"破空"作"凌空";"特異"作"極異";"花楸"作"花椒","乾取發越響亮"作"乾取發越響","㤭病"作"魅病"。

② 同上引,"前雙流縣丞",前有"蜀客"二字;"僦"字無;"羯鼓聲"作"羯鼓";"曲頗妙",作"曲頗工妙";"門"作"門户";"鼓工",作"皷工";"無人知"作"無有

知":"近張通獶",作"近者張儒";"某家事流散"作"其家流散";"結尾聲",作"結尾之聲";"故夜夜求之",作"因夜夜求之";"又何索尾焉",作"又何索焉";"夫曲有不盡者",作"夫曲有如此者";"掘柘急遍解之",作"屈柘急遍解"。

③《悟空入竺記》(大正藏,卷五十一):"安西境内有前踐山、前踐寺,復有耶婆瑟鷄山,此山有水,滴餾成音,每歲一時,採以爲曲,故有耶婆瑟鷄寺。"

《宋高僧傳》(大正藏,卷五十)卷三<唐丘慈國蓮華寺蓮華精進傳>:"安西境内有前踐山,山下有伽藍,其水滴溜,成音可愛。被人每歲一時,采綴其聲,以成曲調。故《耶婆瑟鷄》開元(713—741)中用爲羯鼓曲名,樂工最難其杖獠之術。"

《酉陽雜俎》 〔唐〕段成式撰 (日本傳録弘治壬子1492年朝鮮刻本)

卷之二

《壺史》

……房琯太尉祈邢筹終身之事,邢言:"若來由東南,止西北,禄命卒矣。降魄之處,非館、非寺、非途、非署。病起於魚殽,休於龜兹板。"後房自袁州除漢州,及罷,歸至閬州,舍紫極宮,適雇工治木,房怪其木理成形,問之,道士稱數月前有賈客施數段龜兹板,今治爲屠蘇也。房始憶邢之言。有頃,刺史具鱠邀房,房歎曰:"邢君,神人也。"乃具白於刺史,且以龜兹板爲託。其夕,病鱠而終。

卷之四 《境異》

龜兹國,元日闘牛、馬、駝,爲戲七日,觀勝負,以占一年羊、馬減耗蕃息也。

婆羅遮,并服狗頭猴面,男女無晝夜歌舞。八月十五日行像及透索爲戲。

焉耆國,元日、二月八日婆摩遮。三日野祀。四月十五日游林。五月五日彌勒下生。七月七日祀先祖。九月九日床撒。十月十日王爲獣法。王出首領家,首領騎王馬,一日一夜,處分王事。十月十四日作樂至歲窮①。

卷之十 《物異》

石駞溺,拘夷國北山有石駞溺,水溺下以金、銀、銅、鐵、瓦、木等器盛之皆漏,掌承之亦透,唯瓢不漏。服之令人身上毛落盡,得仙。出《論衡》②。

卷之十二 《語資》

玄宗常伺察諸王,寧王常夏中揮汗鞔鼓,所讀書乃龜兹樂譜也。上知之,喜曰:"天子兄弟當極醉樂耳。"③

……

晉羅什與人碁,拾敵死子,空處如龍鳳形。

卷之十四 《諾皋記上》

古龜兹國王阿主兒者,有神異力,能降伏毒龍。時有賈人,買市人金銀寶貨,至夜中,錢并化爲炭,境内數百家皆失金寶。王有男,先出家,成阿羅漢果。王問之,羅漢曰:"此龍所爲。龍居北山,其頭若虎,今在某處眠耳。"王乃易衣持劍默出。至龍所,見龍卧,將欲斬之,因曰:"吾斬寐龍,誰知吾有神力?"遂叱龍。龍驚起,化爲師子,王即乘其上。龍怒,作雷聲,騰空至城北二十里。王謂龍曰:"爾不降,當斷爾頭。"龍懼王神力,乃作人語曰:"勿殺我,當與王乘,欲有所我向,隨心即至。"王許之,後常乘龍而行。

卷之十八 《廣動植之三·木篇》

娑羅,巴陵有寺,僧房床下忽生一木,隨伐隨長。外國僧見曰:"此娑羅也。"元嘉(424—453)初,出一花如蓮。天寶(742—756)初,安西道進娑羅枝,狀言:"臣所管四鎮,有拔汗那密,最爲密近,木有娑羅樹,特爲奇絶,不庇凡草,不止惡禽,聳幹無慚於松栝,成陰不愧於桃李。近差官拔汗那使令採得前件樹枝二百莖……。"

①《太平廣記》(人民文學出版社1959年版)卷四八一引<酉陽雜俎>,"龜兹國"作"龜兹";"闘牛、馬、駝",作"闘羊、馬、駝";"四月十五日",作"四月十五";"床撒"作"床撒";"獣"作"猒";"王出首領家,首領騎王馬",作"王領家出宮,首領代王馬";"作樂至歲窮",作"每日作樂至歲窮"。《酉陽雜俎》(中華書局1981年印本)"五出首領家,首領騎王馬",作"五出酋家,酋領騎王馬"。

②此條非出自《論衡》。據《太平御覽》卷七九七云,出自道安《西域志》。

③"寧王常夏中揮汗鞔鼓",據《酉陽雜俎》(中華書局1981年印本),作"寧王嘗夏中揮汗鞔鼓"。而據《太平廣記》(人民文學出版社1959年版)卷二〇五引<酉陽雜俎>,作"寧王夏中揮汗鞔鼓";"當極醉樂耳"作"當極此樂"。

《樂府雜録》 〔唐〕段安節撰 (叢書集成初編——守山閣叢書,商務印書館1936年影印版)

《龜兹部》

樂有觱篥、笛、拍板、四色鼓、揩羯鼓、鷄樓鼓。戲有五方獅子,高丈餘,各衣五色。每一獅子有十二人,戴紅抹額,衣畫衣,執紅拂子,謂之獅子郎舞。《太平樂曲》、《破陣樂曲》,亦屬此部。秦王所制,舞人皆衣畫甲,執旗飾。外藩鎮春冬犒軍,亦舞此曲,兼馬軍引入場,尤甚壯觀也。《萬斯年曲》是朱崖李太尉進,此曲名即《天仙子》是也。

《俳優》

大中(847—860)初……夷部樂即有扶南、高麗、高昌、驃國、龜兹、康國、疏勒、西涼、安國樂。即有單龜頭鼓及箏、蛇及琵琶。蓋以蛇皮、爲槽,厚一寸餘,鱗介具焉。亦以楸木爲面。其捍撥以象牙爲之,畫其國王騎象,極精妙也。鳳頭箜篌、卧箜篌,其工頗奇巧。三頭鼓、鐵拍板、葫蘆笙。舞有骨鹿舞、胡旋舞，俱於一小圓毯子上舞，縱橫騰踏，兩足終不離於毯子上，其妙如此也。

《觱篥》

觱篥者，本龜茲國樂也。亦曰悲栗，有類於笳。……

《唐會要》〔宋〕王　溥撰　（中華書局1955年版）

卷三十三

《讌樂》

武德(618—626)初，未暇改作，每　享，因隋舊制，奏九部樂：一　樂，二清商，三西涼，四扶南，五高麗，六龜茲，七安國，八疏勒，九康國。至貞觀十六年(642)十二月，宴百寮，奏十部樂。先是，伐高昌，收其樂付太常，乃增九部為十部伎。……其後分為立坐二部，立部伎有八部：一安樂，……二太平樂，……三破陳樂，四慶善樂，五大定樂，……六上元樂，……七聖壽樂，……八光聖樂，……自安樂已下，每奏皆擂大鼓，同用龜茲樂，并立奏之，其大定樂加以金鉦，唯慶善樂獨用西涼樂，最為閑雅。……坐部伎有六部：一讌樂，……二長壽樂，……三天授樂，……四鳥歌萬歲樂，……五龍池樂，……大小破陳樂，……自長壽已下，皆用龜茲樂，舞人皆著靴。唯龍池用雅樂，而無鐘磬，舞人盡躡履而行。

《諸樂》

天寶十三載(754)七月十日，太樂署供奉曲名，及改諸樂名……龜茲佛曲改為金華洞真……。

《西戎五國樂高昌、龜茲、疏勒、康國、安國》

龜茲樂，自呂光破龜茲，得其聲。呂氏亡，其樂分散。至後魏有中原，復獲之。於時曹婆羅門者，累代相承，傳其業，至孫妙達，尤為無比。至隋有兩國龜茲之號，凡三部。開元(713—741)中大盛。齊文宣常愛此曲，每彈，常自擊胡/鼓和之。及周武帝聘突厥女為后，西域諸國皆來賀，遂薦有龜茲疏勒康安國之樂。

卷三十四

《論樂》

武德……四年(621)九月二十九日，詔太常樂人，本因罪謫，沒入官者，藝比伶官。前代以來，轉相承襲，或有衣冠繼緒，公卿子孫，一露此色，累世不改，婚姻絕於士庶，名籍異於編甿，大恥深疵，良可矜愍。其大樂鼓吹諸舊樂人，年月已久，時代遷移，宜并蠲除，一同民例。但音律之伎，積學所成，傳授之人，不可頓闕，仍令依舊本司上/下。若已經仕宦，先入班流，勿更追補，各從品秩。自武德元年(618)，配充樂戶者，不在此例。樂工之雜士流，自茲始也。太常卿竇誕，又奏用音

聲博士，皆為大樂鼓吹官僚，於後箏簧琵琶人白明達，術踰等夷，積勞計考，並至大官。自是聲伎入流品者，蓋以百數。

貞觀六年(632)，監察御史馬周上疏曰："臣聞致化之道，在於求賢審官；為政之本，必於揚清激濁。故孔子曰：惟名與器，不可以假人。是言慎舉之為重也。臣見王長通、白明達，本自樂工，與卑雜類。韋槃提、斛斯正則，更無他材，獨解調馬來格，縱使術逾儔輩，材能可取，止可厚賜錢帛，以富其家，豈得列在士流，超授官爵，遂使朝會之位，萬國來庭，鄒子伶人，鳴玉曳綬，與夫朝賢君子，比肩而立，同坐而食，巨竊恥之。"

卷七十三

《安西都護府》

貞觀十四年(640)九月二十二日，侯君集平高昌國，於西州置安西都護府，治交河城。

二十二年(648)四月二十五日，突厥泥伏沙鉢羅葉護，阿史那賀魯率眾內附，置庭州。

二十三年(649)二月十一日，置瑤池都督府、安西都護府，以賀魯為都督。至永徽二年(651)正月二十五日，賀魯以府叛，自稱鉢羅可汗，據有西域之地。至四年(653)三月十三日，廢瑤池都督府。

顯慶二年(657)十一月，伊麗道行軍大總管蘇定方，大破賀魯於金牙山，盡收其所據之地，西域悉平。定方悉/命諸部，歸其所居，開通道路，別置館驛，埋瘞骸骨，所在問疾苦，分其疆界，復其產業，賀魯所虜掠者，悉檢還之。西域諸國，安堵如故，擒賀魯以歸。十一月，分其地置濛池崑陵二都護府，以阿史那彌射為崑陵都護，阿史那步真為濛池都護。其月十七日，又分其種落，列置州縣，以處木昆部為匐廷都督府，以突騎施索葛莫賀部為嗢鹿都督府，以突騎施阿利施部為絜山都督府，以胡祿屋闕部為鹽泊都督府，以攝舍提暾部為雙河都督府，以鼠尼施處半部為鷹娑都督府，其所役屬諸胡國，皆置州府，西盡於波斯，并隸安西都護府。又以賀魯平，移安西都護府於高昌故地。至三年(658)五月二日，移安西都護府於龜茲國。舊安西復為西州都督，以麴智湛為之，以統高昌故地。西域既平，遣使分往康國及吐火羅國，訪其風俗物產，及古今廢置，盡圖以進，因令史官撰《西域圖志》六十卷。

……

咸亨元年(670)四月二十二日，吐蕃陷我安西，罷四鎮。

龜茲理於白山之南，即漢西域舊地，勝兵數千，其王姓白氏，去瓜州三千里。貞觀二十年(646)閏十月一日，阿史那社爾破其國，虜其王以歸。

……

蘇氏記曰，咸亨元年(670)四月，罷四鎮，是龜茲、于闐、焉耆、疏勒。至長壽二年(693)十一月，復四鎮敕，是龜茲、于闐、疏勒、碎葉，兩四鎮不同，未知何故。

調露元年(679)九月，安西都護王方翼築碎葉城，四面十二門，作屈曲隱伏出沒之狀，五旬而畢。

長壽二年(693)十一月一日，武威軍總管王孝傑，克復四鎮，依前於龜茲置安西都護府。鸞臺侍郎狄仁傑請捐四鎮，上表曰："……陛下今日之土宇，過於周漢前朝遠矣。若使越荒外以爲限，竭資財以騁欲，非但不愛人力，亦所以失天心也。近者，國家頻歲出師，所費滋廣，西戍四鎮，東戍安東，調發日加，百姓虛弊，聞守西域，事等石田，費用不支，有損無益，行役既/久，怨曠亦多。……近貞觀(627—649)年中，克平九姓，册李思摩爲可汗，使統諸部者，蓋以夷狄叛則伐之，降則撫之，得推亡固存之義，無遠戍勞民之役，此則近日之令典，綏邊之故事。竊見阿史那斛瑟羅，陰山貴種，世雄沙漠，若委之四鎮，使統諸蕃，封爲可汗，遣其禦寇，則國家有繼絕之美，荒外無轉輸之役。如臣所見，請捐四鎮，以肥中國，罷守東以實遼西。……右史崔融請不拔四鎮，議曰：北地之爲中國患者久矣。……/……至國家，太宗方事外討，復修孝武舊迹，并南山至於葱嶺，盡爲府鎮，煙火相望。至高宗，務在安人，命有司拔四鎮。其後吐蕃果驕，大入西域，焉者以西，所在城堡，無不降下。遂長驅而東，踰高昌壁，歷車師庭，侵常樂界，當莫賀延磧，以臨我敦煌。主上召命右相韋待價爲安息道行軍大總管，安西都護閻温古爲副，問罪焉。賊適有備，一戰而走。我師追攝，至於焉者，糧運不繼，竟亦無功。朝廷以爲畏懦有刑，流待價於瓊州，棄温古於義州。至王孝傑，而四鎮復焉。今若拔之，是棄已成之功，忘久長之策。小慈者，大慈之賊，前事者，後事之師，奈何不圖。四鎮無守，則狂寇益瞻，必兵加西域，西域諸蕃氣贏，恐不能當長蛇之口。西域動，自然威臨南羌，南/羌樂禍，必以封豕助虐。蛇豕交連，則河西危，河西危，則不得救矣。方須命將出師，興役動衆，向之所得，今之所勞，向之所勞，今之所逸，可不謂然乎？而議者憂其勞費，念其險遠，曾不知廢國滅土，春秋所譏，杜漸防萌，安危之計。頃者，若兵稍遲留，賊先要害，則河西郡已非國家之有，今安得而拔之乎，何謂非國家之有。莫賀延磧者，延袤二千里，中間水草不生焉。此有强寇，則難以度磧。漢兵難度，則磧北、伊西、北庭、安西及諸蕃無救，無救則疲兵不能自振，必爲賊吞之，又焉得糧軍深入乎，有以知通西域艱難也。……拔舊安西之四鎮，委難制之西蕃。求絕將來之端，盍考已然之驗。伏念五六日，至於再三，愚下固陋，知其不可。

建中二年(781)七月，加伊西北庭節度使李元忠北庭大都護，以四鎮節度留後郭昕爲安西大都護、四鎮節度觀察使。詔曰："北庭四鎮，統任西夏、五十七蕃、十姓部落，國朝已來，相奉率職。自關隴失守，東西阻絕，忠/義之徒，泣血相守，慎固封略，奉遵禮教，皆侯伯守將，交修共治之所致也。其將士叙官，可超七資。"初，自兵興已來，安西北庭，爲蕃虜所隔間者，節度李嗣業，荔非元禮、孫志直、馬璘輩，皆遙領

之。郭昕者，子儀猶子。李元忠，始曾令名忠，後賜改焉。自主其任，嘗發使奉表章於朝，數輩皆不達，信聞不至朝者十餘年。及是，遣使自回紇歷諸蕃至，故有是命。

貞元六年(790)十二月，是歲，吐蕃陷北庭都護府。初，北庭安西既假道於回鶻以朝奏，因附庸焉。

卷九十四

《西突厥》

西突厥曷娑那可汗，入朝於隋，留之。國人立其叔父射匱可汗。射匱者，達頭之孫。既立，拓地東至金山，西至海，遂與北突厥爲敵，建庭於龜茲北三彌山。射匱卒，弟統葉護可汗立，勇而有謀，北并鐵勒，控弦十萬，據烏孫故地，又移庭於石國北千泉。西域諸國皆臣之。統葉護各遣其吐屯監督征賦。

……

〔貞觀〕……十九年(645)六月，乙毗射匱可汗遣使入貢，且請婚，許之，使割龜茲、于闐、**疏勒**、朱俱波、葱嶺五國，以爲聘禮。

……

龍朔二年(662)十月，敕興昔亡繼往絕二可汗，發兵與蘇海政討龜茲。繼往絕素與興昔亡有怨，密請海政矯**敕**收斬之，其部落亡走，海政追討平之。繼往絕尋死，十姓無王，附于吐蕃。

……

永淳元年(682)四月，阿史那車簿圍弓月，安西都護王方翼救之。三姓咽麪與車簿合兵拒方翼，戰於熱海，分遣裨將襲破之，擒其酋長三百人，西突厥遂平。

《沙陀突厥》

景龍二年(708)十一月，突騎施烏質勒卒，子娑葛自立爲可汗。故將闕啜忠節不服，數相攻擊，遣馮嘉賓持節安撫忠節。呂守素處置四鎮，以牛師獎爲安西副都護，發甘凉兵兼征吐蕃，以討娑葛。忠節逆嘉賓於討舒河口，娑葛遣兵襲之，擒忠節，殺嘉賓守素。牛師獎與娑葛戰敗，遂陷安西，斷四鎮路。大都護郭元振表娑葛狀直，遂赦娑葛，立爲可汗。三年(709)七月，娑葛遣使請降。

《**太平廣記**》 〔宋〕 李昉等編 （人民文學出版社1959年版）

卷第二百四 《樂二》

《笛》

《李謩》

謩，開元中吹笛爲第一部，近代無比。有故，自教坊請假至越州，公私更宴，以觀其妙。時州客舉進士者十人，皆有資業，乃醵二千文同會鏡湖，欲邀李生湖上吹之。想其風韵，尤

敬人神,以費多人少,遂相約各召一客。會中有一人,以日晚方記得,不遑他請,其鄰居有獨孤生者年老,久處田野,人事不知,茅屋數間,嘗呼爲獨孤丈,至是遂以應命。到會所,澄波萬頃,景物皆奇。李生拂笛。漸移舟於湖心。時輕雲蒙籠,微風拂浪,波瀾陡起。李生捧笛,其聲始發之後,昏暗齊開,水木森然,髣髴如有鬼神之來。坐客皆更贊咏之,以爲鈞天之樂不如也。獨孤生乃無一言,會者皆怒。李生爲輕己,意甚怒之。良久,又靜思作一曲,更加妙絕,無不賞駭。獨孤生又無言。鄰居召至者甚慚悔,白於衆曰:"獨孤村落幽處,城郭稀至。音樂之類,率所不通。"會客同誚責之,獨孤生不答,但微笑而已。李生曰:"公如是,是輕薄爲。明鈔本爲作技。復是好手。"獨孤生乃徐曰:"公安知僕不會也?"坐客皆爲李生改容謝之。獨孤曰:"公試吹涼州。"至曲終,獨孤生曰:"公亦甚能妙,然聲調雜夷樂,得無有龜茲之侶乎?"李生大駭,起拜曰:"丈人神絶,某亦不自知,本師實龜茲人也。"又曰:"第十三疊誤入水調,足下知之乎?"李生曰:"某頑蒙,實不覺。"獨孤生乃取吹之。李生更有一笛,拂拭以進,獨孤視之曰:"/此都不堪取,執者粗通耳。"乃換之,曰:"此至入破,必裂。得無恡惜否?"李生曰:"不敢。"遂吹。聲發入雲,四座震慄。李生蹙踖不敢動。至第十三疊,揭示謬誤之處,敬伏將拜。及入破,笛遂敗裂,不復終曲。李生再拜。衆皆帖息。乃散。明旦,李生并會客皆往候之,至則唯茅舍尚存,獨孤生不見矣。越人知者皆訪之,竟不知其所去。出《逸史》

卷第四百八十一　蠻夷二

《龜茲》

蔥嶺以東,人好淫僻,故龜茲、于闐置女市,以收錢。出《十三州志》

《太平御覽》〔宋〕 李昉等撰　(四部叢刊三編——宋刻本,商務印書館1935年)

卷第一百二十二　《偏霸部六》

《前秦苻堅》

崔鴻《十六國春秋·前秦錄》曰:"……[建元]十三年(377)正月,太史奏,有星見于外國之分,當有聖人之輔中國,得之者昌。堅聞西域有鳩摩羅什,襄陽有釋道安,竝遣求之。……"

卷第一百二十五　《偏霸部九》

《後涼·呂光》

崔鴻《十六國春秋·後涼錄》曰:"……建元十九年(383),以光爲使持節,西討諸軍,率將軍姜飛、彭晃、杜進等步騎七萬,討西域。十二月至龜茲。龜茲王帛純捍命不降,光軍其南,五里爲一營,深溝高壘,廣設疑兵,爲木被甲羅之壘上,以爲持久之計。二十年(384)五月,帛純乃傾財寶請救於獫胡。獫胡王遣弟率二十餘萬救之。胡便弓馬善矛槊,鎧如連鎖,射不可入。乃以革索爲骨,策馬擲人,多有中者。衆甚憚之。姑默、尉頭等國,及諸胡,外內七十萬人。光遷營相接陣,爲勾鎖之法,精騎爲游軍,彌縫其闕。秋七月,戰于城西,大敗之。帛純逃奔,王侯降者三十餘國。進入其城,城有三重,廣輪與長安地等。城中塔廟千數。帛純宮室壯麗,焕若神居。胡人奢侈,富於生養,家有蒲桃酒至千斛,經十年不敗,士卒淪没酒藏者相繼。諸國貢款屬路。立帛純弟震爲王以安之。光撫寧西域,威恩甚著。秦以光爲使持節散騎常侍、王門巴西諸軍事、安西將軍、西域校尉、進封順鄉侯。二十一年(385)正月,大饗文武,博議進止,衆咸請還,光從之。三月引還,以駝二萬餘頭,致外國珍異千餘品,駿馬萬餘匹而還。九月,光入姑臧……。"

卷第七百九十七　《四夷部十八》

《西戎六》

《拘夷》

釋道安《西域志》曰:"拘夷國,北去城數百里山上有石駱駝,溺水滴下,以金、銅、鐵及木器、手掌承之,皆漏,唯瓢瓠不漏。服之令人身臭毛皮盡脱得止。其國犛婆羅門守視。"

卷第八百九十五　《獸部七》

《馬三》

崔鴻《十六國春秋》曰:"驍騎將軍呂光封西域平上疏曰:'唯/龜茲據三十六國之中,制彼王侯之命。入其國城,天驥龍麟,腰裏丹髦,萬計盈厥,雖伯益更生,衛賜復出,不能辨也。"

《太平寰宇記》〔宋〕 樂史 撰　(金陵書局1882年刻本)

卷一百五十六　《隴右道七》

《安西大都護府》

《四至八到》

東南至東京,七千四百五十里
東南至西京,七千三百里
東南至長安,六千二百七十里
北至白山十姓突厥王,約三百餘里
正南與于闐城守捉南北相當,隔擊館河約八百餘里。
正西至撥換五百六十里,自撥換西南至據史德城四百里,自據史德城西南至疏勒鎮城五百八十里。其疏勒北至安西都護府,一千五百四十里。又從撥換西北二百里至大石,又西北經拔達嶺,傍熱海西,又西北至碎葉城約一千四百里。又從撥換正南渡思渾河,又東南至崑岡三叉等守戍,一十五日程,至于闐大城,約千餘里。

《四鎮屬安西都護府所統》

龜茲都督府本龜茲國，其王姓曰，國人總姓曰，國王及大首領相承不絕，他姓不得居之①。

① 其王姓曰，國人總姓曰"，據《後漢書》卷四十七＜班超傳＞，龜茲白氏王朝，自超立白霸始．據《册府元龜》卷九六四＜外臣部九·册封二＞，直至唐開元年間，其王仍姓白．可見，龜茲白氏王朝沿襲很長的時間，故"曰"當爲"白"之訛。

《文苑英華》 〔宋〕 李昉等編 （中華書局影印明刻本1966年）

卷三三五 　《歌行五》

　　《音樂下》

　　《聽安萬善吹觱篥歌》　李頎

　　南山截竹爲觱篥，此樂本是龜茲出。流傳漢地曲轉奇，凉州胡人爲我吹。傍鄰聞者多歎息，遠客思鄉皆泪垂。世人解聽不解賞，長颼風中自來往。枯桑老柏寒颼颼，九雛鳴鳳亂啾啾。龍吟虎嘯一時發，萬籟百泉相與秋。忽然更作漁陽摻，黃雲蕭條白日暗。變調如聞楊柳春，上林繁花照眼新。歲夜高堂列明燭，美酒一杯聲一曲。

卷四六九 　《翰林制詔五十》

　　《蕃書二》

　　《吐蕃書》

　　《勅尚結贊第三書》陸贄

　　……頃年所定和好言約頗謂分明，至如四鎮、北庭，元不割與蕃國。及朱泚悖逆，作亂上都，卿仗義興師，請收京邑，遂許四鎮／北庭之地將以答報成集作其功。旋屬炎蒸，蕃軍便退。奉天之約，豈可更論。事甚分明，固無疑惑。凡言結好，所貴和同。通體商量，有何不可？大番若必要四鎮、北庭之地，即合直以情言彼，但説其誠心，此亦自有分義。豈可集作服曲徵前事，廣起集作説異端，仍發師徒集作兵師，務張威勢。蕃使猶未至此，蕃軍早已越疆……卿若必務和同，更無他意，即宜便歸本界，遣使其述本集事情所須四鎮、北庭，朕當自有推讓。如或托稱繼好，志在別圖集作謀，依前縱兵，不即歸國，唯利是視，亦聽彼懷。和與不和，於兹決定。……

卷四七二 　《翰林制詔五十三》

　　《鐵券文》

　　《賜安西管内黃姓某官鐵券文》陸贄

　　維貞元二年(786)歲次景寅，八月丁巳朔三日己未，皇帝若曰，咨爾四鎮節度管内黃姓某官，驃騎大將軍，行左金吾衛大將軍員外，置同正員，兼試大常卿頓啜護波集作沈支惟乃祖乃父率集作代服聲教，勤勞王家，勳書鼎彝詔會作名，列于藩集作蕃，下同籍。爾克紹祖先之烈，而重之以忠貞，嗣守職官，祗若朝集作教化，率其種落，保我邊集作疆陲。丹誠向

化集作風，萬里如近。是用稽諸令典，錫以券誓集作風。若金之堅，永代無變。子孫繼襲，作我藩臣。爾其欽承，勿集作無替休命。

卷九一七 　《碑七十四》

　　《神道三十五》

　　《職官分二十五》

　　《四鎮節度副使右金吾大將軍楊公神道碑》楊炎

　　……公名和，字惟恭，河東人也。……發跡洮隴，成功西極。……凡三破石國，再征蘇禄，開勃者三，誅達覽者一。始自弱水府，別將至執金吾十五，攻常冠軍鋒。大小百餘戰，竟終膚下。初，開元(713—741)中，群胡方盛，南寇于闐，公以中軍副，皷行而前。……二十七年(739)，有詔四鎮諸軍大出漠南壘，問罪蘇禄，洗兵滇河，旌甲數萬人，城池五十國。公以麾下爲前四罪之名，有百牢之饋，酈生之奇也。復五載，有纍姓之復，來朝京師……上壯之，賜弓甲一副，厥馬二匹，伏波之美也。明年，元帥封常清署公行軍司馬、都虞侯，西討石國。……自武衛將軍、四鎮經略副使，加雲麾將軍，兼于闐軍大使。……公鎮以清静，同其習俗，如皷簧琴，政用大康，又遷金吾大將軍、四鎮節度副使……以十四載(755)五月，于鎮西之官舍。……

《册府元龜》 〔北宋〕 王欽若等編 （中華書局1960年明刻本影印版）

卷九百五十六 　《外臣部》

　　《種族》

　　龜茲國者，西域之舊國者也。後漢光武時其王名弘，爲莎車王賢所殺，滅其族。賢使其子則羅爲龜茲王。國又殺則羅。匈奴立龜茲貴人身毒爲王。

卷九百六十四 　《外臣部》

　　《封册二》

　　顯慶……三年(658)正月，立龜茲王嗣子白素稽爲龜茲王，授右驍衛大將軍，仍遣使就加册命。

　　五月，以左驍衛大將兼安西都護、天山縣公麴智湛，爲西州都督，統高昌之故地。

　　……

　　〔開元〕七年(719)……七月，龜茲國王白莫苾卒，以其嫡子孝節嗣位。

卷九百六十六 　《外臣部》

　　《繼襲一》

　　焉耆國隋大業(605—618)中，其王姓龍，名突騎支。唐貞觀十四年(640)，安西都護郭孝恪發兵擊之，虜突騎支……其國乃立薩婆阿那支，號爲瞎干。阿史那社爾之討龜

兹也,阿那支率兵龜兹共禦大軍,社爾擒而斬之。……

卷九百七十　《外臣部》

　　《朝貢三》

　　　〔貞觀〕十六年(642)春正月,……龜兹……遣使獻方物。

　　　……

　　　〔貞觀〕二十一年(647)正月,龜兹……貢方物。

　　　……

　　　景龍……三年(709)正月,龜兹……遣使貢方物。

卷九百七十一　《外臣部》

　　《朝貢四》

　　　〔天寶〕六載(747)正月,……龜兹……遣使來賀正,各獻方物。

　　　……

　　　〔天寶〕七載(748)三月……龜兹……遣使賀正,且獻／方物。

《唐大詔全集》　〔宋〕宋敏求編　(商務印書館1959年版)

卷第一百七　《政事》

　　《備禦》

　　《鎮兵以四年爲限詔》

　　　……但磧西諸鎮,道阻且長,數有替易,難於煩擾,其鎮兵宜以四年爲限。……開元五年(717)正月

　　《優獎西北庭將士詔》

　　　二庭四鎮,統任西夏五十七蕃十姓部落。國朝已來,相率奉職。自關隴失守,東西阻絕,忠義之徒,泣血相守,慎固封略,奉遵禮教,皆侯伯守將交修共理之所致也。其將士叙官,可超七資。建中元年(780)

卷第一百十六(《政事》

　　《慰撫中》

　　《喻安西北庭諸將制》

　　　敕、天下既定,萬里寧一。豈王者獨運而臻此耶？實賴文武將守、腹心之臣,宣力強任,捍禦于外也。往以蕃戎并暴,縱毒邊表,乘釁伺隙,連兵累年,城門／晝閉,王師遐阻,遮殺漢使,盜取節印,恣睢甚厲,橫逆天理,而國朝未暇襲遠,置於度外,實五京二庭存亡危急之秋也。河西節度使周鼎、安西北庭都護曹令忠,爾朱某等,義烈相感,貫于神明,各受方任,同獎王室。率辛李之將,用甘陳之謀,與羌騎校尉、王侯君長以下,自金河玉關,至于南北戊午,踰流沙,跨西海,□蒲類,破白山,戰事致命,出於萬死,賴天之靈,以戰則剋,不動中國,不勞濟師,橫制數千里,有輔車首尾之應。……每有使至,説令忠等憂國勤王,誠徹骨髓,朝廷聞

之,莫不酸鼻流泪,而況於朕心哉。……近有流落蕃中十數年者至闕庭,知犬戎惡稔,上疑下阻,日就殘滅,加之疾疫,灾及羊馬,山谷填委,天亡之時。……每念戰守之士,十年不得解甲,白首戎陣,忠勞未報,……要當候大旆所指,窮荒蕩定,懸爵位以相待,傾府庫之所有,以答西州賢士大夫忘身報國之誠。……

卷第一百二十八　《蕃夷》

　　《封立》

　　《議立回鶻可汗詔》

　　　……近有回鶻來款,朔方帥臣得之,送至闕下,又有回鶻隨點憂斯李兼至。朝廷各令象胥,徵其要領,音塵可訪,詞旨必同,願復本邦,仍懷化育,皆云龐特勒今爲可汗,尚寓安西,衆所悦附,颭宰相以忠事上,誓復龍庭。雜虜等以義向風,頗聞麕至。……俟其歸還衙帳,當議特舉册命。今遣使臣,且往慰諭。……大中十年(856)二月

卷第一百二十九　《蕃夷》

　　《册文》

　　《大中十一年(857)册回鶻可汗文》

　　　……咨爾回鶻可汗,挺此雄材,生於貴族,能收既絕之燼,常懷再振之心。……發使請命,誠辭可哀。……今遣使臣朝議郎、檢校、秘書監、兼衛尉少卿、御史中丞、上柱國、賜紫金魚袋王端章、副使臣朝議郎、檢校、尚書工部郎中、兼國子禮記博士、御史、賜緋魚袋李潯,持節備禮,册命爲九姓回鶻嗢禄登里羅汩没密施合俱錄毗伽懷建可汗。……

《資治通鑒》　〔宋〕司馬光編著　(中華書局1956年版)

卷九十五　《晉紀十七》

　　成帝咸康元年(335)

　　　初,張軌及二子寔、茂,雖保據河右,而軍旅之事無歲無之。及張駿嗣位,境内漸平。駿勤脩庶政,總御文武,咸得其用,民富兵強,遠近稱之以爲賢君。駿遣將楊宣伐龜兹、鄯善,於是西域諸國焉耆、于窴之屬,皆詣姑臧朝貢。……

卷一百四　《晉紀二十六》

　　孝武帝太元三年(378)

　　秦涼州刺史梁熙遣使入西域,揚秦威德。……

　　孝武帝太元六年(381)

　　二月,東夷、西域六十二國入貢于秦。

　　孝武帝太元七年(382)

　　九月,車師前部王彌寊、鄯善王休密馱入朝于秦,請爲

鄉導,以伐西域之不服者,因如漢法置都護以統理之。秦王堅以驍騎將軍呂光爲使持節、都督西域征討諸軍事,與凌江將軍姜飛、輕車將軍彭晃、將軍杜進、康盛等總兵十萬,鐵騎五千,以伐西域。陽平公融諫曰:"西域荒遠,得其民不可使,得其地不可食,漢武征之,得不補失。今勞師萬里之外,以踵漢氏之過舉,臣竊惜之。"不聽。

卷一百五　《晉紀二十七》

孝武帝太元八年(383)

春,正月,秦呂光發長安,以鄯善王休密馱、車師前部王彌窴爲鄉導。

……

秦呂光行越流沙三百餘里,/焉耆等諸國等降。惟龜茲王帛純拒之,嬰城固守,光進軍攻之。

孝武帝太元九年(384)

龜茲王帛純窘急,重賂獪胡以求救;獪胡王遣其弟吶龍、侯將馗帥騎二十餘萬,并引溫宿、尉頭等諸國兵合七十餘萬以救龜茲;秦呂光與戰于城西,大破之。帛純出走,王侯降者三十餘國。光入其城;城如長安市邑,官室甚盛。光撫寧西域,威恩甚著,遠方諸國,前世所不能服者,皆來歸附,上漢所賜節傳;光皆表而易之,立帛純弟震爲龜茲王。

……

秦王堅聞呂光平西域,以光爲都督玉門以西諸軍事,西域校尉。道絕,不通。

卷一百六　《晉紀二十八》

孝武帝太元十年(385)

呂光以龜茲饒樂,欲留居之。天竺沙門鳩摩羅什謂光曰:"此凶亡之地,不足留也;將軍但東歸,中道自有福地可居。"光乃大饗將士,議進止,衆皆欲還。乃以駝二萬餘頭載外國珍寶奇玩,驅駿馬萬餘匹而還。

卷一百一十四　《晉紀三十六》

安帝義熙元年(405)

秦王興以鳩摩羅什爲國師,奉之如神,親帥群臣及沙門聽羅什講佛經,又命羅什翻譯西域《經》、《論》三百餘卷,大營塔寺,沙門坐禪者常以千數。公卿以下皆奉佛,由是州郡化之,事佛者十室而九。

卷一百二十二　《宋紀四》

文帝元嘉十二年(435)

龜茲、疏勒、烏孫、悅般、渴槃陁、鄯善、焉耆、車師、粟持九國入貢于魏。……"粟持",當從《魏書》、《隋書》作"粟特"。……魏主以漢世雖通西域,有求則卑辭而來,無求則驕

慢不服;蓋自知去中國絶遠,大兵不能至故也。今報使往來,徒爲勞費,終無所益,欲不遣使。有司固請,以爲"九國不憚險遠,慕義入貢,不宜拒絶,以抑將來。"乃遣使者王恩生等二十輩使西域。恩生等始渡流沙,/爲柔然所執,恩生見敕連可汗,持魏節不屈。魏主聞之,切責敕連,敕連乃遣恩生等還,竟不能達西域。

卷一百二十三　《宋紀五》

文帝元嘉十四年(437)

魏主復遣散騎侍郎董琬、高明等多齎金帛使西域,招撫九國。……九國入貢,見上卷十二年。……

卷一百二十四　《宋紀六》

文帝元嘉二十二年(445)

河西之亡也,鄯善人以其地與魏鄰,大懼,曰:"通其使人,知我國虛實,取亡必速。"乃閉斷魏道,使者往來,輒鈔劫之。由是西域不通者數年。魏主使散騎常侍萬度歸發涼州以西兵擊鄯善。

……

萬度歸至敦煌,留輜重,以輕騎五千度流沙,襲鄯善,壬辰,鄯善王真達面縛出降。度歸留軍屯守,與真達詣平城,西域復通。

卷一百二十五　《宋紀七》

文帝元嘉二十五年(448)

魏成周公萬度歸擊焉耆,大破之,焉耆王鳩尸卑那奔龜茲。魏主詔唐和與前部王車伊洛帥所部兵會度歸討西域。和說降柳驢等六城,因共擊波居羅城,拔之。

十二月,魏萬度歸自焉耆西討龜茲,留唐和鎮焉耆,柳驢戍主乙直伽謀叛,和擊斬之,由是諸胡咸服,西域復平。

卷一百三十三　《宋紀十五》

明帝泰始七年(471)

庚寅,魏以南安王楨爲都督涼州及西戎諸軍事,領護西域校尉,鎮涼州。

卷一百八十　《隋紀四》

煬帝大業二年(606)

初,齊溫公(565—576)之世,有魚龍、山車等戲,謂之散樂,周宣帝(578—579)時,鄭譯奏徵之。高祖受禪,命牛弘定樂,非正聲清商及九部四舞之色,悉放遣之。帝以啓民可汗將入朝,欲以富樂誇之。太常少卿裴蘊希旨,奏括天下周、齊、梁、陳樂家子弟皆爲樂户,其六品以下至庶人,有善音樂者,皆直太常。帝從之。於是四方散樂,大集東京。……/帝多製豔篇,令樂正白明達造新聲播之,音極哀

怨。帝甚悦，謂明達曰："齊氏偏隅，樂工曹妙達猶封王，我今天下大同，方且貴汝，宜自脩謹！"

卷一百八十七 《唐紀三》
高祖武德二年(619)

初，西突厥曷娑那可汗入朝于隋，隋人留之，國人立其叔父，號射匱可汗。射匱者，達頭可汗之孫也，既立，拓地東至金山，西至海，遂與北突厥爲敵，建庭於龜茲北三彌山。射匱卒，子統葉護立。統葉護勇而有謀，北并鐵勒，控弦數十萬，據烏孫故地，又移庭於石國北千泉；西域諸國皆臣之，葉護各遣吐屯監之，督其征賦。

卷一百九十五 《唐紀十一》
太宗貞觀十三年(639)

西突厥咥利失可汗之臣俟利發與乙毗咄陸可汗通謀作亂，咥利失窮蹙，逃奔㷭汗而死。弩失畢部落迎其弟子薄布特勒立之，是爲乙毗沙鉢羅葉護可汗。沙鉢羅葉護既立，建庭於雖合水北，謂之南庭，自龜茲、鄯善、且末、吐火羅、焉耆、石、史、何、穆、康等國皆附之。……

卷一百九十六 《唐紀十二》
太宗貞觀十五年(641)

七月……乙毗咄陸可汗與沙鉢羅葉護互相攻，乙毗咄陸浸強大，西域諸國多附之。未幾，乙毗咄陸使石國吐屯擊沙鉢羅葉護，擒之以歸，殺之。

卷一百九十八 《唐紀十四》
太宗貞觀二十年(646)

六月，丁卯，西突厥乙毗射匱可汗遣使入貢，且請婚；上許之，且使割龜茲、于闐、疏勒、朱俱波、葱嶺五國以爲聘禮。

太宗貞觀二十一年(647)

十二月……龜茲王伐疊卒，弟訶黎布失畢立，浸失臣禮，侵漁鄰國。上怒，戊寅，詔使持節、崑丘道行軍大總管·左驍衛大將軍阿史那社爾、副大總管·右驍衛大將軍契苾何力、安西都護郭孝恪等將兵擊之，仍命鐵勒十三州、突厥、吐蕃、吐谷渾連兵進討。

太宗貞觀二十二年(648)

三月……甲午，上謂侍臣曰："朕少長兵間，頗能料敵；今崑丘行師，處月、處密二部及龜茲用事者羯獵顛、那利每懷首鼠，必先授首，弩失畢其次也。"'弩失畢'當作'布失/畢'，龜茲王也。

……

充容長城徐惠以上東征高麗，西討龜茲，翠微、玉華，營

繕相繼，又服玩頗華靡，上疏諫。

卷一百九十九 《唐紀十五》
太宗貞觀二十二年(648)

初，西突厥乙毗咄陸可汗以阿史那賀魯爲葉護，居多邏斯水，在西州北千五百里，統處月、處密、始蘇、歌邏祿、失畢五姓之衆。乙毗咄陸奔吐火羅，乙毗射匱可汗遣兵迫逐之，部落亡散。〖四月〗乙亥，賀魯/帥其餘衆數千帳內屬，詔處之於庭州莫賀城，拜左驍衛將軍。賀魯聞唐兵討龜茲，請爲鄉導，仍從數十騎入朝。上以爲崑丘道行軍總管，厚宴賜而遣之。

……

七月……庚寅，西突厥相屈利啜請帥所部從討龜茲。

……

〖十月〗阿史那社爾既破處月、處密，引兵自焉耆之西趨龜茲北境，分兵爲五道，出其不意，焉耆王薛婆阿那支棄城奔龜茲，保其東境。社爾遣兵追擊，擒而斬之，立其從父弟先那準爲焉耆王，使修職貢。龜茲大震，守將多棄城走。社爾進屯磧口，去其都城/三百里，遣伊州刺史韓威帥千餘騎爲前鋒，右〔驍〕衛將軍曹繼叔次之。至多褐城，龜茲王訶利布失畢、其相那利、羯獵顛帥衆五萬拒戰。鋒刃甫接，威引兵僞遁，龜茲悉衆來之，行三十里，與繼叔軍合。龜茲懼，將郤，繼叔乘之，龜茲大敗，逐北八十里。

……

〖十二月〗龜茲王布失畢既敗，走保都城，阿史那社爾進軍逼之，布失畢輕騎西走。社爾拔其城，使安西都護郭孝恪守之。沙州刺史蘇海政、尚輦奉御薛萬備帥精騎追布失畢，行六百里，布失畢窮急，保撥換城，自安西府西出柘厥關，渡白馬河四百餘里至撥換城。社爾進軍攻之四旬，閏月，丁丑，拔之，擒布失畢及羯獵顛。那利脫身走，潛引西突厥之衆并其國兵萬餘人，襲擊孝恪。孝恪營於城外，龜茲人或告之，孝恪不以爲意。那利奄至，孝恪帥所部千餘人將入城，那利之衆已登城矣，城中降胡與之相應，共擊孝恪，矢刃如雨，孝恪不能敵，將復出，死於西門。城中大擾，倉部郎中崔義超召募得二百人，衛軍資財物，與龜茲戰於城中，曹繼叔、韓威亦營於城外，自城西北隅擊之。那利經宿乃退，斬首三千餘級，城中始定。後旬餘日，那利復引山北龜茲萬餘人趣都城，繼叔逆擊，大破之，斬首八千級。那利單騎走，龜茲人執之，以詣軍門。

阿史那社爾前後破其大城五，遣左衛郎將權祗甫詣諸城，開示禍福，皆相帥請降，/凡得七百餘城，虜男女數萬口。社爾乃召其父老，宣國威靈，諭以伐罪之意，立其王之弟葉護爲王；龜茲人大喜。西域震駭，西突厥、于闐、安國爭饋駝馬軍糧，社爾勒石紀功而還。

太宗貞觀二十三年(649)

春,正月,辛亥,龜茲王布失畢及其相那利等至京師,上責讓而釋之,以布失畢爲左武衛中郎將。

……

二月,丙戌,置瑤池都督府,隸安西都護;戊子,以左衛將軍阿史那賀魯爲瑤池都督。

……

六月……阿史那社爾之破龜茲也,行軍長史薛萬備請因兵威說于闐王伏闍信入朝,社爾從之。秋,七月,己酉,伏闍信隨萬備入朝,詔入謁梓宮。

高宗永徽元年(650)

初,阿史那社爾虜龜茲王布失畢,立其弟爲王。唐兵既還,其酋長爭立,更相攻擊。秋,八月,壬午,詔復以布失畢爲龜茲王,遣歸國,撫其衆。

高宗永徽二年(651)

左驍衛將軍、瑤池都督阿史那賀魯招集離散,盧帳漸盛,聞太宗崩,謀襲取西、庭二州。庭州刺史駱弘義知其謀,表言之,上遣通事舍人橋寶明馳往慰撫。寶明說賀魯,令長子咥運入宿衛,授右驍衛中郎將,尋復遣歸。咥運乃說其父擁衆西走,擊破乙毗射匱可汗,併其衆,建牙于雙河及千泉,自號沙鉢/羅可汗,咄陸五啜、努失畢五俟斤皆歸之,勝兵數十萬,與乙毗咄陸可汗連兵,處月、處密及西域諸國多附之。以咥運爲莫賀咄葉護。

卷二百　《唐紀十六》

高宗顯慶元年(656)

八月……乙巳,龜茲王布失畢入朝。

高宗顯慶三年(658)

春,正月……/初,龜茲王布失畢妻阿史那氏與其相那利私通,布失畢不能禁,由是君臣猜阻,各有黨與,互來告難。上兩召之,既至,囚那利,遣左領軍郎將雷文成送布失畢歸國。至龜茲東境泥師城,龜茲大將羯獵顛發衆拒之,仍遣使降於西突厥沙鉢羅可汗。布失畢據城自守,不敢進。詔左屯衛大將軍楊胄發兵討之。會布失畢病卒,胄與羯獵顛戰,大破之,擒羯獵顛及其黨,盡誅之,乃以其地爲龜茲都督府。戊申,立布失畢之子素稽爲龜茲王兼都督。

……

夏,五月,癸未,徙安西都護府於龜茲,以舊安西復爲西州都督府,鎮高昌故地。貞觀十四年(640)平高昌,置安西都護府於交河城,今徙於龜茲。

……

阿史那賀魯既被擒……分其種落爲六都督府,其所役屬諸國皆置州府,西盡波斯,并隸安西都護府。……

高宗龍朔元年(661)

六月,癸未,以吐火羅、嚈噠、罽賓、波斯等十六國置都督府入,州七十六,縣一百一十,軍府一百二十六,并隸安西都護府。

卷二百一　《唐紀十七》

高宗龍朔二年(662)

颷海道總管蘇海政受詔討龜茲,敕興昔亡、繼往絕二可汗發兵與之俱。至興昔亡之境,繼往絕素與興昔亡有怨,密謂海政曰:"彌射謀反,請誅之。"時海政兵纔數千,集軍吏謀曰:"彌射若反,我輩無噍類,不如先事誅之。"乃矯稱敕,令大總管　帛數萬段賜可汗及諸酋長,興昔亡帥其徒受賜,海政悉收斬之。其鼠尼施、拔塞幹兩部亡走,/海政與繼往絕追討,平之。軍還,至疏勒南,弓月部復引吐蕃之衆來,欲與唐兵戰,海政以師老不敢戰,以軍資賂吐蕃,約和而還。由是諸部落皆以興昔亡爲冤,各有離心。繼往絕尋卒,十姓無主,有阿史那都支及李遮匐收其餘衆附於吐蕃。

高宗龍朔三年(663)

十二月……壬寅,以安西都護高賢爲行軍總管,將兵擊弓月以救于闐。

高宗咸亨元年(670)

夏,四月,吐蕃陷西域十八州,又與于闐襲龜茲撥換城,陷之。罷龜茲、于闐、焉耆、疏勒四鎮。……

卷二百二　《唐紀十八》

高宗調露元年(679)

初,西突厥十姓可汗阿史那都支及其別帥李遮匐與吐蕃連和,侵逼安西,朝議欲發兵討之。吏部侍郎裴行儉曰:"吐蕃爲寇,審禮覆沒,干戈未息,豈可復出師西方!今波斯王卒,其子泥洹師爲質在京師,道過二虜,以便宜取之,可不血刃而擒也。"上從之,命行檢冊立波斯王,仍爲安撫大食使。行檢奏肅州刺史王方翼以爲己副,仍令檢校安西都護。

……

初,裴行檢嘗爲西州長史,及奉使過西州,……陽爲畋獵,校勒部伍,數日,遂倍道西進。去都支部落十餘里,先遣都支所親問其安否,外示閑暇,似非討襲,續使促召相見。都支先與李遮匐約,秋中拒漢使,猝聞軍至,計無所出,帥其子弟迎謁,遂擒之。因傳其契箭,悉召諸部酋長,執送碎葉城。簡其精騎,輕齎,晝夜進掩遮匐,途中,獲都支還使與遮匐使者同來;行儉釋遮匐使者,使先往論遮匐以都支已就擒,遮匐亦降。於是囚都支、遮匐以歸,遣波斯王/自還其國,留王方翼於安西,使築碎葉城。

高宗永隆元年(680)

秋,七月,……/先是,劍南募兵於茂州,西南築安戎城,以斷吐蕃通蠻之路。吐蕃以生羌爲鄉導,攻陷其城,以兵據之,由是西洱諸蠻皆降於吐蕃。吐蕃盡據羊同、黨項及諸羌之地,東接涼、松、茂、嶲等州,南鄰天竺,西陷龜茲、疏勒等四鎮,北抵突厥,地方萬餘里,諸胡之盛,莫與爲比。

卷二百三　《唐紀十九》
高宗永淳元年(682)

阿史那車薄圍弓月城,安西都護王方翼引軍救之,破虜衆於伊麗水,斬首千餘級。俄而三姓咽麪與車薄合兵拒方翼,方翼與戰於熱海,流矢貫方翼臂,方翼以佩刀截之,左右不知。所將胡兵謀執方翼以應車薄,方翼知之,悉召會議,陽出軍資賜之,以次引出斬之,會大風,方翼振金鼓以亂其聲,誅七十餘人,其徒莫之覺。既而分遣裨將襲車薄、咽麪,大破之,擒其酋長三百人,西突厥遂平。……

卷二百四　《唐紀二十》
則天后垂拱四年(688)

十二月……/太后欲發梁、鳳、巴蜑,自雅州開山通道,出擊生羌,因襲吐蕃。正字陳子昂上書,以爲:"……/國家近廢安北,拔單于,棄龜茲,放疏勒,天下翕然謂之盛德者,蓋以陛下務在養人,不在廣地也。今山東饑,關、隴弊,而徇貪夫之議,謀動甲兵,興大役,自古國亡家敗,未嘗不由黷兵,願陛下熟計之。"既而役不果興。

卷二百五　《唐紀二十一》
則天后長壽元年(692)

初,新豐王孝傑從劉審禮擊吐蕃爲副總管,與審禮皆没於吐蕃。贊普見孝傑泣曰:"貌類吾父。"厚禮之,後竟得歸,累遷右鷹揚衛將軍。孝傑久在吐蕃,知其虛實。會西州都督唐休璟請復取龜茲、于闐、疏勒、碎葉四鎮,敕以孝傑爲武威軍總管,與武衛大將軍阿史那忠節將兵擊吐蕃。冬,十/二月,丙戌,大破吐蕃,復取四鎮,置安西都護府於龜茲,發兵戍之。

則天后萬歲通天元年(696)

吐蕃復遣請和親,太后遣右武衛胄曹參軍貴鄉郭元振往察其宜。吐蕃將論欽陵請罷安西四鎮戍兵,并求分十姓突厥之地。……乃遣使者隨元振入諸之。

朝廷疑未決,元振上疏:"……宜以計緩之,使其和望未絕則善矣。彼四鎮、十姓,吐蕃之所甚欲也,而青海、吐谷渾,亦國家之要地也,今報之宜曰:'四鎮、十姓之地,本無用於中

國,所以遣兵戍之,欲以鎮撫西域,分吐蕃之勢,使不得併力東侵也。今若果無東侵之志,/當歸我吐谷渾諸部及青海故地,則五俟斤部亦當以歸吐蕃。如此則足以塞欽陵之口,而亦未與之絕也。若欽陵小有乖遣,則曲在彼矣。且四鎮、十姓款附日久,今未察其情之向背,事之利害,遙割而棄之,恐傷諸國之心,非所以御四夷也。"太后從之。

卷二百六　《唐紀二十二》
則天后神功元年(697)

仁傑上疏以爲:"……近者國家頻歲出師,所費滋廣,西戍四鎮,東戍安東,調發日加,百姓虛弊。……/竊謂宜立阿史那斛瑟羅爲可汗,委之四鎮,繼高氏絕國,使守安東。省軍費於遠方,并甲兵於塞上,使夷狄無侵侮之患則可矣,何必窮其窟穴,與螻蟻校長短哉! 但當敕邊兵,謹守備,遠斥候,聚資糧,待其自致,然後擊之。……如此數年,可使二虜不擊而服矣。"事雖不行,識者是之。

卷二百七　《唐紀二十三》
則天后長安二年(702)

涼州都督唐休璟……練習邊事,自碣石以西踰四鎮,亙萬里,山川要害,皆能記之。

則天后長安三年(703)

秋,七月……庚戌,以夏官尚書、檢校涼州都督唐休璟同鳳閣鸞臺三品。時突騎施酋長烏質勒與西突厥諸部相攻,安西道絕。太后命休璟與諸宰相議其事,頃之,奏上,太后即依其議施行。後十餘日,安西諸州請兵應接,程期一如休所畫,太后謂休璟曰:"恨用卿晚。"謂諸宰相曰:"休璟練習邊事,卿曹十不當一。"

卷二百八　《唐紀二十四》
中宗神龍二年(706)

安西大都護郭元振詣突騎施烏質勒牙帳議軍事,天大風雪,……烏質勒老,不勝寒,會罷而卒。其子娑葛勒兵將攻元振,副使御史中丞解琬知之,勸元振夜逃去,元振曰:"吾以誠心待人,何所疑懼! 且深在寇庭,逃將安適!"安臥不動。明旦,入哭,甚哀,娑葛感其義,待元振如初。

卷二百九　《唐紀二十五》
中宗景龍二年(708)

十一月,庚申,突騎施酋長娑葛自立爲可汗,殺唐使者御史中丞馮嘉賓,遣其弟遮努等帥衆犯塞。

初,娑葛既代烏質勒統衆,父時故將闕啜忠節不服,數相攻擊。忠節衆弱不能支,金山道行軍總管郭元振奏追忠節入朝宿衛。

忠節行至播仙城，經略使、右威衛將軍周以悌説之曰"國家不愛高官顯爵以待君者，以君有部落之/衆故也。今脱身入朝，一老胡耳，豈惟不保寵禄，死生亦制於人手。方今宰相宗楚客、紀處訥用事，不若厚賂二公，請留不行，發安西兵及引吐蕃以擊娑葛，求阿史那獻爲可汗以招十姓，使郭虔瓘發拔汗那兵以自助；既不失部落，又得報仇，比於入朝，豈可同日語哉！"郭虔瓘者，歷城人，時爲西邊將。忠節然其言，遣間使略楚客、處訥，請如以悌之策。

元振聞其謀，上疏，以爲："往歲吐蕃所以犯邊，正爲求十姓、四鎮之地不獲故耳。比者息兵請和，非能慕悦中國之禮義也，直以國多内難，人畜疫癘，恐中國乘其弊，故且屈志求自昵。使其國小安，豈能忘取十姓、四鎮之地哉！今忠節不論國家大計，直欲爲吐蕃鄉導，恐四鎮危機，將從此始。頃緣默啜憑陵，所應者多，兼四鎮兵疲弊，勢未能爲忠節經略，非憐突騎施也。忠節不體國家中外之意而更求吐蕃；吐蕃得志，則忠節在其掌握，豈得復事唐也！往年吐蕃無恩於中國，猶欲求十姓、四鎮之地；今若破娑葛有功，請分于闐、疏勒，不知以何理抑之！又，其所部諸蠻及婆羅門等方不服，若借唐兵助討/之，亦不知以何詞拒之！是以古之智者皆不願受夷狄之惠，蓋豫畏其求請無厭，終爲後患故也。又，彼請阿史那獻者，豈非以獻爲可汗子孫，欲依之以招懷十姓乎！按獻父元慶，叔父僕羅，兄俀子及斛瑟羅、懷道等，皆可汗子孫也。往者唐及吐蕃徧曾立之以爲可汗，欲以招撫十姓，皆不能致，尋自破滅。何則？此屬非有過人之才，恩威不足以動衆，雖復可汗舊種，衆心終不親附，況獻又疏遠於其父兄乎？若使忠節兵力自能誘脅十姓，則不必求立可汗子孫也。又，欲令郭虔瓘入拔汗那，發其兵。虔瓘前此已嘗與忠節擅入拔汗那發兵，不能得其片甲匹馬，而拔汗那不勝侵擾，南引吐蕃，奉俀子，還侵四鎮。時拔汗那四旁無强寇爲援，虔瓘等恣爲侵掠，如獨行無人之境，猶引俀子爲患。今北有娑葛，急則與之并力，内則諸胡堅壁拒守，外則突厥伺隙邀遮。臣料虔瓘等此行，必不能如往年之得志；内外受敵，自陷危亡，徒與虜結隙，令四鎮不安。以臣愚揣之，實爲非計。"

楚客等不從，建議"遣馮嘉賓持節安撫忠節，侍御史吕守素處置四鎮，以將軍牛師獎爲安西副都護，發甘、凉以西兵，兼徵吐蕃，以討娑葛。"娑葛遣使娑臘獻馬在京師，聞其謀，馳還報娑葛。於是娑葛發五千騎出安西，五千騎出撥換，五千騎出焉者，五千騎出/疏勒，入寇。元振在疏勒，柵於河口，不敢出。忠節逆嘉賓於計舒河口，娑葛遣兵襲之，生擒忠節，殺嘉賓，擒吕守素於僻城，縛於驛柱，剮而殺之。
……

癸未，牛師獎與突騎施娑葛戰于火燒城，師獎兵敗没。娑葛遂陷安西，斷四鎮路，遣使上表，求宗楚客頭。楚客又奏以周以悌代郭元振統衆，徵元振入朝；以阿史那獻爲十姓可

汗，置軍焉者以討娑葛。

娑葛遺元振書，稱："我與唐初無惡，但讎闕啜。宗尚書受闕啜金，欲枉破奴部落，馮中丞、牛都護相繼而來，奴豈得坐而待死！又聞史獻欲來，徒擾軍州，恐未有寧日。乞大使商量處置。"元振奏娑葛書。楚客怒，奏言元振有異圖，召，將罪之。元振使其子鴻間道具奏其狀，乞留定西土，不敢歸。周次悌竟坐流白州，復以元振代以悌，赦娑葛罪，册爲十四姓可汗。

卷二百一十 《唐紀二十六》
睿宗景雲元年(710)

安西都護張玄表侵掠吐蕃北境，吐蕃雖怨而未絶和親，乃賂鄯州都督楊矩，請河西九曲之地以爲公主湯沐邑；矩奏與之。

卷二百一十一 《唐紀二十七》
玄宗開元二年(714)

西突厥十姓酋長都擔叛。三月，己亥，磧西節度使阿史那獻克碎葉等鎮，擒斬都擔，降其部落二萬餘帳。

玄宗開元三年(715)

[[十一月]]丁酉，以左羽林大將軍郭虔瓘兼安西大都護、四鎮經略大使。虔瓘請自募關中兵萬人詣安西討擊，皆給遞馱及熟食；敕許之。……既而虔瓘卒無功。

初，監察御史張孝嵩奉使廓州還，陳磧西利害，請往察其形勢；上許之，聽以便宜從事。

拔汗那者，古烏孫也，内附歲久。吐蕃與大食共立阿了達爲王，發兵攻之，拔汗那王兵敗，奔安西求救。孝嵩謂都護吕休璟曰："不救則無以號令西域。"遂帥旁側戎落兵萬餘人，出龜茲西數千里，下數百城，長驅而進。是月，攻阿了達于連城。孝嵩自攝甲督士卒急攻，自巳至酉，屠其三城，俘斬千餘級，阿了達與數騎逃入山谷。孝嵩傳檄諸國，威振西域，大食、康居、大宛、罽賓等八國皆遣使請降。/會有言其贓污者，坐繫凉州獄，貶靈州兵曹參軍。

玄宗開元四年(716)

春，正月……丙午，以郯王嗣真爲安北大都護、安撫河東·關内·隴右諸蕃大使，以安北大都護張知運爲之副。陝王嗣昇爲安西大都護、安撫河西四鎮諸蕃大使，以安西都護郭虔瓘爲之副。二王/皆不出閣。諸王遙領節度自此始。

玄宗開元五年(717)

秋，七月……安西副大都護湯嘉惠奏突騎施引大食、吐蕃，謀取四鎮，圍鉢换及大石城，已發三姓葛邏禄兵與阿史那獻擊之。

卷二百一十二 《唐紀二十八》

玄宗開元十一年(723)

初,監察御史濮陽杜暹因按事至突騎施,突騎施饋之金,暹固辭。左右曰:"君寄身異域,不宜逆其情。"乃受之,埋於幕下,出境,移牒令取之。虜大驚,度磧追之,不及。及安西都護闕,或薦暹往使安西,人服其清慎。時暹自給事中居母憂。

玄宗開元十二年(724)

春,三月,甲子,起暹爲安西副大都護、磧西節度等使。

玄宗開元十三年(725)

于闐王尉遲眺陰結突厥及諸胡謀叛,安西副大都護杜暹發兵捕斬之,更爲立王。

卷二百一十三 《唐紀二十九》

玄宗開元十四年(726)

九月,己丑,以安西副大都護、磧西節度使杜暹同平章事。

自王孝傑克復四鎮,復於龜兹置安西都護府,以唐兵三萬戍之,百姓苦其役,爲都護者,惟田楊名、郭元振、張嵩及暹皆有善政,爲人所稱。

……

杜暹爲安西都護,突騎施交河公主遣牙官以馬千匹詣安西互市。使者宣公主教,暹怒曰:"阿史那女何得宣教於我!"杖其使者,留不遣;馬經雪死盡。突騎施可汗蘇祿大怒,發兵寇四鎮。會暹入朝,/趙頤貞代爲安西都護,嬰城自守;四鎮人畜俘積,皆爲蘇祿所掠,安西僅存。既而蘇祿聞暹入相,稍引退,尋遣使入貢。

玄宗開元十五年(727)

九月……閏月,庚子,吐蕃贊普與突騎施蘇祿圍安西城,安西副大都護趙頤貞擊破之。

玄宗開元十六年(728)

春,正月,壬寅,安西副大都護趙頤貞敗吐蕃于曲子城。

卷二百一十四 《唐紀三十》

玄宗開元二十三年(735)

冬,十月,戊申,突騎施寇北庭及安西撥換城。

玄宗開元二十四年(736)

北庭都護蓋嘉運擊突騎施,大破之。

玄宗開元二十六年(738)

突騎施可汗蘇祿……晚年……諸部離心。酋長莫賀達干、都摩度兩部最强……於是莫賀達干勒兵夜襲蘇祿,殺之。都摩度初與莫賀達干連謀,既而復興之異,立蘇祿之子骨啜爲吐火仙可汗以收其餘衆,與莫賀達干/相攻。莫賀達干遣使告磧西節度使蓋嘉運,上命嘉運招集突騎施、拔汗那以西諸國;吐火仙與都摩度據碎葉城,黑姓可汗爾微特勒據怛邏斯城,相與連兵以拒唐。

玄宗開元二十七年(739)

秋,八月,乙亥,磧西節度使蓋嘉運擒突騎施可汗吐火仙。嘉運攻碎葉城,吐火仙出戰,敗走,擒之於賀邏嶺。分遣疏勒鎮守使夫蒙靈詧與拔汗那王阿悉爛達干潛引兵突入怛邏斯城,擒黑姓可汗爾微,遂入曳建城,取交河公主,悉收散髮之民數萬以與拔汗那王,威震西陲。

……

九月,戊午,處木昆、鼠尼施、弓月等諸部先隸突騎施者,皆帥衆內附,仍請徙居安西管內。

玄宗開元二十八年(740)

三月……甲寅,蓋嘉運入獻捷。上赦吐火仙罪,以爲左金吾大將軍。嘉運請立阿史那懷道之子昕爲十姓可汗;從之。《考異》曰:……若如《舊傳》所言,嘉運便以莫賀達干爲可汗統衆,則莫賀不應復叛。且立可汗當須朝廷冊命,嘉運豈得擅立於塞外也! 若未以爲可汗,則《實錄》十二月不應謂之突騎施可汗莫賀達干也。若如《會要》所言,二十九年始立昕爲可汗,則《實錄》二十八年四月不應已謂昕爲十姓可汗也。蓋嘉運既平突騎施,即奏立昕爲十姓可汗,故莫賀達干不服而叛。明皇乃以莫賀達干爲小可汗,止統突騎施之衆,使嘉運招諭之,故來降;然昕爲十姓可汗,兼統諸部,故明皇遣兵送之,而爲莫賀達干所殺,事或然也。……夏,四月,辛未,以昕妻李氏爲交河公主。

……

十一月……突騎施莫賀達干聞阿史那昕爲可汗,怒曰:"首誅蘇祿,我之謀也;今立史昕何以賞我!"遂帥諸部叛。上乃立莫賀達干爲可汗,使統突騎施之衆;命蓋嘉運招諭之。十二月,乙卯,莫賀達干降。

玄宗開元二十九年(741)

冬,十月……壬寅,分北庭、安西爲二節度。

卷二百一十五 《唐紀三十一》

玄宗天寶元年(742)

是時,天下聲教所被之州三百三十一,《考異》曰:《舊紀》云"三百六十二"。按《地理志》,開元二十八年,州府三百二十

283

八，至此纔二年，不應遽增三十餘州。今從《唐曆》、《會要》、《統紀》。羈縻之州八百，置十節度、經略使以備邊。安西節度撫寧西域，統龜茲、焉耆、于闐、疏勒四鎮，治龜茲城，兵二萬四千。/北庭節度防制突騎施、堅昆，統瀚海、天山、伊吾三軍，屯伊、西二州之境，治北庭都護府，兵二萬人。河西節度斷隔吐蕃、突厥，統赤水、大斗、建康、寧寇、玉門、墨離、豆盧、新泉八軍，張掖、交城、白亭三守捉，屯涼、肅、瓜、沙、會五州之境，治涼州，兵七萬三千人。……

玄宗天寶六載(747)

初，將軍高仙芝，本高麗人，從軍安西。仙芝驍勇，善騎射，節度使夫蒙靈詧屢薦至安西副都護、都知兵馬使，充四鎮節度副使。

吐蕃以女妻小勃律王，及其旁二十餘國，皆附吐蕃，貢獻不入，前後節度使討之，皆不能克。制以仙芝爲行營節度使，將萬騎討之。自安西行百餘日，乃至特勒滿川，分軍爲三道，特勒滿川即五識匱國所居。三道：一由北谷道，一由赤佛道，仙芝自由護密道。自護密勒城南至小勃律國都五百里。期以七月十三日會吐蕃連雲/堡下。有兵近萬人，不意唐兵猝至，大驚，依山拒戰，礌櫑如雨。仙芝以郎將高陵李嗣業爲陌刀將，令之曰："不及日中，決須破虜。"嗣業執一旗，引陌刀緣險先登力戰，自辰至巳，大破之，《考異》曰：《舊嗣業傳》云"天寶七載。"今從《實錄》及《封常清傳》。斬首五千級，捕虜千餘人，餘皆逃潰。中使邊令誠以入虜境已深，懼不敢進；仙芝乃使令誠以羸弱三千守其城，復進。

三日，至坦駒嶺，下峻阪四十餘里，前有阿弩越城。仙芝恐士卒憚險，不肯下，先令人胡服詐爲阿弩越城守者迎降，云："阿弩越赤心歸唐，娑夷水藤橋已斫斷矣。"娑夷水，即弱水也，其水不能勝草芥。藤橋者，通吐蕃之路也。仙芝陽喜，士卒乃下。又三日，阿弩越城迎者果至。

明日，仙芝入阿弩越城，遣將軍席元慶將千騎前行，謂曰："小勃律聞大軍至，其君臣百姓必走山谷，第呼出，取繒帛稱敕賜之，大臣至，盡縛之以待我。"元慶如其言，悉縛諸大臣。王及吐蕃公主逃入石窟，取不可得。仙芝至，斬其附吐蕃者大臣數人。

藤橋去城猶六十里，仙芝急遣元慶往斫之，甫畢，吐蕃兵大至，已無及矣。藤橋闊盡一矢，力脩之，期年乃成。

八月，仙芝虜小勃律王及吐蕃公主而還。九月，至連雲堡，與邊令誠俱。月末，至播密川，遣使奏狀。

至河西，此河西，白馬河西也，自安西西出柘厥關渡白馬河。夫蒙靈詧怒仙芝不先言己而遽發奏，一不迎勞，罵仙芝曰："啖狗糞高麗奴！汝官皆因誰得，而不待我處分，擅奏捷書！高麗奴！汝罪當斬，但以汝新有功不忍耳！"仙芝但謝罪。邊令誠奏仙芝深入萬里，立奇功，今旦夕憂死。

卷二百一十六　《唐紀三十二》

玄宗天寶六載(747)

十二月，己巳，上以仙芝爲安西四鎮節度使，徵靈詧入朝，靈詧大懼。仙芝見靈詧，趨走如故，靈詧益懼。副都護京兆程千里、押牙畢思琛及行官王滔等，皆平日構仙芝於靈詧者也，仙芝面責千里、思琛曰："公面如男子，心如婦人，何也？"又捽滔等，欲笞之，既而皆釋之，謂曰："吾素所恨於汝者，欲不言，恐汝懷憂；今既言之，則無事矣。"軍中乃安。

初，仙芝爲都知兵馬使，猗氏人封常清，少孤貧，細瘦頹目，一足偏/短，求爲仙芝傔，不納。常清日候仙芝出入，不離其門，凡數十日，仙芝不得已留之。會達奚部叛，夫蒙靈詧使仙芝追之，斬獲略盡。常清私作捷書以示仙芝，皆仙芝心所欲言者，由是一府奇之。仙芝爲節度使，即署常清判官；仙芝出征，常爲留後。……

玄宗天寶八載(749)

十一月，乙未，吐火羅葉護失里怛伽羅遣使表稱："揭師王親附吐蕃，困苦小勃律鎮軍，阻其糧道。臣思破凶徒，望發安西兵，以來歲正月至小勃律，六月至大勃律。"上許之。

玄宗天寶九載(750)

安西節度使高仙芝破揭師，虜其王勃特沒。三月，庚子，立勃特沒之兄素迦爲揭師王。

……

十二月……安西四鎮節度使高仙芝僞與石國約和，引兵襲之，虜其王及部衆以歸，悉殺其老弱。仙芝性貪，掠得瑟瑟十餘斛，黃金五六橐駝，其餘口馬雜貨稱是，皆入其家。

玄宗天寶十載(751)

安西節度使高仙芝入朝，獻所擒突騎施可汗、吐蕃酋長、石國王、揭師王。加仙芝開府儀同三司。尋以仙芝爲河西節度使，代安思順；思順諷群胡割耳剺面請留己，制復留思順於河西。

……

高仙芝之虜石國王也，石國王子逃詣諸胡，具告仙芝欺誘貪暴之狀。諸胡皆怒，潛引大食欲共攻四鎮。仙芝聞之，將蕃、漢三萬衆擊大食，深入七百餘里，至恒羅斯城，與大食遇。相持五日，葛/羅祿部衆叛，與大食夾攻唐軍，仙芝大敗，士卒死亡略盡，所餘纔數千人。右威衛將軍李嗣業勸仙芝宵遁。道路阻隘，拔汗那部衆在前，人畜塞路；嗣業前驅，奮大梃擊之，人馬俱斃，仙芝乃得過。

將士相失，別將汧陽段秀實聞嗣業之聲，詬曰："避敵先奔，無勇也；全己棄衆，不仁也。幸而得達，獨無愧乎！"嗣業執其手謝之，留拒追兵，收散卒，得俱免。還至安西，言於仙芝，以秀實兼都知兵馬使，爲己判官。

玄宗天寶十一載(752)

十二月……丁酉,以安西行軍司馬封常清爲安西四鎮節度使。

玄宗天寶十二載(753)

北庭都護程千里追阿布思至磧西,以書諭葛邏祿,使相應。阿布思窮迫,歸葛邏祿,葛邏祿葉護執之,并其妻子、麾下數千人送之。

……

是歲,安西節度使封常清擊大勃律,至菩薩勞城,前鋒屢捷,常清乘勝逐之。斥候府果毅段秀實諫曰:"虜/兵羸而屢北,誘我也;請搜左右山林。"常清從之,果獲伏兵,遂大破之,受降而還。

卷二百一十七 《唐紀三十三》

玄宗天寶十三載(754)

三月……/程千里執阿布思,獻於闕下,斬之。甲子,以千里爲金吾大將軍,以封常清權北庭都護、伊西節度使。

玄宗天寶十四載(755)

十一月……/庚午,上聞祿山定反,乃召宰相謀之。……辛未,安西節度使封常清入朝,上問以討賊方略,常清大言曰:"今太平積久,故人望風憚賊。然事有逆順,勢有奇變,臣請走馬詣東京,開府庫,募驍勇,挑馬箠渡河,計日取逆胡之首獻闕下!"上悦。壬申,以常清爲范陽、平盧節度使。常清即日乘驛詣東京募兵,旬日,得六萬人;乃斷河陽橋,爲守禦之備。

卷二百一十八 《唐紀三十四》

肅宗至德元載(756)

七月……丁卯,上皇制:"以……豐王珙充武威都督,仍領河西、隴右、安西、北庭等路節度都使,以隴西太/守濟陰鄧景山爲之傳,充都副大使。應須士馬、甲仗、糧賜等,并於當路自供。其諸路本節度使虢王巨等并依前充使。其署置官屬及本路郡縣官,并任自簡擇,署訖聞奏。"時琦、珙皆不出閤……

……

上命河西節度副使李嗣業將兵五千赴行在,《考異》曰:《段秀實別傳》曰:"詔嗣業將安西五萬衆赴行在。"今從《舊傳》。嗣業與節度使梁宰謀,且緩師以觀變。綏德府折衝段秀實讓嗣業曰:"豈有君父告急而臣子晏然不赴者乎!特進常自謂大丈夫,今日視之,乃兒女子耳!"嗣業大慚,即白宰如數發兵,以秀實自副,將之詣行在。上又徵兵於安西;行軍司馬李栖筠發精兵七千人,勵以忠義而遣之。

卷二百一十九 《唐紀三十五》

肅宗至德二載(757)

春,正月……上聞安西、北庭及拔汗那、大食諸國兵至涼、鄯,甲子,幸保定。

……

二月……上至鳳翔旬日,隴右、河西、安西、西域之兵皆會,江、淮庸調亦至洋川、漢中。……西師憩息既定,李泌請遣安西及西域之衆,如前策并塞東北,自歸、檀南取范陽。上曰:"今大衆已集,庸調亦至,當乘兵鋒搗其腹心,而更引兵東北數千里,先取范陽,不亦迂乎?"對曰:"今以此衆直取兩京,必得之。然賊必再强,我必又困,非久安之策。"上曰:"何也?"對曰:"今所恃者,皆西北守塞及諸胡之兵,性耐寒而畏暑,若乘其新至之銳,攻祿山已老之師,其勢必克。兩京春氣已深,賊收其餘衆,遁歸巢穴,關東地熱,官軍必困而思歸,不可留也。賊休兵秣馬,伺官軍之去,必復南來,然則征戰之勢未有涯也。不若先用之於寒鄉,除其巢穴,則賊無所歸,根本永絕矣。"上曰:"朕切於晨昏之戀,不能待此決矣。"

卷二百二十 《唐紀三十六》

肅宗至德二載(757)

九月……丁亥,元帥/廣平王俶將朔方等軍及回紇、西域之衆十五萬,號二十萬,發鳳翔。……

庚子,諸軍俱發;壬寅,至長安西,陳於香積寺北灃水之東。李嗣業爲前軍,郭子儀爲中軍,王思禮爲後軍。賊衆十萬陳於其北……自午及酉,斬首六萬級,填溝塹死者甚衆,賊遂大潰。……癸卯,大軍入西京。

……

十二月……更安西曰鎮西。

肅宗乾元元年(758)

三月……/鎮西、北庭行營節度使李嗣業屯河內。癸巳,北庭兵馬使王惟良謀作亂,嗣業與裨將荔非元禮討誅之。

……

六月……以開府儀同三司李嗣業爲懷州刺史,充鎮西、北庭行營節度使。李嗣業以鎮西、北庭兵屯懷州,就用爲刺史,征調以給軍。

九月……庚寅,命朔方郭子儀、淮西魯炅、興平李奐、滑濮許叔冀、鎮西·北庭李嗣業、鄭蔡季廣琛、河南崔光遠七節度使及平盧兵馬使董秦將步騎二十萬討慶緒;又命河東李光弼、關內·澤潞王思禮二節度使將所部兵助之。……

卷二百二十一 《唐紀三十七》

肅宗乾元二年(759)

春，正月……/鎮西節度使李嗣業攻鄴城，爲流矢所中，丙申，薨；兵馬使荔非元禮代將其衆。初，嗣業表段秀實爲懷州長史，知留後事。時諸軍屯戌日久，財竭糧盡，秀實獨運芻粟，募兵市馬以奉鎮西行營，相繼於道。

……

三月，壬申，官軍步騎六十萬陳於安陽河北，思明自將精兵五萬敵之……大風忽起，吹沙拔木，天地晝晦，咫尺不相辨，兩軍大驚，官軍潰而南，賊潰而北，棄甲仗輜重委積於路。……諸節度各潰歸本鎮。士卒所過剽掠，吏不能止，旬日方定。……

……

辛卯，以荔非元禮爲懷州刺史，權知鎮西、北庭行營節度使。元禮復以段秀實爲節度判官。

……

冬，十月……史思明引兵攻河陽，使驍將劉龍仙詣城下挑戰。……孝德請行。/……挾二矛，策馬亂流而進。……龍仙見其獨來，甚易之……孝德大呼，運矛躍馬搏之。城上鼓譟，五十騎繼進。龍仙矢不及發，環走隄上。孝德追及，斬首，攜之以歸。賊衆大駭。孝德，本安西胡人也。

……

十一月……/發安西、北庭兵屯陝，以備史思明。

……

十二月……以伯玉爲鎮西、四鎮行營節度使。

蕭宗上元元年(760)

春，正月……/丙戌，以于闐王勝之弟曜同四鎮節度副使，權知本國事。于闐王與四鎮節度使皆在行營，故令其弟與節度副使同權國事。

卷二百二十二　《唐紀三十八》
蕭宗上元二年(761)

八月……辛巳，以殿中監李若幽爲鎮西、北庭、興平、陳鄭等節度行營及河中節度使，鎮絳州，賜名國貞。

蕭宗寶應元年(762)

絳州素無儲蓄，民間饑，不可賦斂，將士糧賜不充，朔方等諸道行營都統李國貞屢以狀聞；朝廷未報，軍中咨怨。突將王元振將作亂，矯令於衆曰："來日脩都統宅，各具畚鍤，待命于門。"士卒皆怒，曰："朔方健兒豈脩宅夫邪！"乙丑，元振帥其徒作亂，燒牙城門。國貞逃于獄，元振執之，置卒食於前，曰："食此而役其力，可乎！"國貞曰："脩宅則無之，軍食則屢奏而未報，諸君所知也。"衆欲退。元振曰："今日之事，何必更問！都統不死，則我輩死矣。"遂拔刃殺之。鎮西、北庭行營兵屯於翼城翼城縣，屬絳州。亦殺節度使荔非元禮，推裨將白孝德爲節度使，朝廷因而授之。

卷二百二十三　《唐紀三十九》
代宗廣德元年(763)

吐蕃入大震關，陷蘭、廓、河、鄯、洮、岷、秦、成、渭等州，盡取河西、隴右之地。唐自武德以來，開拓邊境，地連西域，皆置都督、府、州、縣。開元中，置朔方、隴右、河西、安西、北庭諸節度使以統之，歲發山東丁壯爲戌卒，繒帛爲軍資，開屯田，供糧糧，設監牧，畜馬牛，軍城戌邏，萬里相望。及安祿山反，邊兵精銳者皆徵發入援，謂之行營，所留兵單弱，胡虜稍蠶食之；數年間，西北數十州相繼淪没，自鳳翔以西，邠州以北，皆爲左袵矣。

……

冬，十月……/辛巳，上至陝，百官稍有至者。……上賜子儀/詔，恐吐蕃東出潼關，徵子儀詣行在。子儀表稱："臣不收京城無以見陛下，若出兵藍田，虜必不敢東向。"上許之。郎延節度判官段秀實說節度使白孝德引兵赴難，孝德即日大舉，南趣京畿，與蒲、陝、商、華合勢進擊。

……

十一月……王甫自稱京兆尹，聚衆二千餘人，署置官屬，暴橫長安中。壬寅……子儀斬之，/其兵盡散。白孝德與邠寧節度使張蘊琦將兵屯畿縣，子儀召之入城，京畿遂安。

代宗廣德二年(764)

僕固懷恩前軍至宜禄，郭子儀使右兵馬使李國臣將兵爲郭晞後繼。邠寧節度使白孝德敗吐蕃于宜禄。《考異》曰：《實錄》："癸巳，孝德敗吐蕃　千餘衆於宜禄，生擒蕃將數人。"按《汾陽家傳》，二十六日，賊先軍次宜禄。然則前八日孝德豈得已敗吐蕃於宜禄乎！《實錄》誤。冬，十月，懷恩引回紇、吐蕃至邠州，白孝德、郭晞閉城拒守。

十一月，丁未，郭子儀自行營入朝，郭晞在邠州，縱士卒爲暴，節度使白孝德患之，以子儀故，不敢言。涇州刺史段秀實自請補都虞候，孝德從之。既署一月，晞軍士十七人入市取酒，以刃刺酒翁，壞釀器，秀實列卒取十七人首註槊上，植市門。/晞一營大譟，盡甲，孝德震恐，召秀實曰："奈何？"秀實曰："無傷也，請往解之。"孝德使數十人從行，秀實盡辭去，選老躄者一人持馬至晞門下。甲者出，秀實笑且入，曰："殺一老卒，何甲也！吾戴吾頭來矣。"甲者愕。因諭曰："常侍負若屬邪，副元帥負若屬邪？奈何欲以亂敗郭氏！"/晞出，秀實讓之曰："副元帥勳塞天地，當念始終。今常侍恣卒爲暴，行且致亂，亂則罪及副元帥；亂由常侍出，然則郭氏功名，其存者幾何！"言未畢，晞再拜曰："公幸教晞以道，恩甚大，敢不從命！"顧叱左右："皆解甲，散還火伍中，敢譁者死！"秀實因留宿軍中。晞通夕不解衣，戒候卒擊柝衛秀實。旦，俱至孝德所，謝不能，請改。邠州由是無患。

代宗永泰元年(765)

僕固懷恩誘回紇、吐蕃、吐谷渾、黨項、奴剌數十萬衆俱入寇,……懷恩又以朔方兵繼之。

郭子儀行軍司馬趙復入奏曰:"虜皆騎兵,其如飛,不可易也。請使/諸道節度使鳳翔李抱玉、滑濮李光庭、邠寧白孝德、鎮西馬璘、河南郝庭玉、淮西李忠臣各出兵以扼其衝要。"上從之。

……

吐蕃至邠州,白孝德嬰城自守。

卷二百二十四 《唐紀四十》

代宗大曆元年(766)

二月……以四鎮、北庭行營節度使馬 兼邠寧節度使。璘以段秀實爲三使都虞候。

代宗大曆二年(767)

是歲,復以鎮西爲安西。

代宗大曆三年(768)

八月,壬戌,吐蕃十萬衆寇靈武。丁卯,吐蕃尚贊摩二萬衆寇邠州,京師戒嚴;邠寧節度使馬璘擊破之。

……

十一月……郭子儀還河中。元載以吐蕃連歲入寇,馬璘以四鎮兵屯邠寧,力不能拒,而郭子儀以朔方重兵鎮河中,深居腹中無事之地,乃與子儀及諸將議,徙璘鎮涇州,而使子儀以朔方兵鎮邠州,曰:"若以邊土荒殘,軍費不給,則以內地租稅及運金帛以助之。"諸將皆以爲然。十二月,己酉,徙馬璘爲涇原節度使,以邠、寧、慶三州隸朔方。/璘先往城涇州,以都虞候段秀實知邠州留後。

初,四鎮、北庭兵遠赴中原之難,久羈旅,數遷徙,四鎮歷汴、虢、鳳翔,北庭歷懷、絳,鄜然後至邠,頗積勞弊。及徙涇州,衆皆怨誹。刀斧兵馬使王童之謀作亂,期以辛酉旦警嚴而發。前夕,有告之者;秀實陽召掌漏者,怒之,以其失節,令更來白,輒延之數刻,遂四更而曙,童之不果發。秀實欲討之而亂迹未露,恐軍中疑其冤。告者又云:"今夕欲焚馬坊草,因救火謀作亂。"中夕,火果起,秀實命軍中行者皆止,坐者勿起,各整部伍,嚴守要害。童之白請救火,不許。及旦,捕童之及其黨八人,皆斬之。下令曰:"後徙者族,流言者刑!"遂徙于涇。

代宗大曆五年(770)

夏,四月……涇原節度使馬璘屢訴本鎮荒殘,無以贍軍,上諷李抱玉以鄭、潁二州讓之,乙巳,以璘兼鄭潁節度使。

……

初,元載嘗爲西州刺史,知河西、隴右山川形勢。是時,吐蕃數爲寇,載言於上曰:"四鎮、北庭既治涇州,無險要可守。隴山高峻,南連秦嶺,北抵大河。今國家西境盡潘原,而吐蕃戍摧沙堡,原州居其中間,當隴山之口,其西皆監牧故地,草肥水美,平涼在其東,獨耕一縣,可給軍食,故壘尚存,吐蕃棄而不居。每歲盛夏,吐蕃畜牧青海,去塞甚遠,若乘間築之,二旬可畢。移京西軍戍原州,移郭子儀軍戍涇州,爲之根本,分兵守石門、木峽,漸開隴右,進達安西,據吐蕃腹心,則朝廷可高枕矣。"……載尋得罪,事遂寢。

卷二百二十五 《唐紀四十一》

代宗大曆十二年(777)

九月,辛酉,以四鎮、北庭行營兼涇原、鄭潁節度副使段秀實爲節度使。

卷二百二十六 《唐紀四十二》

德宗建中元年(780)

二月……楊炎……微秀實爲司農卿。丁未,邠寧節度使李懷光兼四鎮、北庭行營、涇原節度使,使移軍原州,以四鎮、北庭留後劉文喜爲別駕。……

……

楊炎欲城原州以復秦、原,命李懷光居前督作,朱泚、崔寧各將萬人翼其後。詔下涇州具築城具,涇之將士怒曰:"吾屬爲國家西門之屏,十餘年矣。始居邠州,甫營耕桑,有地著之安。徙屯涇州,披荊榛,立軍府;坐席未暖,又投之塞外。吾屬何罪而至此乎!"李懷光始爲邠寧帥,即誅溫儒雅等,軍令嚴峻;及兼涇原,諸將皆懼,曰:"彼五將何罪而爲戮?今又來此,吾屬能無憂乎!"劉文喜因衆心不安,據涇州,不受詔,上疏復求段秀實爲帥,不則朱泚。癸亥,以朱泚兼四鎮、北庭行營、涇原節度使,代懷光。

……

三月……劉文喜又不受詔,欲自邀旌節;夏,四月,乙未朔,據涇州叛,遣其子質於吐蕃以求援。上命朱泚、李懷光討之,又命神策軍使張巨濟將禁兵二千助之。

……

五月……朱泚等圍劉文喜於涇州,杜其出入,而閉壁不與戰,久之不拔。天方旱,徵發餽運,內外騷然,朝臣上書請赦文喜以蘇疲人者,不可勝紀。上皆不聽,曰:"微孽不除,何以令天下!"文喜使其將劉海賓入奏,海賓言於上曰:"臣乃陛下藩邸部曲,豈肯附叛臣,必爲陛下梟其首以獻。但文喜今所求者節而已,願陛下姑與之,文喜必怠,則臣計得施矣。"上曰:"名器不可假人,爾能立效固善,我節不可得也。"使海賓歸以告文喜,而攻之如初。減御膳以給軍士,城中將士當受春服者,賜予如故。於是衆知上意不可移。時吐蕃方睦於唐,不爲發兵,城中勢窮。庚寅,海賓與諸將共殺文喜,傳首而原州竟不果城。

八月……加盧龍、隴右、涇原節度使朱泚兼中書令,盧龍、隴右節度如故。以舒王謨爲四鎮、北庭行軍、涇原節度大使,以涇州牙前兵馬使河中姚令言爲留後。

卷二百二十七 《唐紀四十三》
德宗建中二年(781)

北庭、安西自吐蕃陷河、隴,隔絶不通,伊西、北庭節度使李元忠帥將士閉境拒守,數遣使奉表,皆不達,聲問絶者十餘年;至是,遣使間道歷諸胡自回紇中來,上嘉之。秋,七月,戊午朔,加元忠北庭大都護,賜爵寧塞郡王;以昕爲安西大都護、四鎮節度使,賜爵武威郡王;將士皆遷七資。元忠姓名,朝廷所賜也,本姓曹,名令忠;昕子儀弟〔之子〕也。

……

丙子,贈故伊州刺史袁光庭工部尚書。光庭天寶末爲伊州刺史,吐蕃陷河、隴,光庭堅守累年,吐蕃百方誘之,不下。糧竭兵盡,城且陷,光庭先殺妻子,然後自焚。郭昕使至,朝廷始知之,故贈官。

德宗建中三年(782)
八月……辛酉,以涇原留後姚令言爲節度使。

卷二百二十八 《唐紀四十四》
德宗建中四年(783)

九月……上發涇原諸道兵救襄城。冬,十月,丙午,涇原節度使姚令言將兵五千至京師。軍士冒雨,寒甚,多攜子弟而來,冀得厚賜遺其家,既至,一無所賜。丁未,發至滻水,詔京兆尹王翃犒師,惟糲食菜啖;衆怒,蹴而覆之,因揚言曰:"吾輩將死於敵,而食且不飽,安能以微命拒白刃邪!聞瓊林、大盈二庫,金帛盈溢,不如相與取之。"乃攝甲張旗鼓譟,還趣京城。令言入辭,尚在禁中,聞之,馳至長樂阪遇之。軍士射令言,令言抱馬鬛突入亂兵,呼曰:"諸君失計!東征立功,何患不富貴,乃爲族滅之計乎!"軍士不聽,以兵擁令言而西。上遽命賜帛,人二匹;衆益怒,射中使。又命中使宣慰,賊已至通化門外,中使出門,賊殺之。又命出金帛二十車賜之;賊已入城,喧聲浩浩,不復可遏。/百姓狼狽駭走,賊大呼告之曰:"汝曹勿恐,不奪汝商貨僦質矣,不稅汝間架陌錢矣!"上遣普王誼、翰林學士姜公輔出慰諭之;賊已陳於丹鳳門外,小民聚觀者以萬計。

……賊已斬關而入,上乃與王貴妃、韋淑妃、太子、諸王、唐安公主自苑北門出……。

姜公輔叩馬言曰:"朱泚嘗爲涇帥,坐弟滔之故,廢處京

師,心嘗怏怏。臣謂陛下既不能推心待之,則不如殺之,毋貽後患。今亂兵若奉以爲主,則難制矣。請召使從行。"上倉猝不暇用其言,曰:"無及矣!"遂行。……

賊入宮,登含元殿,大呼曰:"天子已出,宜人自求富!"遂譁譟,爭入府庫,運金帛,極力而止。小民因之,亦入宮庫物,通夕不已。其不能入者,剽奪於路。諸坊居民各相帥自守。姚令言與亂兵謀曰:"今衆無主,不能持久,朱太尉閑居私第,請相與奉之。"衆許諾。乃遣數百騎迎泚於晉昌里第。夜半,泚按轡列炬,傳呼入宮,居含元殿,設警嚴,自稱權知六軍。

戊申旦,泚徙居白華殿,出榜於外,稱:"涇原將士久處邊陲,不閑朝禮,輒入宮闕致驚乘輿,西出巡幸。太尉已權臨六軍,應神策軍士及文武百官凡有禄食者,悉詣行在;不能往者,即詣本司。/若出三日,檢勘彼此無名者,皆斬!,"於是百官出見泚,或勸迎乘輿,泚不悦,百官稍稍遁去。

……

姚令言之東出也,以兵馬使京兆馮河清爲涇原留後,判官河中況知涇州事。河清、況聞上幸奉天,集將士大哭,激以忠義,發甲兵、器械百餘車,通夕輸行在。城中方苦無甲兵,得之,士氣大振。詔以河清爲四鎮、北庭行營、涇原節度使,況爲行軍司馬。

卷二百三十一 《唐紀四十七》
德宗興元元年(784)

秋,七月,……初,上發吐蕃以討朱泚,許成功以伊西、北庭之地與之;及泚誅,吐蕃來求地,上欲召兩鎮節度使郭昕、李元忠還朝,以其地與之。李泌曰:"安西、北庭,人性驍悍,控制西域五十七國及十姓突厥,又分吐蕃之勢,使不能併兵東侵,奈何拱手與之!且兩鎮之人,勢孤地遠,盡忠竭力,爲國家固守近二十年,誠可哀憐。一旦棄之以與戎狄,彼其心必深怨中國,他日從吐蕃入寇,如報私讎矣。況日者吐蕃觀望不進,陰持兩端,大掠武功,受略而去,何功之有!"衆議亦以爲然,上遂不與。

卷二百三十三 《唐紀四十九》
德宗貞元四年(788)

十二月……先是,安西、北庭皆假道於回鶻以奏事,故與之連和。北庭去回鶻尤近,誅求無厭,又有沙陀六千餘帳與北庭相依。及三葛禄、白服突厥皆附於回鶻,回鶻數侵掠之。吐蕃因葛禄、白服之衆以攻北庭,回鶻大相頡干迦斯將兵救之。

德宗貞元六年(790)

五月……回鶻頡干迦斯與吐蕃戰不利,吐蕃急攻北庭。北庭人苦於回鶻誅求,與沙陀酋長朱邪盡忠皆降於吐蕃;節

度使楊襲古帥麾下二千人奔西州。六月，頡干迦斯引兵還國……。

秋，頡干迦斯悉舉國兵數萬將復北庭，又爲吐蕃所敗，死者大半。襲古收餘衆數百，將還西州，頡干迦斯紿之曰："且與我同至牙帳"；既而留不遣，竟殺之。安西由是遂絕，莫知存亡，而西州猶爲唐固守。

卷二百三十五　《唐紀五十一》

德宗貞元十年(794)

六月……雲南王異牟尋遣其弟湊羅棟獻地圖、土貢及吐蕃所給金印，請復號南詔。癸丑，以祠部郎中袁滋爲冊南詔使，賜銀窠金印，文曰"貞元冊南詔印"。滋至其國，異牟尋北面跪受冊印，稽首再拜，因與使者宴，出玄宗所賜銀平脫馬頭盤二以示滋。又指老笛工、歌女曰："皇帝所賜《龜茲樂》，/惟二人在耳。"滋曰："南詔當深思祖考，子子孫孫盡忠於唐。"異牟尋拜曰："敢不謹承使者之命！"

卷二百四十一　《唐紀五十七》

穆宗長慶元年(821)

五月……癸亥，以太和長公主嫁回鶻。公主，上之妹也。吐蕃聞唐與回鶻婚，六月，辛未，寇青塞堡；鹽州刺史李文悅擊卻之。戊寅，回鶻奏："以萬騎出北庭，萬騎/出安西，拒吐蕃以迎公主。"

卷二百四十六　《唐紀六十二》

文宗開成五年(840)

九月……/初，伊吾之西，焉耆之北，有黠戛斯部落……/其君長曰阿熱，建牙青山，去回鶻牙，橐駝行四十日。其人悍勇，吐蕃、回鶻常略遺之，假以官號。回鶻既衰，阿熱始自稱可汗。回鶻遣相國將兵擊之，連兵二十餘年，數爲黠戛斯所敗，罵回鶻曰："汝運盡矣，我必取汝金帳！"金帳者，回鶻可汗所居帳也。

及掘羅勿殺彰信，立䯤馺，回鶻別將句錄莫賀引黠戛斯十萬騎攻回鶻，大破之，殺䯤馺及掘羅勿，焚其牙帳蕩盡，回鶻諸部逃散。其相馺職、特勒龐等十五部西奔葛邏祿，一支奔吐蕃，一支奔安西。

武宗會昌二年(842)

冬，十月……黠戛斯遣將軍踏布合祖等至天德軍，言"先遣都呂施合等奉公主歸之大唐，至今無聲問，不知得達，或爲奸人所隔。今出兵求索，上天入地，期於必得。"又言"將徙就合羅，居回鶻故國，兼已得安西、北庭達靼等五部落。"

卷二百四十七　《唐紀六十三》

武宗會昌三年(843)

二月……上欲令趙蕃就頡戛斯求安西、北庭，李德裕等上言："安西去京師七千餘里，北庭五千餘里，借使得之，當復置都護，以唐兵萬人戍之。不知此兵於何處追發，饋軍從何道得通，此乃用實費以易虛名，非計也。"上乃止。

卷二百四十八　《唐紀六十四》

武宗會昌四年(844)

九月……李德裕奏："據幽州奏事官言：詗知回鶻上下離心，可汗欲之安西，其部落言親戚皆在唐，不如歸唐；又與室韋已相失，計其不日來降，或自相殘滅。望遣識事中使賜仲武詔，諭以鎮、魏已平昭義，惟回鶻未滅，仲武猶帶北面招討使，宜早思立功。"

宣宗大中二年(848)

正月……回鶻遏捻可汗仰給於奚王石舍朗，及張仲武大破奚衆，回鶻無所得食，日益耗散，至是，所存貴人以下不滿五百人，依於室韋。使者入賀正，過幽州，張仲武使歸取遏捻等；遏捻聞之，夜與妻葛祿、子特勒毒斯等九騎西走，餘衆追之不及，相與大哭。室韋分回鶻餘衆爲七，七姓共分之；居三日，黠戛斯遣其相阿播帥諸胡兵號七萬來取回鶻，大破室韋，悉收回鶻餘衆歸磧北。猶有數帳，潛竄山林，鈔盜諸胡；其別部龐勒，先在安西，亦自稱可汗，居甘州，總磧西諸城，種落微弱，時入獻見。

卷二百四十九　《唐紀六十五》

宣宗大中十年(856)

三月，辛亥，詔以"回鶻有功於國，世爲婚姻，稱臣奉貢，北邊無警。會昌(841—846)中虜廷喪亂，可汗奔亡，屬姦臣當軸，遽加殄滅。近有降者云，已龐歷今爲可汗，尚寓安西，已龐歷，即龐勒，以華言譯夷言，語轉耳。龐勒立見上卷二年。俟其歸復牙帳，當加冊命。"

……

十月……上遣使詣安西鎮撫回鶻，使者至靈武，會回鶻可汗遣使入貢，十一月，辛亥，冊拜爲嗢祿登里羅汩没密施合俱錄毗伽懷建可汗，以衛尉少卿王端章充使。

卷二百五十　《唐紀六十六》

懿宗咸通四年(863)

八月……/黠戛斯遣其臣合伊難支表求經籍及每年遣使走馬請曆，又欲討回鶻，使安西以來悉歸唐，不許。

《文昌雜録》　〔宋〕龐元英　（雅雨堂1756年刻本）

卷第一

主客所掌諸蕃……西方有九……其五曰龜茲，住居延城,回鶻之別種,其國王自稱師子王。……

《宋朝事實》 〔宋〕李攸 (中華書局1955年版)

卷十二 《儀註二》

……諸蕃夷奉朝貢四十三國,……于闐、龜茲回鶻之別種、高昌、回鶻、吐蕃、黨項、西涼府、沙州……。

……

龜茲。太平興國九年(984)貢方物。咸平四年(1001)貢玉馬,六年(1003)六月十一日貢方物。景德元年(1004)五月六日貢方物。大中祥符三年(1010)貢乳香,六年(1013)貢方物。天禧元年(1017)貢玉、馬、香、藥,四年(1020)貢大尾白羊。天聖二年(1024)貢橐駝、馬、玉,三年(1025)、七年(1029)、九年(1031)貢方物。景祐四年(1037)貢方物。熙寧五年(1072)貢方物。

《玉海》 〔南宋〕王應麟撰 (1738年刻本)

卷一百五十四 《朝貢》

《獻方物》

《太平興國龜茲來貢》

龜茲,回鶻別種自稱師子王。興國元年(976)五月遣使來貢。咸平四年(1001)二月貢玉勒、名馬、獨峰橐駝、寶刀、琉璃器自稱克韓王,賜暈錦衣、金帶。六年(1003)十一月甲午又入貢。景德元年(1004)五月入貢。祥符三年(1010)閏二月貢馬、玉鞍勒。六年(1013)十一月、天禧元年(1017)四月,貢玉及名馬,六月乙未貢玉鞍勒、馬。天聖二年(1024)四月貢橐駝、馬、玉。九年(1031)正月己辰,龜茲、沙州貢方物。景祐四年(1037)六月,康定元年(1040)四月,熙寧四年(1071)九月,五年(1072)二月入貢。

《咸平賜龜茲錦衣金帶》

咸平四年(1001)二月,龜茲王祿勝奉喪來貢,詔賜暈錦衣一襲、金帶、銀器。

《文獻通考》 〔元〕馬端臨 (萬有文庫第二集,商務印書館1936年版)

卷一百三十六 《樂考九》

《革之屬胡部》

答臘鼓 答臘鼓,龜茲、疏勒之器也。其制如羯鼓,抑又廣而短,以指揩之,其聲甚震,亦謂之鞈鼓也。後世教坊奏龜茲曲用焉。

……

答臘鼓下 唐樂圖所傳龜茲、疏勒部用之。其制大與後世教坊者相類,特其設色異耳。

鷄婁鼓上 鷄婁鼓,其形正而圓,首尾所擊之處,平可數寸。龜茲、疏勒、高昌之器也。

鷄婁鼓下 後世教坊奏龜茲曲,用鷄婁鼓,左手持鼗牢,腋挾此鼓,右手擊之,以為節焉其形如甕,腰有環,以綬帶係之腋下。

……

魏鼓杖鼓相鼓細腰鼓正鼓和鼓 昔苻堅破龜茲國,獲羯鼓、鞈鼓、杖鼓、腰鼓,漢魏用之,大者以瓦,小者以木,類皆廣首纖腰,宋蕭思話所謂細腰鼓是也。唐有正鼓、和鼓之別,後周有三等之制。右擊以杖,左拍以手,後世謂之杖鼓、拍鼓,亦謂之魏鼓。每奏大曲入破時,與羯鼓、大鼓同震作,其聲和壯而有節也。……

鞉牢 鞈牢,龜茲部樂也。形如路鞈而一柄疊三枚焉。古人嘗謂,左手插鞈牢,右手擊鷄婁鼓是也。

卷一百三十七 《樂考十》

《絲之屬胡部》

蛇皮琵琶 扶南、高麗、龜茲、疏勒、西涼等國,其樂皆有蛇皮琵琶。以蛇皮為槽,厚一寸餘,鱗介具焉。亦以楸木為面,其掉撥以象皮為之,圖其國王騎象,象其精妙也。……

屈茨琵琶 後魏宣武(500—515)以後,酷嗜胡音,其樂器有屈茨琵琶。說者謂,制度不存,八音之器所不載。以意推之,豈琵琶為屈茨之形然邪?

卷一百三十八 《樂考十一》

《竹之屬胡部》

觱篥 悲篥 笳管 頭管 風管 觱篥本名悲篥,出於胡中,其聲悲或云儒者相傳,胡人吹角以驚馬,後乃以笳為首,竹為管。陳氏《樂書》曰:"觱篥一名悲篥,一名笳管,羌胡、龜茲之樂也。以竹為管,以蘆為首,狀類胡笳而九竅,所法者角音,而甚悲篥。……後世樂家者流,以其旋宮轉器以應律管,因譜其音,為衆器之首。至今鼓吹教坊用之以為頭管。……"

……

二十一管簫 此簫取七音而三倍之。龜茲部所用。……

卷一百四十八 《樂考二十一》

《夷部樂》

《西戎》

龜茲……龜茲樂尤盛於開元(713—741)之時,曹婆羅門纍代傳其素業。大和(827—835)初有米未稼、米萬 。……舞曲有《小天》、《疏勒鹽》焉。

《全唐詩》 (中華書局1960年版)

卷一百九十八 岑參

《初過隴山途中呈宇文判官》

一驛過一驛,驛騎如星流。平明發咸陽,暮及隴山頭。隴水不可聽,鳴咽令人愁。沙塵撲馬汗,霧露凝貂裘。西來誰家子，自道新封侯。前月發安西，路上無停留。都護猶未到，來時在西州。十日過沙磧，終朝風不休。馬走碎石中，四蹄皆血流。萬里奉王事，一身無所求。也知塞垣苦，豈爲妻子謀。山口月欲出，先照關城樓。谿流與松風，靜夜相颼颼一作颸。別家一作來賴歸夢，山塞多離憂。與子且攜手，不愁前路脩。

卷二百二十五　杜甫

《觀安西兵過赴關中待命二首李嗣業以鎮西北庭兵同郭子儀討安慶緒。安西即鎮西舊名也。》

四一作西鎮富精銳，摧鋒皆絶倫。還聞獻一作就士卒，足以靜風塵。老馬夜知道，蒼鷹饑一作秋著人。臨危經久戰，用急一作意始一作使如神。

卷三百八十六　張籍

《涼州詞三首》

邊城暮雨雁飛低，蘆筍初生漸欲齊。無數鈴聲遥過磧，應馱白練到安西。

……

卷四百十九　元稹

《連昌宮詞》

連昌宮中滿宮竹，歲久無人森似一作自束。又有牆頭千葉桃，風動落花紅蔌蔌。宮邊老翁爲余泣，小年進食曾因入一作小年選進因曾入。上皇正在望仙樓，太真同憑闌干立。樓上樓前盡珠翠，炫轉熒煌照天地。歸來如夢復如癡，何暇備言宮裏事。初過寒食一百六，店舍無煙宮樹綠。夜半月高弦索鳴，賀老琵琶定一作擅場屋。力士傳呼覓念奴，念奴潛伴諸郎宿。須臾覓得又連催，特敕街中許燃燭。春嬌滿眼睡一作眠紅綃，掠削雲鬟旋裝束。飛上九天歌一聲，二十五郎吹管逐。逡巡大編涼州徹，色色龜茲轟錄續。李暮厭笛傍宮牆，偷得新翻數般曲。念奴，天寶(742—756)中名倡，善歌。每歲樓下酺宴，累日之後，萬眾喧隘。嚴安之、韋黃裳輩闖易不能禁，眾樂爲之罷奏。明皇遣高力士大呼於樓上曰：“欲遣念奴唱歌，邠二十五郎吹小管遂(　)，看人能聽否。”未嘗不悄然奉詔。其爲當時所重也如此。然而明皇不欲奪俠游之盛，未嘗置在宮禁，或歲幸湯泉，時巡東洛，有司潛遣從行而已。又明皇嘗於上陽宮夜後按新翻一曲，屬明夕正月十五日，潛游燈下，忽聞酒樓上有笛奏前夕新曲，人駭之。明日密遣捕捉笛者，詰驗之，自云：“其夕竊於天津橋玩月，聞宮中度曲，遂於橋柱上插譜記之。臣即長安少年善笛者李謩也。”明皇異而遣之。平明大駕發行宮，萬人歌舞塗路一作在途中。百官隊伏避岐薛岐王範、薛王業，明皇之弟，楊氏諸姨貴妃三姊，帝呼爲姨，封韓、虢、秦國三夫人車鬥風，明年十月東都破，天寶十三年(754)，禄山破/洛陽，御路猶一作獨存禄山過。驅令供頓不敢藏，萬姓無聲一作言淚潛墮。兩京定後六七年，欲尋家舍行宮前。莊園燒盡有枯井，行宮門閉一作闢樹宛然。爾後相傳六皇帝肅、代、德、順、憲、穆，不

到離宮門久閉。往來年少說長安，玄武樓成一作前花萼廢。去年敕使因一作去年因敕使斫竹，偶值門開暫相遂。荆榛櫛比塞池塘，狐兔驕癡緣樹木。舞榭敧傾基一作臺尚在一作存，文窗窈窕紗猶綠。塵埋粉壁舊花鈿，烏一作鳥啄風箏碎珠玉。上皇偏愛臨砌花，依然御榻臨階斜，蛇出燕巢盤斗栱，菌生香案正當衙。寢殿相連端正樓，太真梳洗樓上頭。晨光未出簾影黑一作動，至今反掛珊瑚鈎。指似一作向傍人因慟哭。卻出一作立宮門淚相續。自從此後還閉門，夜夜狐狸上門屋。我聞此語心骨悲，太平誰致亂者誰。翁言野夫何分別，耳聞眼見爲君說。姚崇宋璟一作瓌作相公，勸諫上皇言語切。燮理陰陽禾黍豐，調和中外無兵戎。長官清平太守好，揀選皆言由相一作至公。開元之末姚宋死，朝廷漸漸由妃子。禄山宮裏養作一作爲兒，號國門前鬧如市。弄權宰相不記名，依稀憶得一作憶得依稀楊與李。廟謨一作謀顛倒四海搖，五十年來作瘡痏。今皇神聖丞相明，詔書纔下吴蜀平。官軍又取淮西賊，此賊亦除天下寧。年年耕種宮前道，今年不遣子孫耕。老翁此意深望幸，努力廟謀一作護休用兵。

卷四百二十七　白居易

《西涼伎　刺封疆之臣也》

西涼伎一本下疊西涼伎三字，假面胡人假獅子。刻木爲頭絲作尾，金鍍眼睛銀帖齒。奮迅毛衣擺雙耳，如從流沙來萬里。紫髯深目兩一作羌胡兒，鼓舞跳梁前致辭。應似一作道是涼州未陷日，安西都護進來時。須臾云得新消息，安西路絶歸不得。泣向獅子涕雙垂，涼州陷没知不知。獅子回頭向西望，哀吼一聲觀者悲。貞元邊將愛此曲，醉坐笑看看不足。娛一作享賓犒士宴監一作三軍，獅子胡兒長在目。有一征夫年七十，見弄涼州低面泣。泣罷斂手白將軍，主憂臣辱昔所聞。自從天寶兵戈起，犬戎日夜吞西鄙。涼州陷來四十/年，河隴侵將七一作九千里。平時安西萬里疆，今日邊防在鳳翔平時，開遠門外立堠云：去安西九千九百里。以示戍人不爲萬里行，其實就盈數也。今蕃漢使往來，悉在隴州交易也。緣邊空屯十萬卒，飽食溫一作厚衣閑過日。遺民腸斷在涼州，將卒相看無意收。天子每一作長思長痛惜，將軍欲說合慚羞。奈何仍看西涼一作涼州伎，取笑資歡無所愧。縱無智力未能收，忍取西涼弄爲戲。

卷七百八十四

西鄙人詩一首

《哥舒歌天寶中，哥舒翰爲安西節度使，控地數千里，其著威令，故西鄙人歌此。》

北斗七星高，哥舒夜帶刀。至今窺牧馬，不敢過臨洮。

《宋會要輯稿》　〔清〕徐松輯　（中華書局1957年影印本）

第一百九十七册

《蕃夷四·龜茲》

龜茲,回鶻之別種也。其國主自稱師子王,戴寶裝冠,著黃色衣,與宰相九人,同理國事。每出,其宰相著大食國錦綵之衣,騎馬前引,常以音樂相隨。其妃名阿厮迷,著紅羅縷金之衣,多用珠寶嚴飾其身,每年一度出宮游看國城。有市井而無錢貨,但以花蘂布牙換博買米、麥、瓜果,與中國無異。西至大食國,兩月程;東至夏州,三月程。或稱西州回鶻,或稱西州龜茲,又稱龜茲回鶻,其實一也。太宗太平興國元年(976)五月,西州龜茲遣使易難,與婆羅門波厮外道來賀。真宗咸平四年(1001)二月,大回鶻龜茲國安西州大都督府單于軍尢韓王禄勝遣使曹萬通奉表貢玉勒、名馬、獨峰、無峰橐駝、寶刀、賓鐵、劍、甲、琉璃器、鍮石餅等。萬通自言,任本國樞密使。本國東至黃河,西至雪山。有小郡數百,甲馬甚精習,願朝廷命使統領,使得縛繼遷惡黨以獻。因降詔禄勝曰:"賊連凶悖,人神所棄。卿世濟忠烈,義篤舅甥繼上奏封,備陳方略,且欲大舉精甲就覆殘襖,拓土西陲,獻俘北闕,可汗功業其可勝言,嘉、歎尤深,不忘朕念。今更不遣使臣,一切委卿統制,特受萬通金紫光禄大夫檢校太師在神武軍大將軍兼御史大夫上柱國,封譙縣開國子,食邑五百戶。萬通入辭,帝召至便殿,諭之曰:歸語可汗王,得所奏事,備觀忠藎,今賜暈錦衣一襲,玉帶一,金花銀酒器二百兩,錦綺綾羅二百匹,以貢奉物價三十萬優給之。初,回鶻西奔,族種散處,故甘州有可汗王,西州有克韓王,皆其後也。六年(1003)六月六日,龜茲國僧義修來獻梵夾菩提印葉、念珠、舍利,賜紫方袍束帶也。十一月,遣使來貢。景德元年(1004)五月,遣使白萬進貢。六月,遣使金延福來。十月,度龜茲國石報進爲僧,從其請也。三年(1006)五月,以白萬進爲懷化將戈。大中祥符三年(1010)閏二月,國王可汗遣使李延勝、副使安福等貢乳香二百四十九斤,花蘂布二疋,硇砂三百七十一斤,獨峰橐駝一大尾,白羊十五。李延勝貢馬十四。玉鞍勒金玉二百一十二斤。李安福貢琥珀四十斤,瑜石十二斤。鹽使翟進貢乳香六十九斤,礐石二斤,胡黃連十四斤。判官曹信貢乳香七十六斤。都鹽楊嘉貢乳香三十九斤。僧智圓貢琥珀四十五斤,瑜石四十六斤。黃河居住行頭蕃郡蘭逋征捉郎進馬二匹。四年(1011),以李延勝爲左屯衛將軍。六年(1013)六月,秦州上言,回紇懷化司戈蘭逋質遣弟室臘丹賫狀諸州,稱押領龜茲進奉般次爲蕃郡阻隔,且寓逋質家,供奉官劉渥以疾先出,蕃望別差使迎接般次,兼賜逋質官。告朝議,以盡依所請,慮蕃部告求無厭,止令秦州就差使臣并譯語官取接出蕃,仍論通質候班次至京,當議恩澤。劉渥前奉使龜茲者,還京而卒,詔官借供帳什物,并賜其家,隨行公人悉優改轉。十一月,尢韓王遣使李延慶等三十六人來朝貢方物,玉六十團,橐駝、名馬、弓箭、鞍勒、香藥等,優詔答之,天禧元年(1017)四月,尢韓王智海遣使張復延貢玉及馬、香藥。六月,張復延等貢先天節玉一團,馬一匹,玉鞍轡一。四

年(1020)十二月,可汗師子王智海遣使來朝貢大尾白羊預明年賜鋪。五年(1021)七月,殿直白萬進上言,昨龜茲使延福等皆詐爲外使,邀冀恩賞及乞賜經藏、金像等物。詔泰州曹瑋詰問延福,具萬進所陳。詔免罪,所賜物納官,自今西州甘沙州進奉人使,更一二年不許赴闕。乾興元年(1022)五月仁宗即位,未改元。龜茲國僧華嚴自西天至,以佛骨、舍利、梵夾爲獻仁宗。天聖二年(1024)四月,可汗王智海遣使來貢橐駝、馬、玉、乳香。景祐四年(1037)六月,遣大使李延貴、副使李沙州入貢。康定元年(1040)四月,遣使來貢。神宗熙寧四年(1071)九月,遣大使李延慶、副使曹福等入貢。五年(1072)二月,遣進奉使盧大明、駡都等入貢。

《蕃夷四·天竺國》

……宋乾德……四年(966),僧行勤等一百五十七人,詣闕上言,願至西域求佛書,許之。以其所歷甘、沙、伊、肅等州,焉者、龜茲、于闐、割禄等國,又歷布路沙、加濕彌羅國,并詔論令人引道之。

……又有婆羅門僧永世,與波斯外道阿里煙同至京師。……永世、阿里煙,太平興國九年(984)與西州回鶻同來。……

《**西域水道記**》　〔清〕徐松　　(1823年刻本)
卷一　羅布淖爾所受水下

……赫色勒河又南流三十餘里,經千佛洞西,緣山法像,尚存金碧,壁有題字曰惠勤,葢僧名也。河流經巖下,雅爾幹河來匯,是爲渭干河。其西岸有古廢城,周二里許,兩河匯處極四十一度二十五分西三十五度十分。渭干河東流,折而南凡四十餘里,經丁谷山西,山勢斗絶,上有石室五所,高丈餘,深二丈許,就壁鑿佛相數十鋪,瓔珞香花,丹青斑駁。洞門西南向,中有三石楹方徑尺,隸書梵字鑴刻回環,積久剝蝕,惟辨建中二年字。又有一區,是沙門題名首行曰沙門□□二行曰惠勤惠□三行存一字,若磨改者;四行曰怯兩岸有故城……渭干河經洞前南流八里至山外疏爲五渠……。

《**吐魯番出土文書**》　國家文物局古文獻研究室等
　　　　　　　　　　　編(文物出版社1981年版)

第一册
《哈拉和卓八八號墓文書》

本墓無隨葬衣物疏.其有紀年文書起西涼建初二年(公元四〇六年).止北涼承平五年(公元四四七年).

二、北涼承平五年(公元四四七年?)道人法安弟阿奴舉錦券

　1、承平五年[一]歲次丙戌正月八日道人法安
　　　　　　　　　　　　　　　　弟阿奴
　2、從翟紹遠舉高昌所作黃地丘慈中

292

3、錦一張,綿經綿緯,長九五寸,[二]廣四尺五寸。

4、要到前年二月卅日,償錦一張半,

5、若過期不償,月生行布三張,民有私

6、要,要行二主,各自署名爲信,故(沽)各半,

7、共負馬一匹,各○了,倩書道人知駿

8、時見　道智惠[三]　丞安

75TKM88：　　　　　　　　　　　　　　　　　1(b)

原註釋〔一〕　承平五年:承平是北涼沮渠無諱、沮渠安周的年號.據長曆,承平五年(公元四四七年)應是丁亥,本件作丙戌,干支不符,又哈拉和卓九九號墓擾入的《承平八年翟紹遠買婢券》裏承平八年作己丑,亦不符,兩件契券中同見翟紹遠人名,而干支都誤差一年。本件另面爲《西涼建初二年功曹書佐左謙奏爲以散翟定□補西部平水事》,該件的干支爲庚午,也與西涼建初的干支不符,據推測,該件可能屬高昌闞氏王朝時期(公元四九○年,參見該件註一)。按一般情況,官府文書廢棄後始用作私人的契券,本件的時間應較另面文書爲晚。因此倘若另面文書果屬高昌闞氏王朝時期,則本件的丙戌應爲公元五○六年,而這個承平年號也就是高昌王麴嘉的年號。因無確證,現仍將本件列在北涼時期。

〔二〕　九五寸:"九"下當脫"尺"字。

〔三〕　道智惠:"道"下當脫"人"字。

《哈拉和卓九九號墓文書》

本墓出有建平六年隨葬物疏。

三、北涼承平八年(公元四五○年?)翟紹遠買婢券

1、承平八年[一]歲次己丑九月廿二日,翟紁逡從石阿奴

2、買婢壹人,字紹女,年廿五,交與丘慈錦三張半。

3、賈(價)則畢,人即付,若後有何(呵)盜仞(認)名,仰本

4、主了,不了,部(倍)還本賈(價)。二主先和後券,券成

5、之後,各不得返悔,悔者罰丘慈錦七張,入不

6、悔者。民有私要,要行二主,各自署名爲信。

7、券唯一支,在紹遠邊,倩書道護。

原註釋〔一〕　承平八年:本件出自墓道中,似係由外擾入,故與該墓室中所出文書年代無關。本件紀年爲"承平八年歲次己丑",據長曆,北涼承平八年(公元四五○年)應爲庚寅,本件干支不符,誤差一年,與哈拉和卓八八號墓所出《北涼承平五年道人法安弟阿奴舉錦券》相同。因此,本件的"承平"也有可能不是北涼年號而是高昌王麴嘉的年號,而"己丑"應爲公元五○九年。因無確證,現仍列在北涼時期。……

克孜尔石窟　第 2 卷

著　者

马世长(北京大学考古系教授)

姚士宏(常州市博物馆副研究馆员)

丁明夷(中国社会科学院世界宗教研究所研究员)

摄　影

陈志安　张仲清　王露(文物出版社)

制　图

白朴　杨华　默之　裕巽　铭园　之亚　王建林　张宁

执行编辑

黄逖(文物出版社)

山本恭一(平凡社)

再版编辑　王　戈
责任印制　王　芳

图书在版编目（CIP）数据

克孜尔石窟 . 2/新疆维吾尔自治区文物管理委员会，
拜城县克孜尔千佛洞文物保管所，北京大学考古系编 . —
北京：文物出版社，1996.6（2024.9 重印）
　ISBN 978 - 7 - 5010 - 0775 - 2

　Ⅰ.①克…　Ⅱ.①新…　②拜…　③北…　Ⅲ.①克孜尔
石窟—壁画—图集　Ⅳ.①K879.412

　中国版本图书馆 CIP 数据核字（2016）第 016038 号

中国石窟

克孜尔石窟

第二卷

编　　者	新疆维吾尔自治区	文物管理委员会
	拜城县克孜尔千佛洞	文物保管所
	北 京 大 学 考 古 系	
出版发行	文 物 出 版 社	

（北京市东城区东直门内北小街2号楼）
邮政编码　100007
http://www.wenwu.com
E-mail: wenwu1957@126.com

印　　刷　文物出版社印刷厂有限公司
经　　销　新　华　书　店

开本 965×1270　1/16　印张 18.5
1996 年 6 月第 1 版
2024 年 9 月第 4 次印刷
ISBN 978 - 7 - 5010 - 0775 - 2　定价：380.00 元